AF452411

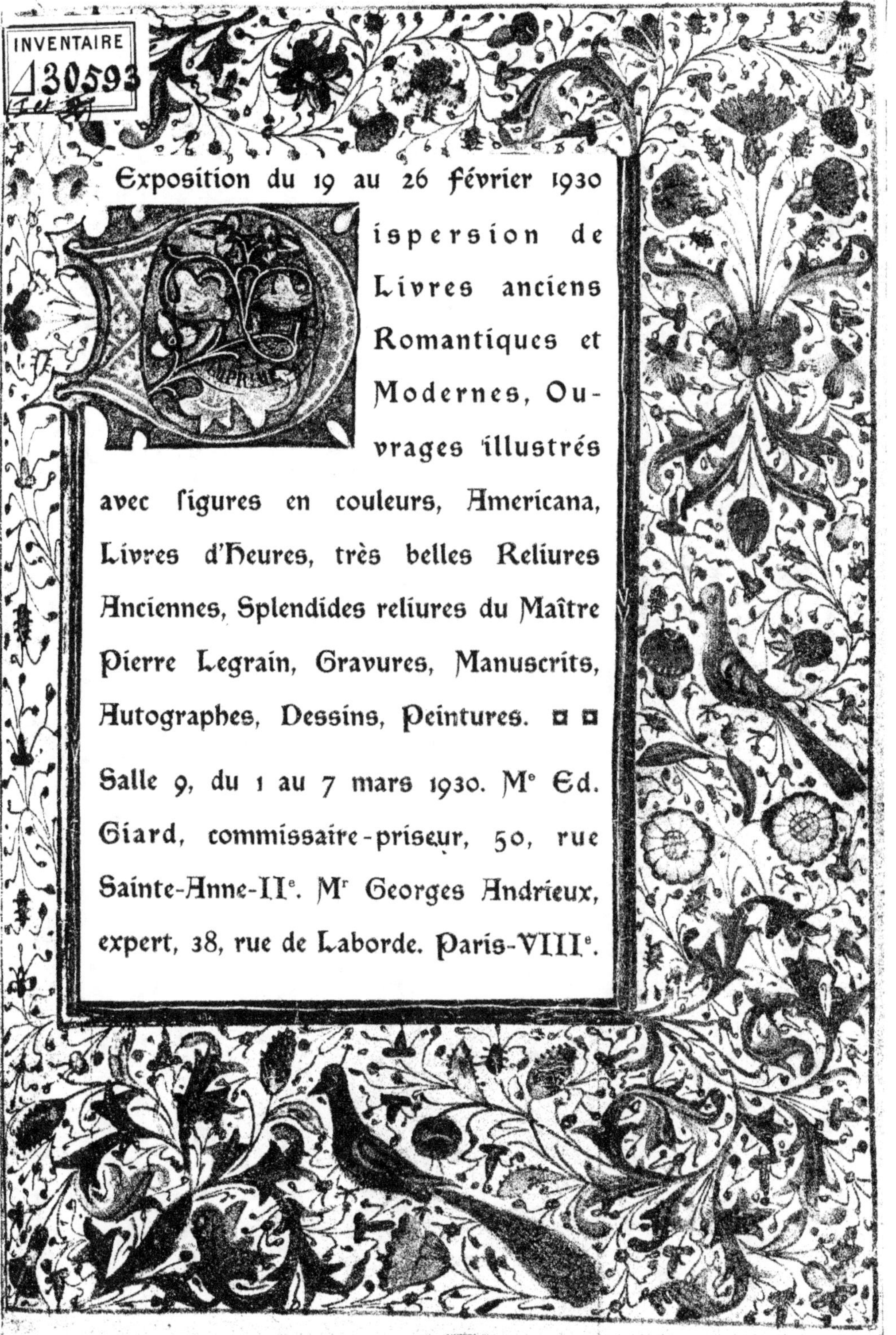
Exposition du 19 au 26 février 1930

Dispersion de Livres anciens Romantiques et Modernes, Ouvrages illustrés avec figures en couleurs, Americana, Livres d'Heures, très belles Reliures Anciennes, Splendides reliures du Maître Pierre Legrain, Gravures, Manuscrits, Autographes, Dessins, Peintures.

Salle 9, du 1 au 7 mars 1930. Mᵉ Ed. Giard, commissaire-priseur, 50, rue Sainte-Anne-IIᵉ. Mʳ Georges Andrieux, expert, 38, rue de Laborde. Paris-VIIIᵉ.

Très Beaux Livres Anciens
Romantiques et Modernes
Autographes - Dessins et Gravures

LA VENTE AURA LIEU

Les Samedi 1ᵉʳ, Lundi 3, Mardi 4, Mercredi 5, Jeudi 6,
Vendredi 7 Mars 1930

à **deux heures** *précises*

HOTEL DES COMMISSAIRES-PRISEURS

9, rue Drouot

SALLE Nᵒ 9

Par le Ministère de Mᵉ Edouard GIARD

COMMISSAIRE-PRISEUR

50, *rue Sainte-Anne, Paris-8ᵉ*

ASSISTÉ DE

M. Georges ANDRIEUX

LIBRAIRE-EXPERT

38, *rue de Laborde — Paris-VIIIᵉ*

CONDITIONS DE LA VENTE

La vente se fait au comptant.

Les acquéreurs paieront 19,50 pour cent en sus des enchères pour les éditions d'art sur papiers spéciaux à tirage limité, et 14 pour cent pour les autres livres.

Les livres vendus devront être collationnés dans les vingt-quatre heures de l'adjudication. Passé ce délai, ils ne seront repris pour aucune cause.

M. Georges Andrieux se réserve la faculté, dans l'intérêt de la vente, de réunir ou de diviser les numéros du catalogue. Il remplira, aux conditions d'usage, les commissions que l'on voudra bien lui confier.

M. G. Andrieux reçoit le mercredi après-midi.

EXPOSITIONS :

1ᵒ *A la* **LIBRAIRIE GEORGES ANDRIEUX** 38, rue de Laborde,
du Mercredi 19 au Mercredi 26 Février 1930

2ᵒ *A l'***HOTEL DROUOT***, Salle 9,* sous vitrines fermées
le Vendredi 28 Février et le Dimanche 2 Mars 1930

VOIR L'ORDRE DES VACATIONS AU VERSO DU TITRE

98.630. — Imprimerie Lahure, rue de Fleurus, 9, à Paris — 1930

Très Beaux Livres Anciens, Romantiques et
Modernes - Manuscrits - Incunables - Livres
d'Heures - Gravures - Autographes -
Planches en Couleurs - Beaux-Arts -
Très Belles Reliures Anciennes et Modernes

Vente les
Samedi 1
Lundi 3
Mardi 4
Mercredi 5
Jeudi 6
Vendredi 7
Mars 1930

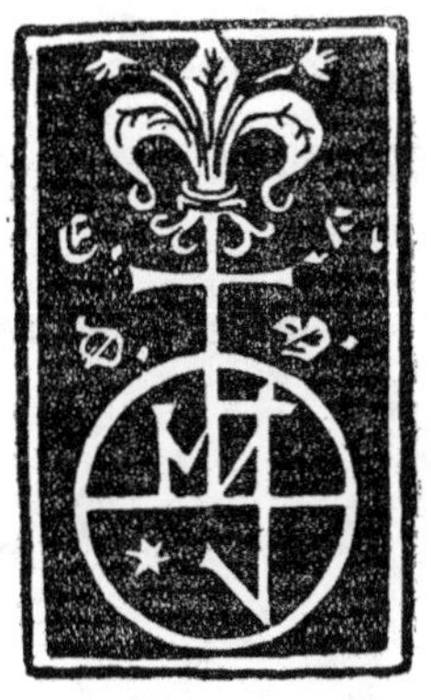

GEORGES ANDRIEUX

EXPERT

38, RUE DE LABORDE

VIIIe

ORDRE DES VACATIONS

Samedi Ier Mars

Lundi 3 Mars

Mardi 4 Mars

Mercredi 5 Mars

Jeudi 6 Mars

Vendredi 7 Mars

Un bel ensemble de gravures et de cartes anciennes non cataloguées sera vendu à la fin de la seconde vacation (Lundi 3 Mars) sous le numéro 355 bis.

Première Vacation

LIVRES ET AUTEURS ANCIENS

1. **Alcoran** de Mahomet, traduit de l'arabe, par André Du Ryer, sieur de La Garde Malezair. Nouvelle édition, revue et corrigée. *Amsterdam, Mortier*, 1746; 2 vol. in-12, veau marb., dos à nerfs, ornés, tr. rouges. (*Rel. de l'époque.*)

> Bel exemplaire.

2. **Almanach.** Les Etrennes du sentiment, dédiées aux âmes bienfaisantes. Dessiné et gravé par Queverdo. *Paris, Boulanger*, (1784); in-32, rel. étoffe satinée blanche, dentelles et guirlandes, rosaces et étoiles, trophées au centre, dos orné, le tout tressé en or, mica couleur et paillettes d'or, doublé et cartes de moire rouge, tr. dor., glace encadrée or et petit portefeuille à l'int., étui mar. rouge orné. (*Rel. de l'époque.*)

> Cet almanach est orné de 12 charmantes figures hors texte de *Queverdo*, entre autres une qui représente la fête des Rosières; le texte et le calendrier sont entièrement gravés.
> Ravissante reliure de toute fraîcheur.

3. **Almanach.** Le Petit volage fixé. *Paris, Janet*, (1809); in-32, mar. rouge, dentelle, dos orné de rosaces, petits losanges et fil., tr. dor. (*Rel. de l'époque.*)

> Cet almanach, en vers (texte gravé), est décoré d'un titre, orné d'un petit amour tenant une banderole avec ces deux vers :
> *« Qui que tu sois, voici ton Maître*
> *Il l'est, le fut ou le doit être. »*
> et de 12 charmantes figures, à sujets d'amours, non signées. Il est précédé d'un calendrier et se termine par le « Souvenir des Dames », titre gravé et 12 feuilles avec la mention des jours de la semaine et des mois, le reste laissé en blanc pour agenda.
> Exemplaire contenant les figures *très finement coloriées à l'époque* et, en appendice : Souvenir ou dépositaire fidèle et discret, utile aux gens d'affaires, négociants, voyageurs, militaires, et à tous les états.... *Ib., s. d.*, 48 p., dont 32 pp. pour agenda : 8 pour la semaine et 24 pour les mois de l'année.

4. Almanach. Les Lys, étrennes aux dames. Dédié à Madame, duchesse d'Angoulême. Orné de 12 jolies gravures. *Paris, Rosa*, 1815; in-18, mar. rouge à long grain, dent. dor., dos lisse, orné de fil. et fleur. dor., bord. int., tr. dor. (*Rel. de l'époque.*)

> Joli almanach, orné de douze ravissantes planches de lis, EN COULEURS. A la fin calendrier et 12 pp. gravées.
> Recherché. Jolie reliure, très fraîche.

5. Amérique. — Bossu. Nouveaux voyages dans l'Amérique septentrionale, contenant une collection de lettres écrites sur les lieux, par l'auteur, à son ami M. Douin. *Amsterdam, Changuion*, 1777; in-8, broché, couv. muet. pap. gris, non rog.

> Frontispice et trois figures, par Saint-Aubin.
> « Ces nouveaux voyages, d'un intérêt réel, n'ayant pas été réimprimés, sont très difficiles à rencontrer. Très belle édition ». (*Bibliotheca Americana*).
> Mouillures. Couverture usagée.

6. Amérique. — Burk (W.), (pseudonyme de Soame **Jenyngs**). Histoire des colonies européennes dans l'Amérique, traduite de l'anglais par M. E. (Eidous). *Paris, Merlin*, 1767; 2 vol. in-12, dos et coins bas. fauve, dos ornés, tr. rouges. (*Rel. anc.*)

> Ouvrage recherché pour son abondante documentation, contenant l'histoire de la découverte de l'Amérique, des mœurs et coutumes de ses premiers habitants, des colonies espagnoles, portugaises, françaises, hollandaises, danoises, anglaises, etc.; il est illustré de deux cartes repliées de l'Amérique.

7. Amérique. — Edwards (Jonathan), *pastor of the church of Christ at Northampton*. Some thoughts concerning the present revival of religion in New-England and the way in which it ought, to be acknowledged and promoted. *Boston printed; Edinburgh, Lumisden*, 1743; IV-221 pp. — Sermons on various subjects. *Ib.*, 1785; VI-408 pp., ens. 2 ouv. en un vol. in-8, bas. fauve. (*Rel. de l'époque.*)

8. Amérique. — Labat (R. P.). Nouveau Voyage aux isles de l'Amérique, contenant l'Histoire Naturelle de ces pays, l'origine, les mœurs la religion, etc. Avec une description exacte et curieuse de toutes ces isles. Ouvrage enrichi de plus de cent cartes, plans et figures en taille-douce. *Paris, Le Gras*, 1722; 6 vol. in-12, veau brun, dos à nerfs, ornés, tr. rouges. (*Rel. de l'époque.*)

> Édition originale, très rare, de cet ouvrage recherché. Elle est ornée de nombreuses figures et cartes, la plupart repliées.
> « De toutes les relations du P. Labat, celle-ci est la plus estimée, pour ses notices sur les manufactures, ses descriptions des animaux et des plantes. On trouve aussi dans son ouvrage, des renseignements très curieux et piquants sur plusieurs familles du pays » (*Leclerc-Bibliotheca Americana*).
> Éraflures aux reliures, légères mouillures. Exemplaire légèrement rogné.

9. Amérique. — (Le Mascrier). Mémoires historiques sur la Louisiane, contenant ce qui y est arrivé de plus mémorable depuis l'année 1687 jusqu'à présent; avec l'établissement de la colonie française dans cette province de l'Amérique septentrionale sous la direction de la

Compagnie des Indes; le climat, la nature et les productions de ce pays; l'origine et la religion des sauvages qui l'habitent; leurs mœurs et leurs coutumes, etc., composés sur les mémoires de M. **Dumont (de Montigny)**, par M. L. L. M. (l'abbé Jean-Bapt. Le Mascrier). *Paris, Bauche*, 1753; 2 vol. in-12, mar. rouge à longs grains, encad. dor. sur les plats, dos ornés de croix palatines et de fil. dor., dent. int., doublés et gardes de moire viol., dent. int., tr. dor. (*Rel. angl. du début du* xixe *s.*)

Édition originale de cette célèbre relation historique; elle est illustrée de 1 carte repliée de la Louisiane; de 9 planches, dont les 3 plans topographiques, repliés, de la Nouvelle-Orléans, de la concession de Le Blanc et du fort Rosalie, et de 6 planches à sujets topographiques et de flore.
Jolie reliure, de toute fraîcheur.
Ex-libris de la collection W. Beckford. auteur de *Vathek*, traduit en français par St. Mallarmé.

10. **Amérique.** — **Pauw** (Corn. de). Recherches philosophiques sur les Américains, ou Mémoires intéressants pour servir à l'histoire de l'espèce humaine. *Londres*, 1774; 3 vol. in-12, bas. rac., dos ornés, tr. marb. (*Rel. de l'époque, usagée.*)

Cette édition est augmentée d'une *Dissertation sur l'Amérique et les Américains*, par Dom Pernety et de la *Défense de l'auteur*, contre cette dissertation.
Légères rousseurs.

11. **Amérique.** — **Impressions américaines.** Réunion de 14 sermons et 3 discours de **William B. Sprague.** Imprimés, de 1825 à 1835, à *Hartford* (2 pièces), *Boston* (2 pièces), *New York* (4 opuscules formant 3 pièces) et *Albany* (9 pièces). Ensemble 17 opuscules en 16 pièces in-8, non rel.

12. **Carte de l'Amérique.** — **Senex** (John). North America corrected from the observations communicated to the Royal Society of London and the Royal Academy at Paris. By John Senex F. R. S. 1710. To the honorable Anthony Hammond this map is humbly dedicated and presented by his obliged servant. Grande carte rehaussée de couleurs (haut. 96 × larg. 67), avec cartouche historié et blason, montée sur toile en rouleau.

13. **Amérique.** — **Spencer** (J. A.). History of the united states from the earliest period to the administration of James Buchanan. *New York, Johnson, Fry and Company, s. d.*, 3 vol. in-12, percal. viol. d'éditeur. (*Rel. usagée, un dos cassé*).

Orné de jolies illustrations hors texte finement gravées sur acier d'après *Leutze, Weir, Powell, Chappel*, etc.
Mouillures à quelques planches.

14. **Amérique.** Californie. Australie. L'Amérique septentrionale, ou description de cette grande partie du monde. Orné de gravures. *Paris, Ledoux*, 1835; in-8, cart. pap. moiré bleu. — Notes of travel in California. From the official reports of Col. Fremont and Maj.

Emory. *Dublin, M. Glashan*, 1849; in-12, cart. de l'édit. — Farr Off.,
or Asia and Australia described, with anecdotes, and numerous illustrations. By the author of « The Peep of Day ». *London, Hatchard,*
1852; in-12, cart. toile rouge de l'édit.; ens. 3 vol.

15. **Australie.** The Exploration of Australia, by Albert F. Calbert.
London, Philip, et Liverpool, 1895; in-4, demi-parchemin blanc, tête
dor., non rog. (*Rel. de l'édit.*)

> Orné de planches et portraits hors texte, tirés sur japon, et d'une grande carte
> de l'Australie, en couleurs, plusieurs fois repliée.
> Légères taches au dos de la reliure.

16. **Amérique.** — **Barrett** (S. A.). The ethno-geography of the Poms
and Neighboring Indians. *University of California Publications,*
1908; in-8, brad., demi-vélin blanc, tête rouge, non rog.

> Orné d'une carte dialectale de l'Amérique centrale, en couleurs, plusieurs
> fois repliée. Recherché.

17. **Amérique.** — **Boman** (Eric). Antiquités de la région andine de
la République Argentine et du Désert d'Atacama. *Paris, Imprimerie Nationale,* 1908; 2 vol. gr. in-8, demi-chag. rouge, dos à nerfs,
ornés de fil. à fr. têtes dor., non rog., couv. cons.

> Orné de 3 cartes, 83 planches et 73 figures dans le texte.
> Envoi autographe de Sénéchal de La Grange.
> Bel exemplaire.

18. **Amérique.** — **Brasseur de Bourbourg.** Palinqué et autres ruines
de l'ancienne civilisation du Mexique. Collection de vues, bas-reliefs,
morceaux d'architecture, coupes, vases, terres cuites, cartes et plans,
dessinés d'après nature et relevés par de Waldeck, texte rédigé par
Brasseur de Bourbourg. *Paris, Bertrand,* 1866; gr. in-fol., demi-chag.
rouge jans., non rog.

> Ouvrage recherché, orné de 56 belles planches hors texte.
> Exemplaire monté sur onglets. Quelques rousseurs.

19. **Amérique.** — **Charnay** (Désiré). Les Anciennes Villes du Nouveau
Monde. Voyages d'explorations au Mexique et dans l'Amérique
Centrale (1857-1882). *Paris, Hachette,* 1885; in-4, broché.

> Édition documentaire contenant 214 gravures et 19 cartes ou plans.

20. **Chicago.** — **Sheahan** (James W.) and **Upton** (George P.). The
great conflagration. Chicago : its past, present and future. Embracing
a detailled narrative of the great conflagration in the North, South
and West division. Origin, progress and results of the fire. *Chicago,
and Philadelphia,* 1871; in-8, percal. verte ill. d'éditeur.

> Nombreuses illustrations documentaires : vues de Chicago en 1818 (avant et
> après la catastrophe, les épisodes de l'incendie, etc.

21. Christophe Colomb devant l'Histoire, par Henry Harrisse. *Paris, Welter*, 1892; in-8, broché.

> Édition originale.
> Dos de la couverture abîmé.

22. Frères Moraves. — Hutton (James). An Exposition or True State of the matters objected in England to the people known by the name of *unitas Fratrum*. Part. II. Wherein the remaining Principles and Practices are righley stated, and *Readings* restored. By the ordinary of the Brethren. *London, Robinson,* 1755; 60 pp., couv. muette (rousseurs). — **Schickler.** Les Eglises françaises de Londres après la révocation de l'édit de Nantes. *Lymington, King,* 1886; 21 pp. — **Idem.** Les deux patentes. Un chapitre de l'histoire des églises du Refuge de langue française en Angleterre après la révocation de l'Edit de Nantes. *Privately printed at the Aberdeen university press limited,* 1901; 27 pp. — **Trois sermons** prononcés en deux jours de jûnes (sic) et le troisième dans une église étrangère le lendemain d'un jûne, le premier le 2 mars 1681, le second le 9 juillet 1769 et le troisième en mars 1676. [1681]; in-8 de 3 ff. prél. et 102 pp., velin. (*Rel. anc. usag.*). Ens. 3 broch. in-8, 1 vol. rel. en velin anc. couv.

> Ce recueil de sermons est précédé d'une épître non signée, à MM. le Ministre, les Anciens et Habitants de Saint-Hippolyte. (Déchirures à quelques feuillets du début, atteignant le texte, jaunissures).
> Réunion de plaquettes rares sur les *Frères Moraves*, la religion réformée, etc....

23. Lincoln (Abraham). — **Pascal** (César). Abraham Lincoln. Sa vie, son caractère, son administration. *Paris, Grassart,* 1865; in-12, br., couv.

> Édition originale de cette célèbre biographie du héros de la guerre de Sécession.
> Légère déchirure à la couverture.

24. Maoris. Suite de 124 planches, pour illustrer l'histoire ancienne des Maoris, par White, 1887; in-8, demi-bas. fauve.

25. New York. — Gibbons (J.-S.). The banks of New Bork, their dealers, the clearing house and the panic of 1857, with a financial chart. *New York, Appleton,* 1868, in-12, percal. verte.

> Édition originale; elle est ornée de 30 figures documentaires.

26. Amérique. — Rosny (L. de). Ensayo sobre la interpretacion de la Escritura Hieratica de la America Central. Traduccion anotada y precedida, de un prologo por D. Juan de Dios. *Madrid, Tello,* 1881; in-fol., cart. de l'édit.

> Tiré à deux cents exemplaires.
> Vingt planches hors texte, en noir et en couleurs, et nombreuses figures dans le texte.
> Cartonnage légèrement fatigué.

Amérique. Voir aussi le n° 599 : Robert Morris.

27. Sahagun. Glossarium Azteco-Latinum et Latino-Aztecum cura et studio Bernardini Briondelli, collectum ac digestum. *Mediolani, apud Valentiner et Mues,* 1869; in-4, demi-toile verte, non rog., couv.cons. lég. salie.

Extrait de l'*Evangeliarium*, du P. Sahagun. Rare.

28. Stephens (J.-L.). Incidents of Travel in Yucatan. Illustrated by 120 engravings. *London, Murray,* 1843; 2 vol. in-8, toile verte, décors dor. spéc. sur les plats et les dos. (*Cart. de l'édit.*)

Ouvrage recherché et rare.
« Cet ouvrage, illustré de 120 figures et vignettes, est l'une des meilleures publications faites sur les ruines de la presqu'île yucatèque. » (*Leclerc, Bibliotheca Americana*).
Quelques rousseurs. Dos légèrement passé.

29. Ammonius. Ammonii Hermei commentaria in librum porphyrii de quinque vocibus, et in Aristotelis pradicamenta ac perihermenias, Cum indice tam rerum, quam verborum locupletissimo inhis conferendis cum graecis exemplaribus, atque emendandis, quantum studii Petrus Rosetinus Medicus Physicus adhibuerit, qui haec legerit, perfacile intelliget. *Veneliis, apud Haeredem Hieronymi Scoti,* 1581; pet. in-fol., vél. bl. (*Rel. anc.*)

Bonne édition avec, sur la page de titre, en médaillon, un superbe portrait gravé sur bois représentant Aristote.

30. Antiphonaire. Fragment d'antiphonaire hollandais. *Manuscrit sur velin de la fin du* xvii*e siècle,* in-fol., velin blanc, plats de l'époque ornés de dentelles dor., milieux et angles armoriés, dos velin à l'imitation du xvii*e* siècle.

60 pages d'antiphonaire avec plain chant noté en or et noir, réglé en rouge, le texte calligraphié en belles lettres gothiques également or et noir; décorées de 88 superbes Grandes initiales peintes en or et couleurs variées toutes à *motifs de fleurs.*

31. Apocalypse.— Merveilleuses et admirables révélations que saint Jean eut en l'isle de Pathmos, selon le texte moralisé. Avec les Histoires de l'Apocalypse. *A Rouen, chez Nicolas Hamillon,* 1613; pet. in-8' de 32 ff. non chiff., velin mod.

Très curieuse traduction et interprétation, anonymes, de l'Apocalypse, en vers de huit syllabes. Ce précieux volume, inconnu des bibliographes est orné de 28 figures sur bois dont une grande représentant la Jérusalem céleste.
(Voir la reproduction du titre.)

32. L'Arbre des Batailles. [Au 1er f. (début de la Table)] : Cy commence le livre appelle labre (*sic*) des batailles. [Au verso du 4e f.] : Cy finissent les rubriches et chapitres du quart et de tout le livre de labre des batailles, et, au-dessous : Ci commence et sensuit le Livre. [Au f. 5, (*sic incipil*)] : A la saincte couronne de France en la quele aujourduy par l'ordonnance de Dieu règne Charles le VIe en icellui nom très son ame et partout le monde redoubté soit donné loz et gloire sur toutes seigneuries terriennes. Très hault price (prince) Jesuz appellé par mon droit nom *honore Bounet, prieur de Salon,* docteur en décret souvent et même ay eu en volonté de faire aucun livre premièrement à l'honneur de la vre (vôtre) haulte seigneurie, mais les raisons pour quoy j'ay empriz (entrepris) de cestuy faire sont assez bonnes a mon semblant. [Au dernier f.] : *Cy fine labre des batailles autrement dit Abre de douleur. Escript à Nantes, en cest an mil quatre cens vingt et huit. Deo gratias. Amen.* MANUSCRIT SUR VÉLIN, à 2 col., daté de 1428, in-4, ais recouverts de cuir brun. (*Rel. du* XVe, *usagée, attache de fermoirs conservés.*)

Très précieux manuscrit de l'*Arbre des Batailles*, d'Honoré Bonnet, antérieur de 52 ans à la première impression connue (Lyon, 1480).

Ce manuscrit présente cette triple particularité : l'ouvrage est placé sous les auspices du roi Charles VI, alors que la dédicace de l'incunable de Lyon (1481) est adressée à Charles V dont Bonnet était le prieur; l'explicit final porte *Ecrit à Nantes en* 1428 (sous le règne de Charles VII), ce qui le rend fort intéressant; enfin on lit à la fin également: *l'arbre des batailles autrement dit arbre de douleur,* curieuse mention que nous n'avons trouvé dans aucun autre texte de l'arbre des batailles.

L'*Arbre des Batailles* est divisé en quatre parties : la première traite des « *tribulations de l'Eglise* », jadis passées durant l'advènement de Jésus-Christ; la seconde des « *tribulations des quatre grands royaumes de jadis* »; la troisième « *des batailles en général* », et la quatrième, qui est la plus considérable a pour sujet les « *batailles particulières* »; ce que c'est que batailles, à qui il appartient d'en donner; les différents cas qui peuvent arriver aux vassaux des seigneurs et aux autres gentilshommes en guerre; les champs de batailles, le droit des armes, les duels et combats en champ clos. L'auteur y traite en particulier, des devoirs de la Chevalerie, et des guerres contre les Sarrasins.

Ce manuscrit contient, comme on en peut rapidement juger par les titres de matières, ci-dessus indiqués, de précieux documents pour l'histoire de la Papauté, de la chevalerie en général, et des événements et vicissitudes politiques et militaires de l'Europe au Moyen-Age.

Dans la marge du premier feuillet, SIGNATURE MANUSCRITE ATTRIBUÉE A MADAME DE LA FAYETTE, auteur de la *Princesse de Clèves*; les différences très légères qui existent entre ses signatures connues et celle-ci pouvant venir de la différence de l'écriture sur le vélin.

Ce manuscrit est en très bel état de conservation (petit trou de brûlure en marge des trois premiers feuillets, sans atteinte au texte; cachets au timbre gras sur quelques marges, un coin de la marge du dernier feuillet est découpé).

(*Voir les reproductions*).

33. **Arétin** (Léonard, dit l'). Epistolarum Leonardi Aretini libri octo, quarum singulis ita sua sunt argumenta, ut nulla fere no justus liber videri, nominariq. possit. Multumque ejus temporis habent et factorum et consiliorum, quae notatu imprimis digna, alias memoriae mandata non reperiuntur. *Basileae excudebat Henricus Petrus,* anno 1535. — *De Bello italico* adversus Gothos gesto historia, nunc primum edita. *Parisiis, apud Simoneus Colinaeum,* anno 1534; ens. 2 ouv. en un vol. in-8, veau fauve, fil., dos orné. (*Rel. anc., usagée.*)

Belles impressions en lettres rondes; jolies initiales gravées sur bois. Réunion rare. Mouillures au bas de plusieurs feuillets.

34. **Assoucy** (d'). Les Avantures de Monsieur d'Assoucy. *Paris, Cl. Audinet,* 1677; 2 tomes en 1 vol. in-12, mar. rouge, 3 fil. dor., dos à nerfs orné, dent. int., tr. dor. (*Thibaron-Joly.*)

Première édition ornée d'un très CURIEUX PORTRAIT de d'Assoucy gravé sur bois. Il est EXTREMEMENT RARE de rencontrer cet ouvrage bien complet du portrait.

D'Assoucy raconte dans ces aventures écrites en vers et en prose, des histoires fort amusantes sur l'état des grandes villes de France au xviie siècle,
en particulier sur Avignon ou d'Assoucy avait rencontré Molière et sa troupe;
il fait le récit de cette entrevue.
Joli volume, d'une fraîcheur remarquable.
(Voir la reproduction du titre.)

35. Astrologie. — **Practica Teutsch** auff gericht zu Wurtzpurg
durch den hochgeleerte Herren doctor Gzwiter Croatin zu suderli-
chem nutz cund selikeyr der menschen auss dem lauff un eynfluss
des bymels auff das jar. 1519; 4 ff. in-4, non rel.

Très curieux opuscule astrologique, le titre est illustré d'une grande figure
sur bois allégorique représentant les signes du zodiaque, le soleil, les étoiles, etc.
(quatre fragments de lignes au feuillet 3 sont effacés).

36. Aubery (Antoine). Histoire du Cardinal de Richelieu, par le sieur
Aubery, advocat au Parlement et aux Conseils du Roy. *Paris, Berlier,*
1660; in-fol., veau brun, dos à nerfs orné à petits fers. (*Rel. de l'époque,*
un mors déchiré).

ÉDITION ORIGINALE de cette célèbre histoire de Richelieu composée par
Aubery sur les mémoires fournis à l'auteur par la duchesse d'Aiguillon, nièce du
Cardinal; elle est illustrée d'un beau portrait de Richelieu gravé par Rousselet,
à pleine page, de ses armes au titre et d'une dédicace (armoriée) au cardinal
de Mazarin.
Ex-libris armorié et gravé, du xviiie siècle, signé Heylbrouck.

37. Audebert et **Vieillot.** Réunion de 169 *planches imprimées en couleurs* représentant les colibris, oiseaux-mouches, jacamars, promeros,
etc., provenant du recueil « *Les Oiseaux dorés* », en feuilles, dans un
carton.

Colibris, oiseaux-mouches, 70 pl. — *Emeraudes, oiseaux de paradis,* 13 planches
numérotées 1-16 (moins les numéros 5, 14 et 15). — *Jacamars, promeros,* 86 pl.
numérotées 1-88 (moins les nos 52 et 58).
Superbes gravures tirées en couleurs.

38. Augustin (Saint). Soliloquii di Sancto Augustino vulgari. Impressi
in *Firenze, Adi* x *di novembre.* MLXXXXI (sic), 1491; in-4, ais, demi-
veau brun. (*Rel. de l'époque,* usagée.)

Belle impression incunable, en lettres rondes, de cette version italienne; elle
comprend 1 feuillet de table, 1 feuillet blanc et 44 feuillets chiffr. à -f (a-e par 8,
f par 4), y compris le feuillet du titre décoré d'un très beau bois : *Saint Augustin
composant ses Soliloques;* il est à son pupitre; la mitre, le sablier et des livres
décorent sa cellule.
Quelques annotations et dessins marginaux. Petits trous de vers en marge de
cinq feuillets.

39. Aulnoy (Comtesse d'). Les Chevaliers errants et le génie familier.
Amsterdam, Roger, 1709; in-12, bas. brune, dos à nerfs orné, tr.
mouch. (*Rel. anc.*)

Édition ornée d'un frontispice et de 10 vignettes à mi-page.
Ex-libris du comte Potocki.

40. Autant en emporte le vent, ou recueil de pièces un peu... un peu...
on le verra bien. *Gaillardopolis, chez... chez ceux qui l'achèteront,*

1787; in-18, veau marbré, 3 fil. dor., dos lisse, orné, dent. int., tr. dor. (*Rel. de l'édit.*)

De la *collection Cazin*.
Bon exemplaire de cet amusant recueil.

41. Bains et Thermes. — **De Balneis** omnia quae extant apud graecos, latinos et arabas, tam medicos quam quoscunque ceterarum artium probatos scriptores : quid vel integris libris, vel quoquo alio modo hanc materiam tractaverunt... In quo aquarum ac thermarum omnium, quae in toto fere orbe terrarum sunt, Metallorum item, et reliquorum Mineralium naturae, vires, atque usus exquisitissime explicantur. *Venetiis, apud haeredes Luceantonii Juntae,* 1553; in-fol. de 497 ff. chiff., cart. du XVIIIe s.

Très curieux ouvrage publié par les Junte. *Un des rares exemplaires bien complets des 497 feuillets*; il comprend 14 feuillets prél. et 488 ff. pour le « De Balneis », avec la marque de Junte au titre et au f. 488, le f. blanc et l'Appendice ou *Joannis Antonii Sicci Cremensis de balneis compendium ex Hippocrate et Galeno,* (folioté 490-497).
— Le recueil « de Balneis » est illustré de 4 très curieuses compositions sur bois à pleine page : les « Thermes suisses », des « Bains mixtes », un plan de la Vénétie et des bords de l'Adriatique, des inscriptions antiques, etc. (le f. 488, détaché et remargé est plus court; mouillures à quelques marges du « de Balneis » et du Compendium.
Restaurations aux feuillets de cet appendice.
Légère moisissure en haut de la marge des feuillets 455-479.

42. Banck (Laurent). Roma triumphans, sen actus inaugurationis et coronationis Innocentii decimi pont. max. Brevis descriptio, cum omnibus triumphis et ceremoniis eidem actui additis. *Franekerae, J. Dhuiringh,* 1645; in-12, veau brun, fil. (*Rel. anc.*)

Sous le titre de « Rome triomphante », cet ouvrage du jurisconsulte suédois Banck comprend l'histoire très détaillée de l'élection du pape Innocent X et, en appendice, une étude documentée sur l'origine de certaines cérémonies papales; il est illustré d'un frontispice, du portrait d'Innocent X et 10 belles planches hors texte, dont plusieurs se repliant, représentant les cérémonies et fêtes pontificales et les grands dignitaires de la cour romaine.

43. Barbier (Mlle Anne-Mar.). Arie et Petrus. *Paris, David,* 1702. — Cornélie, mère des Gracques. *Paris, Ribou,* 1703. — Tomyris. *Paris, Ribou,* 1707. — La Mort de César. *Paris, Ribou,* 1710. — Ens. 4 pièces en 1 vol. in-12, veau brun, dos à nerfs, orné, tr. mouch. (*Rel. de l'époque.*)

ÉDITIONS ORIGINALES, réunies sous le titre général *Tragédies de Mlle Barbier, Paris,* 1707; la dernière pièce « la Mort de César », non indiquée au verso de ce titre, ayant été ajoutée, à l'époque, au recueil.
Légères rousseurs.

44. Barclay (Jean). Argenis. Editio novissima, cum clave hoc est nominum propriorum elucidatione, hactenus nondum edita. *Lugduni-Batavorum, ex officina Elzeviriana,* anno 1630; pet. in-12, mar. noir, 2 fil. sur les plats et fleurons aux angles, dos à nerfs, orné à petits fers et au pointillé, tr. dor. (*Rel. anc.*)

Ce roman célèbre présente un tableau curieux des vices et des révolutions des cours.
Troisième édition sous cette date, publiée par Bonav. et Abr. Elzévier, la

plus recherchée. Collation : 690 pp. y compris le *titre-frontispice* gravé, aux armes de Louis XIII et 3 ff. pourl'index.
Exemplaire dans une reliure en mar. de l'époque, condition rare.

45. Basnage (H.), sieur de Beauval. Tolérance des religions. *Rotterdam, Henri de Grael*, 1684; pet. in-12, de 103 pp., veau brun, dos à nerfs, orné à petits fers. (*Rel. de l'époque*, usagée.)

Edition originale.

46. Benserade (Isaac de). Œuvres. *Suivant la copie à Paris, chez Ch. de Sercy*, 1698; 2 vol. in-12, veau brun, dos à nerfs, ornés, tr. rouges. (*Rel. de l'époque*.)

46bis. Berlin. — Académie de Berlin. Histoire de l'Académie Royale des Sciences et Belles-Lettres depuis son origine jusqu'à présent· Avec les pièces originales. *A Berlin, chez Haude et Spener*, 1752; in-4, veau marb., dos à nerfs orné, triple fil. dor. sur les plats, tr. marb. (*Rel. anc.*)

Important recueil contenant différents éloges de membres de cette académie prononcés en français, langue dont on usait pour toutes les séances.
A la fin du volume, les pièces originales des statuts, imprimées en allemand gothique et en latin, et les listes des membres de l'Académie de Berlin, parmi lesquels on trouve, sous la présidence de Guillaume de Leibnitz, les noms de d'Alembert, de Buffon, de Diderot, de Fontenelle, de Voltaire, etc.
2 planches pliées de médailles à l'effigie du roi de Prusse gravées par Schleuen.

47. Béroalde de Verville. Le Moyen de parvenir. Nouvelle édition. *S. l.*, 1000 700 73 (1773); 2 vol. in-12, mar. rouge, 3 fil. dor., dos à nerfs, ornés, dent. int., non rog. (*Rel. mod.*)

Frontispice, avec le portrait de l'auteur en médaillon, non signé. Titre gravé à chaque volume.
Cette édition contient en tête de chaque volume, tous les contes imités en vers des divers récits de cet amusant ouvrage.
Ex-libris Jules Janin.
Petit grattage au titre du tome II.
Exemplaire entièrement non rogné.

48. Berquin. Idylles. *Paris, Ruault*, 1775; 2 t. en 1 vol. in-12, mar. bleu, 3 fil. dor., larg. dent. int., tr. dor. (*Champs.*)

Premier tirage.
Titre-frontispice dessiné et gravé par Marillier, et 24 très jolies figures par Marillier, finement gravées par Gaucher, de Ghendt, Le Gouaz, Delaunay, Lebeau, Masquelier, Née et Ponce. Bel exemplaire.

49. Berquin. Romances. *Paris, Ruault*, 1776; in-12, mar. bleu, 3 fil. dor., dos à nerfs, orné, large dent. int., tr. dor. (*Chambolle-Duru.*)

Premier tirage.
Frontispice et 6 jolies figures par Marillier, gravées par Delaunay jeune et de Ghendt, Ponce, et 12 pages de musique gravée.
Exemplaire avec les figures avant les numéros.
Bel exemplaire. Ex-libris de la Bibliothèque Genard.

49bis. Berthoud (Ferdinand), (célèbre mécanicien suisse. 1725-1807). L'Art de conduire et de régler les pendules et les montres, à l'usage de ceux qui n'ont aucune connaissance de l'horlogerie. Par M. Ferdinand

Berthoud, horloger. *A Paris, chez l'auteur et Michel Lambert*, 1759; in-12 de XVI-79 pp., y compris les tables d'équation, veau rac., dos orné de fil. et rosaces, tr. rouges. (*Rel. anc.*)

PREMIÈRE ÉDITION de ce célèbre petit traité; elle est illustrée de 4 *planches* (détails d'horlogerie), hors texte, repliées, finement dessinées et gravées par *Choffard*.
C'est à Berthoud que l'on doit la construction des premières horloges marines.
Légères rousseurs.

50. **Biblia** Sacra Vulgatae editionis Sixti V. Pont M. Jussu recognita, et Clementis VIII, auctoritate edita. *Coloniae Agrippinae*, 1682; in-8, mar. rouge, 2 fil. dor., dos à nerfs, orné, pièce de mar. olive, dent. int., tr. dor. (*Rel. de l'époque.*)

Titre-frontispice gravé, avec vignettes. Texte imprimé sur deux colonnes.
Belle reliure de maroquin rouge.

51. **Biens d'Eglise aliénés.** Recueil des édits, déclarations, lettres patentes de Sa Majesté et arrests du Conseil rendus sur les biens d'Eglise alienez depuis l'année 1556. *Paris, Fr. Leonard*, 1678; in-12, vélin blanc. (*Rel. de l'époque.*)

Ce recueil offre un intérêt tout particulier pour l'histoire des « Assemblées générales » et des affaires administratives du Clergé de France.
Cachet sur le titre.

52. **Bilderdyk** (Will.) et **Siegenbeek** (Matthys). Leydens Ramp. Met afbeeldingen. *Amsterdam, by Allart en J. Ruis*, 1808; in-8, demi-veau marb., coins, dos lisse, orné, non rog. (*Rel. de l'époque.*)

Premier tirage.
Titre gravé, avec vignette, deux portraits, et quatre très jolies planches repliées représentant des vues de Leyden, par Portmann et Van den Broeck.
Ouvrage recherché.
Coins légèrement frottés.

53. **Biographie moderne**, ou galerie historique, civile, militaire, politique et judiciaire, contenant les portraits politiques des Français de l'un ou de l'autre sexe, morts ou vivants, qui se sont rendus plus ou moins célèbres depuis le commencement de la Révolution jusqu'à nos jours par leurs talents, leurs emplois, leurs malheurs, leur courage leurs vertus ou leurs crimes. (En grande partie rédigé par Etienne Psaume). *Paris, Eymery*, 1816; 3 tomes en 2 vol. in-8, demi-bas. brune, dos orné, av. pièces de titre rouges. (*Rel. de l'époque.*)

Seconde édition considérablement augmentée et ornée de 150 *portraits* en taille-douce. A la fin du tome III se trouve un « Précis historique de tous les événements qui se sont succédé depuis la convocation des Notables jusqu'au rétablissement de S. M. Louis XVIII sur le Trône de France ».
Quelques erreurs de pagination; légères mouillures à quelques feuillets du tome I.

54. **Boccace.** Genealogiae Joannis Boccatii : cum demonstrationibus in formis arborum designatis. Ejusdem de montibus et sylvis de fontibus, lacubus et fluminibus. Ac etiam de stagnis et paludibus : necnon et de maribus : seu diversis maris nominibus. (In fine :) *Venetiis, ductu et expensis nobilis viri Octaviani Scoti Modoetiensis,*

1493; *septimo kalendas martias finis ipositus fuit huic operi, per Bonetum Locatellum;* 162 ff. chiff. *Belle impression vénitienne en lettres rondes, avec 13 arbres cosmogono-généalogiques gravés sur bois à toute page, de nombreuses grandes et petites initiales également grav. sur bois et la jolie marque de Scot au dernier f.* — **Eyb** (Albertus ab). Margarita poetica (sive oratorum omnium pœtarum, historicorum ac philosophorum elegante dicta). (A la fin :) *foeliciter fine adepta est* 1502, *die* VII *septebris* (Venetiis); 161 ff. chiff. et 8 ff. non chiff. pour la table et les remarques finales, *petites initiales grav. sur bois. Belle édition vénitienne en lettres rondes à 2 col. de ce florilège des écrivains anciens. Célèbre polygraphe allemand, Albert von Eyb fut élevé à la dignité et charge de camérier du pape Pie II.* — Ens. 2 ouv. en 1 vol. in-fol., ais recouverts de veau brun, comp. de fil. et dent. à fr. formées de losanges et volutes. (*Rel. de l'époque*, usag.)

> Très beaux specimens d'impressions vénitiennes.
> Petit trou de ver en marge des derniers feuillets. Légères mouillures.
> On lit sur le f. de titre des Généalogies de Boccace, ces deux mentions manus crites du XVI⁰ siècle:
> 1° *A Tous Accords* (et un paraphe), signature du célèbre écrivain facétieux et poète dit le « seigneur des Accords »;
> et au-dessous :
> 2° *Th. Tabourot Gabalis canonicus Lingonensis.*

55. Boccace. Contes de Boccace. Traduction nouvelle, augmentée de divers contes et nouvelles en vers imités de ce poète célèbre, par La Fontaine, Passerat, Vergier, Perrault, Dorat et autres; et enrichie de notes historiques sur les principaux personnages que Boccace a mis sur la scène et sur les usages observés dans le siècle où il vivait. Par A. Sabatier de Castres. *Paris, Poncelin,* an X-1801; 11 tomes reliés en 6 vol. in-8, dos et coins chag. brun, têtes dor., non rog.

> Traduction d'Ant. Le Maçon remise en français moderne par Sabatier de Castres.
> Cet exemplaire contient, outre la jolie suite de *Gravelot, Boucher, Cochin* et *Eisen,* de nombreuses figures par *Monnet, Bornet* et autres, ajoutées.
> Très bel état de conservation sauf un petit trou dans le texte de la page 105 du tome VII et une réparation à la marge de la page 5 du tome IV).
> EXEMPLAIRE NON ROGNÉ.

56. Bodoni (Impression de). — **Bernis** (Cardinal de). La Religion vengée. (Ouvrage posthume du cardinal de Bernis, publié par le chevalier d'Azara et le cardinal Gerdil). *A Parme, dans le Palais Royal* (Bodoni), 1795; in-8, *cart. de l'époque, non rogné.*

> Jolie édition donnée par Bodoni la même année que son édition in-folio.

57. Bodoni (Impression de). La Giuditta. Canti del marchese Francesco di Calboli Polucci, fra gli arcadi Euricrate Acrisioneo membro ordinario dell' Academia Italiana ecc. *Parma, co'tipi Bodoniani,* 1813; in-4, cart. de l'époque, *non rogné.*

> Superbe impression. Exemplaire sur papier vélin.
> Cartonnage un peu usagé.

58. Bodoni (Impression de). — La Fontaine, Fables. *A Parme, de l'imprimerie de la veuve Bodoni, 1814; 2 vol. gr. in-fol., cart. d'époque, tête dor., non rogné.*

Magnifique édition sur papier vélin, dédiée à Joachim Murat, qui occupait alors le trône de Naples; elle contient la vie de La Fontaine par Creuzé de Lesser.
Bel exemplaire non rogné.
Moisissure en marge des derniers feuillets du tome II, sans atteinte au texte.
Les dos des cartonnages sont un peu abîmés.

59. Bodoni (Impression de). Omaggio poetico di Euforbo Melesigenio. P. A. alla Serenissima Altezza di Giuseppina Teresa di Lorena principessa di Carignano. *Parma, nel regal Palazzo co'tipi Bodoniani, 1792; in-8, cart.*

Belle impression de Bodoni; la dernière pièce du recueil « l'Apoteosi di Verter » est suivie de 4 planches d'inscriptions gravées .
Exemplaire imprimé sur papier vergé fort, *non rogné*, en parfait état de conservation.

60. Bodoni (Impression de). Ver-Vert ossia il Pappaglio di M. Gresset, tradotto in versi italiani da Lodovico Antonio Vincenzi. *Parma, co'tipi Bodoniani, 1803; pet. in-8 de XI-65 pp. et 1 f. d'errata, demi-bas, plats cart. (Rel. de l'époque.)*

Cette traduction en vers est imprimée sur papier vergé fort; et dédiée à « Mme Murat, née Bonaparte ».
Bel exemplaire dans son cartonnage du temps.

61. Bodoni (Impression de). — **Viviani** (Niccolo). Ero e Leandro, poema del marchese Niccolo Viviani, patrizio fiorentino. *Parma, nel regal palazzo, 1794; co' lipi Bodoniani, in-8 de 8 ff. prél. et 40 pp., cart. d'époque.*

Belle impression de format in-8 parue la même année que l'in-folio.
(Petites taches d'encre à 3 ff.)

62. Boèce. Anitii Manlii Severini Bœthi inter latinos Aristotelis inter latinos Aristotelis interpretes et aetate primi, et doctrina praecipui dialectica, in qua quidem emendada tantam adhibuit Martianus Rota diligentiam, ut nunc post omnes aliorum editiones ex manuscriptis libris multa, quae plerisque locis desiderabantur, addiderit. *Venetiis, Joan. Gryphius, 1560; Excellente édition donnée parM. Rota, d'après les manuscrits de Boèce, contenant d'importantes additions. Belle impression de J. Gryphe, ornée de sa marque au litre, de figures schématiques et de belles initiales dans le texte gravées sur bois. —* **Aristote.** Aristotelis περι ερμηνειας, hoc est de interpretatione liber a magno Augustino Nipho philosopho Suessano interpretatus et expositus. *Venetiis, Octav. Scotus, 1555. Célèbre commentaire de Niphus. Cette impression de Scot est ornée, au titre du portrait de Niphus, gravé sur bois, de figures schématiques dans le texte et de la marque de Scot au recto du dernier f. dont le verso est blanc. Ens. 2 ouv. en 1 vol. in-fol., vélin à rec. (Rel. de l'époque, usag.)*

2

62 *bis*. **Boileau** (Nic.). Epistre au Roi du sieur D... *Sur l'imprimé à Paris et ce vent au Palais*, 1670; in-4 de 9 pp., derelié.

Édition originale.

63. **Boileau** (N.). Œuvres de Nicolas Boileau Despréaux. Avec des éclaircissements historiques donnés par lui-même. Nouvelle édition, revue, corrigée et augmentée de diverses remarques. Enrichie de figures gravées par Bernard Picart. *Amsterdam, Fr. Changuion*, 1729; 2 vol. in-fol., vélin blanc, tr. mouch. (*Rel. anc.*)

Frontispice, six très belles figures et un titre gravé pour le *Lutrin,* vignettes et culs-de-lampe, le tout dessiné et gravé par *Bernard Picart.*
Manque le portrait de la princesse de Galles.

64. **Boileau.** Œuvres. Nouvelle édition, avec éclaircissemens historiques donnés par lui-même et rédigés par M. Brossette, augmentée de plusieurs pièces, tant de l'auteur qu'aïant rapport à ses ouvrages, avec des remarques et dissertations critiques par M. de Saint-Marc. *Paris, David, Durand*, 1747; 5 vol. in-8, veau brun, dos à nerfs ornés de motifs de fleurs et feuillage, av. pièces de titre rouges, tr. rouges. (*Rel. de l'époque.*)

Édition illustrée d'un portrait par Rigaud, gravé par Daullé, de 5 fleurons sur les titres par Eisen dont 3 gravés par Boucher, de 38 vignettes d'Eisen, de 22 culs-de-lampe et de 6 jolies figures de Cochin pour le Lutrin. *Premier tirage,* avec l'erreur d'impression de la vignette de la 8ᵉ satire.
Quelques mouillures et rousseurs.

65. **Bossuet** (J.-B.). De la connaissance de Dieu et de soi-même, ouvrage postume.... *Paris, Vve Alix*, 1741; in-12 de 1 f. de titre, 24 pp. prel. et 423 pp. de texte, plus 7 pp. de privilège et catalogue; bas. brune mouch., dos à nerfs orné aux petits fers, tr. rouges. (*Rel. anc.*)

PREMIÈRE ÉDITION AUTHENTIQUE parue avec le nom de Bossuet. Elle fut publiée par son neveu, l'évêque de Troyes, sur le manuscrit corrigé de la main de l'auteur et nous est annoncée dans la Préface comme « *beaucoup plus correcte que celle qui a paru il y a plusieurs années sans notre aveu* ».
Cette édition furtive, sans nom d'auteur et très incorrecte est celle qui parut en 1722 sous le titre d'*Introduction à la Philosophie ou de la Connaissance de Dieu*. Notre édition de 1741 est la première qui suive rigoureusement le texte de Bossuet.
Cet ouvrage qui est, au point de vue philosophique, un des plus importants de Bossuet, fut écrit pour l'éducation du Dauphin.
Très bon exemplaire.

96. (**Bouffonidor**). Les Fastes de Louis XV, de ses ministres, maîtresses, généraux et autres notables personnages de son règne. *Villefranche, chez la veuve Liberté*, 1782; 2 vol. in-8, demi-mar. rouge à long grain, dos à nerfs, ornés, têtes dor., non rog., couv. pap. ancien cons. (*Rel. mod.*)

Édition originale.

67. Bougeant (le père G. H.)). Le Saint déniché ou la banqueroute des Marchands de miracles. Comédie. *La Haye*, 1732; in-12 de 168 pp,. bas. brune, dos à nerfs orné, tr. rouges. (*Rel. anc.* usag.)

> Edition originale. L'auteur fut un des écrivains les plus remarquables de la Compagnie deJésus, à cette époque. Ce furent, en partie, ces comédies qui animèrent les jansénistes contre le P. Bougeant.

68. Bougeant (Père G. H.). Le Saint déniché, ou la banqueroute des marchands de miracles. Comédie. — Arlequin janséniste ou critique de la femme docteur. Comédie. *Cracovie, chez Jean le Sincère*, 1732;

2 part. — La femme docteur ou la théologie tombée en quenouille. Comédie. *Douai, J. Fr. Roujol*, 1731; 1 part. Ens. 3 part. en 1 vol. in-8, bas. fauve mouch., dos à nerfs orné de fleurons dor., tr. mouch. (*Rel. anc.*)

> Éditions originales des deux premières comédies. Ce sont de violentes satires contre les Jansénistes qui valurent au père Bougeant son exil à La Flèche. Dans un curieux *Avertissement* qui précède ces comédies, l'auteur nous dit que son but est « de rendre ridicule, le zèle faux et politique que les Jansénistes affectent pour nos libertés, afin d'autoriser leur révolte contre toutes les puissances ».
> Bon exemplaire.

69. Bourdon (L. G.)) Le Parc au Cerf, ou l'Origine de l'Affreux Déficit Seconde édition, revue, corrigée et considérablement augmentée *Paris, l'an deuxième de la Liberté*, 1790; in-8, demi-mar. orange, coins, dos à nerfs, orné, tr. rouges. (*Rel. mod.*)

> Frontispice, portraits de la duchesse de Chateauroux, et de la Pompadour, et la *planche de Peixolle*, qui manque souvent.
> Jolie reliure moderne.

70. Branca (Giovanni). Le machine, volume nuovo et di molto artificio da fare effetti maravigliosi tanto spiritali quanto di animale operatione, arichito di bellissime figure con le dichiarationi a ciascuna di esse in lingua volgare et latina del sig. Giovanni Branca, cittadino romano. *Roma, Jacomo Mascardi*, 1629; in-4, vélin, fil. (*Rel. anc.*)

> Le principal ouvrage de ce célèbre mécanicien et architecte italien.
> ÉDITION ORIGINALE; elle est divisée en trois parties. La première contient 40 figures de machines diverses; la seconde 14 figures de machines destinées à élever l'eau; la troisième 23 figures de machines « spiritales » qui ont pour moteur *l'air par le moyen du plein et du vide*.
> Nous signalerons parmi ces 77 planches, la 25e figure de la première partie. L'auteur indique qu'elle agit à l'aide d'*un moteur merveilleux*; ce moteur en, fait, est la vapeur; cette intuition scientifique de Branca est très remarquable et cette découverte, à elle seule, suffirait pour qu'on signalât son livre comme un ouvrage documentaire de premier ordre pour l'étude rétrospective de la physique.
> Petits trous de brûlure insignifiants en marge des deux premiers feuillets et du dernier.

71. Brébeuf (Guillaume de). Poésies diverses. *Rouen et Paris, A. de Sommaville*, 1662; pet. in-12 de 3 ff. n. ch. et 304 pp. chiff., mar. rouge, 3 fil. dor., armes au centre des plats, dos à nerfs orné, dent. int., tr. dor. (*Hardy.*)

> Cette édition, la meilleure et la plus complète fut imprimée à Rouen par *Maurry* sur la copie revue et corrigée par l'auteur avant sa mort.

Exemplaire en parfait état dans une charmante reliure *aux armes de Ville-*
neuve-Trans.

72. Bréviaire. Breviarium secundum morem et consuetudinem divinæ
romanae curiae. *Impressum Venetiis, anno domini,* 1490, *quinto*
kalendas junii, fort vol. in-8, veau brun estampé à fr., 2 clous au
centre des plats, attaches de fermoirs, tr. dor. (*Rel. anc.,* réparée,
gardes mod.)

Bel incunable vénitien en lettres gothiques, rouge et noir, à 2 col. — 4 pages du
bréviaire sont entourées d'une jolie bordure (à 4 côtés) DESSINÉE ET PEINTE A
L'ÉPOQUE, formée de motifs de fleurs et feuillage et d'oiseaux divers, tels que
perruche, paon, etc.; de grandes initiales également dessinées et peintes décorent
le texte de ces pages et plusieurs plus petites parsèment le reste du texte; elles
sont toutes à motifs de fleurs, à fond d'or.

A la fin du bréviaire dont les 10 dernières pages de texte sont rubriquées
se trouve une jolie composition sur bois rubriquée, avec la mention également
en rouge « *Impressum per Antonii de Strata et Gregoriù de Gregoriis* ».

Le volume se termine par diverses « leçons » et le registre.

Petit trou dans le premier feuillet. Quelques piqûres de vers.

73. Breydenbach (Bernardus de). [Opusculum sanctarum peregri-
nationum ad sepulchrum Christi]. (F 2 a) (ce titre ci-dessus manquant) :
Reverendissimo in christo patri et dño dño Bertholdo sancte Mogutin
sedis archiepiscopo sacri Romani Imperiiper germania Archicancellario
ac principi electori dño suo gratiosissimo Bernhardus de Breydenbach
dicte ecclesie Maguntinen. decanus simul et camerarius obedentiam
promptam et devota. (In fine :) *Sanctarū peregrinationū in montem*
Syon ad venerandū christi sepulchrū in Jerusalem atq. in monte Synai
ad divā virginè et martyre Katherinā opusculum hoc cōtentinū p. reuwich
Erhardū de Trajecto inferiori impressum In civitate Moguntina anno
salutes 1486, *die XI februarii finit feliciter ;* in-fol. goth. ; *plats du* xvie*s.*
en ais recouverts de veau brun, comp. de fil. et dent. à fr., fleurons
au centre, dos refait.

Célèbre relation du pèlerinage en Terre Sainte du voyageur allemand Bernard
de Breydenbach.

PREMIÈRE ÉDITION LATINE; l'édition princeps est contestée, le texte latin et
l'édition allemande ayant paru la même année. — Panzer a démontré que ce
Reuwich indiqué à la souscription finale était le dessinateur et Pi Schœffer
le véritable imprimeur.

TRÈS PRÉCIEUX INCUNABLE A FIGURES SUR BOIS: scènes de mœurs et militaires,
vues, costumes de Palestine, etc. ; il est illustré de superbes compositions dans le
texte et de belles cartes topographiques doubles ou repliées (avec vues de
monuments, paysages (Proctor 156 et Hain 3956).

Voici la collation de cet exemplaire où se trouvent comme dans la plupart,
quelques lacunes dans le texte et les cartes.

Le volume débute par l'épître dédicatoire ci-dessus (le titre et la figure xylo-
graphique-frontispice manquant); il comprend 130 ff. de texte (décoré de
plusieurs bois) et 9 *grandes cartes topographiques* doubles ou repliées.

Exemplaire usagé (déchirures, petits trous de vers, lacunes, mouillures à
quelques ff., certains plus courts. Certaines cartes sont remontées ou restaurées;
il manque la moitié de celle de Rhodes).

73 *bis*. Buchanano (Georgio). Psalmorum Davidis Paraphrasis pœtica.
Eiusdem Buchanani tragœdia quœ inscribitur Jephtes. *Lutetiae,*

ex-officina Roberti Stephani, 1575; 2 part. en 1 vol. in-16, mar. brun, dos à nerfs, orné, bord. int., tr. dor. (*Cottin-Simier*.)

Édition de Robert Estienne, rare.
Exemplaire réglé. Nicolas Bourbon disait de ce recueil qu'il aurait préféré être l'auteur de la paraphrase de Buchanan sur les Psaumes, à l'honneur d'être archevêque de Paris.

74. Bulle de Pie IV, 1561, cachet de cire aux armes; in-fol.

75. Bustis ou **Busto** (Bernardin de). Mariale eximii vire Bernardini de Busti ordinis seraphici Francisci : de singulis festivitatibus beate virginis per modum sermonum tractas. (In fine :) *Mariale de excellentiis Regine celi. Impressum Lugduni per magistrum Johem Cleyn alemanū als suvaeb in ibi concinez. Anno domini* 1502, in-4, de 16 ff. prel. et 408 ff. chiff. à 2 col., vélin blanc.

Belle impression gothique lyonnaise avec la jolie marque de *Jean Cleyn*, rubriquée, au dernier feuillet.
Quelques jaunissures et piqûres de vers.

76. Caen. Les Origines de la Ville de Caen. Revues, corrigées et augmentées. Seconde édition. *Rouen, Maurry*, 1706; in-8, veau brun, dos à nerfs, orné de fleur. dor., tr. rouges. (*Rel. anc.*)

Ouvrage très recherché, écrit par Daniel Huet. Ex-libris de la *Bibliothèque de M. de Bérenger.*
Contient une grande carte pliée de la ville de Caen et des bandeaux et fleurons sur les titres et débuts de chapitre.

77. Calvin (Jean). Commentaires de M. Jean Calvin sur les Epistres de l'Apostre S. Paul et aussi sur l'Epistre aux Hébrieux. Item, sur les Epistres canoniques de S. Pierre, S. Jean, S. Jacques et S. Jude, autrement appelées catholiques. *Imprimé par Conrad Badius*, 1562. — Commentaires de Jean Calvin sur les epistres canoniques de S. Pierre, S. Jean, S. Jacques et S. Jude. Revus et augmentés. *A Genève, par Jean Bonnefoy*, 1562; 2 ouv. en 1 vol. in-fol., vélin à recouvrements, dos à nerfs. (*Rel. anc.*)

Bonne impression ornée de deux belles marques d'imprimeur dont celle de Badius représentant les typographes au travail dans une imprimerie avec cette devise : « Hôme mortel (tant que ci bas seras). — En ta sueur le pain tu mangeras ». Sur le titre du premier ouvrage on voit : « en lisant et conférant cette édition avec les autres, vous cognoistrez evidemment que l'autheur a le tout rêveu et augmenté et que la traduction est comme réduite en sa perfection ».
Bonne reliure, bien conservée.

78. (Carré de Mongeron). La vérité des miracles opérés par l'intercession de M. de Pâris, démontrée contre M. l'archevêque de Sens. *A Utrecht chez les libraires de la Compagnie*, 1737; in-4, veau brun, dos orné à petits fers. (*Rel. de l'époque.*)

Contenant un frontispice et 19 jolies figures non signées (Cohen en indique 20).

79. Castellion (Sébastien). — **Opsopoeo** (D. Joh.). Sibyllina oracula ex vett. codd. aucta, renovata et notis illustrata a D. Johanne Opsopoeo Brettano, cum interpretatione latina, Seb. Castalionis et Indice. *Parisiis*, 1599; 8 ff. prel. non. ch. dont le titre gravé; 524 pp. ch.;

71 pp. de tables plus 1 feuillet de privilège. — Oracula magica zoroastris cum scholiis plethonis et pselli nunc primum editie bibliotheca regia. Studio Johannis Opsopoei. *Parisiis*, 1599; 1 ff. de titre et le texte chiffré de 7 à 144. — Oracula metrica jovis, apollinis, hecates serapidis et aliorum deorum ac vatum tam virorum quam feminarum A Johanne Opsopoeo collecta. Item astrampsychi oneiro criticon àJos. Scaligero, digestum et castigatum graece et latine. *Parisiis*, 1599; 1 ff. de titre, pp. 7 à 24 et 1 à 114 et 3 ff. n. ch. de tables; ens. 3 part. en 1 vol. in-8, vélin blanc ancien.

Édition princeps, rare, des deux derniers ouvrages.
Le premier ouvrage, recueil d'oracles sybillins, est édité dans le texte original grec, accompagné en regard de la version latine et des commentaires de Seb. Castalion, calviniste célèbre pour sa tolérance et sa liberté d'opinion. Il s'éleva contre la peine de mort au moment du supplice de Michel Servet. Ami de Calvin, il enseigna les humanités à Genève sur la recommandation de celui-ci.
Ce traité est orné de figures gravées sur acier à mi-page représentant les sybilles grecques.
Le troisième ouvrage qui est augmenté des commentaires de Scaliger, également calviniste et ami de l'auteur lui-même est imprimé dans les deux versions et orné comme le premier de figures sur acier.

80. Castéra (J.). Atlas de l'ambassade au Thibet et au Boutan..., par M. Samuel Turner. Traduit de l'anglais avec des notes, par J. Castéra. *Paris, Buisson*, an IX (1800); in-4, broché.

Quinze planches gravées en taille-douce, la plupart représentant de très jolis paysages.
Mouillures. Les planches ont été assez grossièrement cousues.

81. César. Les Commentaires. Nouvelle édition, revue et retouchée avec soin. *Paris, J. Barbou*, 1766; 2 vol. in-12, texte latin en regard du texte français, veau marb., dos lisses ornés, tr. jasp. (*Rel. anc.*)
Exemplaire en parfait état.

82. Chapelle et **Bachaumont.** Voyage. Avec un mélange de pièces fugitives tirées du Cabinet de M. de Saint-Evremont. *Utrecht*, 1697; in-12, de 2 ff. lim., 270 pp. et 1 f. de table; veau liège, dos à nerfs, orné, tr. mouch. (*Rel. de l'époque.*)

Première édition séparée du *Voyage* de Chapelle et Bachaumont.
Quelques petites taches. Ex-libris manuscrit ancien sur le titre.

83. Charnes (J. A. de). Conversations sur la critique de la Princesse de Clèves. *Lyon, Amaulry*, 1679; in-12, veau brun, dos orné. (*Rel. anc.*)

Ouvrage curieux sur le célèbre roman de Mme de La Fayette.
Édition originale. L'auteur, doyen au chapitre de Villeneuve-lez-Avignon, était un esprit jovial et fin; il eut une grande part aux charmantes « Gazettes de l'ordre de la Boisson » dont il était membre.

84. Chevalerie. — La Colombière. Le vray théâtre d'honneur et de Chevalerie, ou le miroir héroïque de la noblesse contenant les combats ou jeux sacrez des Grecs et des Romains, les Triomphes, Tournois, Joustes, etc., etc... Avec le formulaire d'un tournoy tel qu'on le pourrait faire à présent avec les armes dont les Gentils Hommes se servent à la Guerre. Le tout enrichi de Figures en taille-douce. Dédié à Mgr le Cardinal Mazarin. par Marc de Wilson, sieur de la Colombière. *A Paris, chez Augustin Courbé*, 1648; 2 vol. in-fol., veau, triple fil. dor. sur les plats, dos à nerfs ornés, tr. jasp. (*Rel. anc.*)

Important ouvrage orné d'un titre gravé et d'un frontispice pour le premier volume, du portrait de l'auteur gravé par Regnesson, d'après Nanteuil et titre frontispice gravé, pour le deuxième volume.
Nombreuses planches et vignettes dans le texte représentant des carrousels, des tournois, combats singuliers; entre autres, belle planche représentant la Place Royale (place des Vosges). Fleurons et lettres ornés. Titres en noir et rouge.
Reliure un peu usagée et réparée.

85. Choderlos de Laclos. Les Liaisons Dangereuses, ou Lettres recueillies dans une société et publiées pour l'instruction de quelques autres. *Amsterdam et Paris, Durand*, 1782; 4 part. en 2 vol. in-12, bas. mar., dos à nerfs, ornés, tr. rouges. (*Rel. de l'époque.*)

Édition originale, rare.
Légères rousseurs. Petits trous de vers à la coiffe inférieure du t. I.
Raccommodage au dernier feuillet du tome II.

86. Choderlos de Laclos. Les Liaisons dangereuses. Lettres recueillies dans une société et publiées pour l'instruction de quelques autres. Par C. de L. *Londres*, 1796; 2 vol. in-8, bas. marb., dentelle sur les plats, dos ornés de petits fers zig-zagués, fleurons et petites dent. dor., av. pièces de titre rouges et vertes, tr. dor. (*Rel. anc.*)

Édition illustrée de 2 frontispices et 13 figures par *Monnet, Mlle Gérard* et *Fragonard fils*, gravés par *Duplessis-Bertaux, Baquoy, Godefroy, Dupréel, Langlois, Masquelier, Lemire, Simonet, Trière, Patas, Lingée, Pauquet, etc.*
Exemplaire dans sa reliure de l'époque (petites déchirures au mors inf. du tome I et à quelques angles).

87. Choderlos de Laclos. Les Liaisons dangereuses, ou Lettres recueillies dans une société, et publiées pour l'instruction de quelques autres. *Paris, Corbet et Cogez*, 1818; 4 vol. in-18, brochés.

Quatre jolis frontispices non signés.
Quelques rousseurs.

88. Chodruc-Duclos. Mémoires, recueillis et publiés par J. Arago et Edouard Gouin. *Paris, Dolin*, 1843; 2 t. en 1 vol. in-8, demi-bas. fauve, dos lisse, orné, tr. mouch. (*Rel. de l'époque.*)

Légères rousseurs.

89. Commines (Philippe de). Mémoires. Dernière édition. *A Leide, chez les Elzeviers*, 1648; pet. in-12, de 12 ff. lim., 765 pp. et 19 pp. n. ch., de tables; mar. olive, fil. dor., dos à nerfs, orné, dent.int., tr. dor. (*Rel. anc.*)

Édition très recherchée, fort bien exécutée par Bonaventure et Abraham Elzévier.
Légères rousseurs.

90. Comtesse de Provence (Reliure à ses armes). Le Pot-Pourri de Ville d'Avray. *Paris, de l'Imp. de Monsieur*, 1781; pet. in-12, mar. vert, encadr. de fil. dor., armes frappées en or au centre des plats, dos plat orné de fleur. dor., pièce de titre mar. rouge, dent. int. dor., tr. dor. (*Rel. anc.*)

Ravissant maroquin ancien, très frais, *aux armes de la Comtesse de Provence.*

91. Concordat de 1516. Concordata inter sanctissimum dominum nostrum Papam Leonem decimum et christianissimum dominum nostrum Regem Franciscum hujus nominis primum. Pragmatica sanctio. Facultates legati. *Impressum Luteliae, apud Antonium Augerellum, impensis autem Galeoti a Prato, anno 1532, X calend. julii*, pet. in-8 de 136 pp., veau rac., dos à nerfs orné à petits fers, av. pièce de titre rouge. (*Rel. anc.*)

Le Concordat convenu entre Léon X et François Ier en décembre 1515 fut confirmé par une bulle du Pape, qui le rendit définitif, le 19 décembre 1516.
Jolie édition en lettres rondes, imprimée aux frais du célèbre éditeur parisien, Galiot du Pré.
Restauration aux marges des feuillets 99 et 100. Ex-libris manuscrit ancien sur le titre de la Bibliothèque Claude Rob. Jardel.

92. Condillac. Essai sur l'origine des connaissances humaines. Ouvrage où l'on réduit à un seul principe tout ce qui concerne l'entendement humain. *Amsterdam, P. Mortier*, 1746; 2 t. en 1 vol. in-12, veau brun, dos à nerfs orné, **av. pièce de titre rouge.** (*Rel. anc.*)

L'un des plus importants ouvrages de Condillac, qui présente, avec le *Traité des Sensations*, une théorie d'ensemble de la philosophie dite « sensualiste »; l'auteur, ainsi que l'indique, en sous-entendu le titre, fait dériver toutes nos connaissances d'une source unique, la sensation.
ÉDITION ORIGINALE. Exemplaire dans sa reliure de l'époque.
(Voir la reproduction du titre.)

93. Coras (J. de). Jonas ou Ninive pénitente. Poëme sacré. *Paris, Angot*, 1663; in-12, bas. brune, filet sur les plats, dos à nerfs orné, tr. mouch. (*Rel. anc.*)

Édition ornée de 2 frontispices.

94. Corneille (Pierre). L'Imitation de Jésus-Christ, traduite et paraphasée en vers françois par P. Corneille. *Imprimé à Rouen, par L. Maurry, pour Robert Ballard*, 1656; in-4, bas. marb., dos lisse, orné, tr. mouch. (Rel. du XVIIIe s.)

Édition rare, ornée d'un frontispice et de quatre figures par Chauveau.
Exemplaire légèrement rogné dans le haut. Quelques rousseurs.

95. Corvinus (L.). Hortulus elegantiarù magistri. (In fine :) *Impressum Spire per Conradum Dyft*, anno 1512, 22 ff. non chiff. — **Vergile** (Polydore). De inventoribus rerù libri III. *Parisiis, pro Oliverio senant cômorâte in vico divi Jacobi ad intersigniu dive Barbare virginis; s. d.,* (circa 1510); 61 ff. + 3 ff. de table (titre manque). — **Plaute.** Amphitrio, cum commentaris Ludovici Obederti. *Venales apud Joannem Gourmot, s. d.* (circa 1515), 52 ff. non chiff. Ens. : 3 op. en 1 vol. in-4, peau de cham. (*Rel. anc.*, usag.)

Recueil de trois impressions gothiques rares :
Le Jardin des élégances cicéroniennes de Corvinus de Cracovie, imprimé à *Spire* est orné de *deux curieux petits bois* et d'initiales également sur bois. — Le

Polydore Vergile porte « à l'enseigne de la vierge Barbe rue Jacob ». — L'Amphytrion de Plaute est une impression de Jean de Gourmont.
Quelques jaunissures. Annotations manuscrites anciennes.

96. **Costumes chinois.** China : its costume, arts, manufactures, etc. Edited principally from the originals in the cabinet of the late M. **Bertin**, with observations explanatory, historical, and literary, by M. **Breton.** Translated from the french. *London, Stockdale,* 1813; 4 part. en 2 vol. in-8, dos et coins mar. rouge, fil., dos ornés de fleurons et dent. (*Rel. de l'époque.*)

Recueil très recherché contenant 80 jolies planches représentant des costumes, scènes de mœurs, professions et industries diverses de la Chine. *Belles épreuves en couleurs.*

97. **Cotin** (Ch.). Œuvres galantes de M. Cotin, tant en vers qu'en prose. Seconde édition augmentée. *Paris, Estienne Loyson,* 1663; 2 part. en 1 vol. in-12 de 5 ff. prél. y compris le titre et le privilège et 472 pp., veau brun, dos à nerfs orné à petits fers. (*Rel. anc.,* usag.)

Ce recueil célèbre contient, outre les œuvres en vers et en prose de l'abbé Cotin, de nombreuses lettres galantes de dames beaux esprits de l'époque. C'est dans la seconde partie « L'uranie ou la Métamorphose d'une nymphe en oranger », qu'on y trouve le fameux *sonnet à la princesse Uranie* que Molière a pour jamais ridiculisé dans son personnage de *Trissotin.*
Rousseurs et fortes piqûres de vers à quelques feuillets.

98. (**Crébillon**). Le Sopha, conte moral. *A Gaznah, de l'imprimerie du très pieux, très clément et très auguste sultan des Indes, l'an de l'Hégire,* 1620; 2 vol. in-12, veau marb., dos à nerfs, ornés, tr. rouges. (*Rel. de l'époque.*)

99. (**Crébillon**). Le Sopha, conte moral. Nouvelle édition. *A Pékin, chez l'imprimeur de l'empereur,* 1749; 2 part. en 1 vol. pet. in-12, veau marb., dos lisse, orné, tr. rouges. (*Rel. de l'époque.*)

Premier tirage.
Frontispice, quatre figures et deux vignettes par Clavareau, gravés par Pelletier, et deux fleurons par Cochin, gravés par Fessard.
Exemplaire un peu court dans le haut. Quelques éraflures à la reliure.

100. **Crébillon Fils.** Tansaï et Néadarné, histoire japonaise. Avec figures. *A Pékin (Paris),* 1743; 2 vol. pet. in-12, veau marb., 3 fil. dor., avec fleur. d'angles, dos lisses ornés, dent. int., tr. dor. (*Rel. de l'époque.*)

2 titres gravés et 5 amusantes figures non signées.
Satire écrite contre la duchesse du Maine et le cardinal de Rohan.
Ex-libris Victorien Sardou.

101. **Curtis** (William). Flora Londinensis, or plates and descriptions of such plants as grow wild in the environs of London. *London,* 1777-1798; 2 forts vol. in-fol., dos et coins mar. vert, fil., dos à nerfs ornés, de fil., tête dor., ébarbés. (*Boot et Son.*)

Première édition de cette célèbre flore londonienne, dont il n'a été tiré que 300 exemplaires; elle comprend 424 planches finement coloriées. Très bel exemplaire bien conforme à la description donnée par Brunet et Graesse; les planches ont été reliées dans l'ordre indiqué par l'amateur au relieur.

102. Curtis (W.). The Botanical Magazine, or Flower Garden displayed : in which the most ornamental foreign plants, cultived in the open ground, the green-house and the stove, are accurately represented in their natural colours. *London, printed by Couchman for W. Curtis,* 1793-1804; 20 t. en 10 vol. gr. in-8, dos et coins mar. rouge à long grain, dos orné de fil., tr. marb. (*Rel. angl. de l'époque,* un peu frottée.)

Avec la continuation de John Sims (tomes XV-XX). *Innombrables planches de fleurs finement coloriées.*

103. Cyrano de Bergerac. Les Nouvelles Œuvres de Monsieur Cyrano de Bergerac contenant l'Histoire comique des Estats et Empires du Soleil, plusieurs Lettres et autres pièces divertissantes. *Paris, Ch. de Sercy,* 1662; in-12, de 22 ff. prél. non chiff., 556 et 168 pp. plus 3 ff. de privilège, veau brun, dos à nerfs orné. (*Rel. anc.,* usag.)

Le privilège est daté du 21 décembre 1661. La dernière des pièces est intitulée : « Fragment de physique ou la science des choses naturelles ». Orné d'un portrait de Cyrano par Le Doyen. Bien que le dos porte tome II, les « Nouvelles œuvres » parues à cette date de 1662 forment un recueil à part des Premières œuvres. — Sur le premier feuillet de texte se trouve la *signature manuscrite : Hamal Bassompierre.*

104. Dalrymple. — Fréville (de). Voyages dans la mer du Sud, par les Espagnols et les Hollandais. Ouvrage traduit de l'Anglois de M. Dalrymple. *Paris, Saillant et Nyon, Pissot,* 1774; in-8, demi-bas. marron à coins, dos plat orné de fil. dor. (*Rel. anc.*)

105. Despautère (Jean). Syntaxis Joânis Despautarii Ninivite tertio edita.... Additus pterea est et nŏ minimum auctus index vocabula ru quarum aut constructio aut significatio insignorē. (A la fin :) *Impressum Lugduni per honestum virum Antonicum du Ry, Anno Dni,* 1520; in-8, goth., veau brun, fers à froid sur le dos et les plats. (*Rel. du XVI*e.)

Superbe impression gothique de l'ouvrage du grammairien flamand Jean Despautère qui, né à Ninive, mourut à Comines en 1520. Nombreuses lettres ornées. Le titre en rouge est disposé en triangle d'un joli effet. Il est surmonté d'un bois représentant l'auteur devant ses élèves et entouré d'un encadrement gravé sur bois. Reliure usagée.
Inscriptions manuscrites anciennes.

106. Dezallier d'Argenville. Voyage pittoresque de Paris, ou Description de tout ce qu'il y a de plus beau dans cette grande ville, en peinture, sculpture et architecture. Cinquiesme édition. *Paris, de Bure,* 1770; in-12, veau marb., dos à nerfs, orné, tr. rouges. (*Rel. de l'époque.*)

Frontispice en couleurs, et sept planches.
Légères taches sur le titre. Reliure légèrement fatiguée.

107. Dictz (Les) **de Salomon,** avecques les respôces de Marcon fort joyeuses. *Sans lieu ni date,* pet. in-8 de 4 ff. à 27 lignes par page, caract. goth., avec une curieuse figure sur bois sur le titre; mar.

rouge, double encadr. de fil. dor., armes au centre, dos à nerfs orné, dent. int., non rogné. (*Closs.*)

> Réimpression fac-similé, TRÈS RARE, faite à Paris en 1833, de ce dialogue libre et satirique de la plus grande rareté.
> Cette réimpression fut tirée à 15 exemplaires seulement. Elle est exécutée sur vélin ancien et ne diffère en rien de l'originale.
> Très bel exemplaire, entièrement non rogné, *aux armes de Villeneuve-Trans.*

108. Diderot. La Religieuse. *Paris, Pigoreau*, 1797; 2 t. en 1 vol. in-18, bas marb., dent., dos orné, tête marb., non rog. (*Rel. mod.*)

> Édition publiée la même année que l'originale.
> Ornée de deux frontispices par Bovinet.

109. Discours sur les Pensées de M. Pascal, où l'on essaye de faire voir quel estoit son dessein. Avec un autre discours sur les preuves des livres de Moyse. *Paris, Desprez*, 1672; in-12, de 3 ff.lim. y compris le titre, 214 pp. et 1 f. pour l'approbation des docteurs; mar. brun jans., dos à nerfs, dent. int., tr. dor. (*Rel. mod.*)

> Dans l'Approbation des Docteurs, datée du 25 juillet 1671, p. 133, le premier discours est attribué à M. Du Bois de La Cour. Sous ce nom était caché Filleau de La Chaume, auteur de « l'Histoire de saint Louis ». Les mêmes docteurs ont donné, p. 214, le 1er mai 1672, leur approbation pour le deuxième discours, mais sans indiquer un auteur. Ce volume a été achevé d'imprimer pour la première fois, le 15 juin 1672. Le privilège est du 21 septembre 1670.
> Légères mouillures aux coins sup. des derniers ff.

110. Discours véritable sur le faict de Marthe Brossier de Romorantin, prétendue démoniaque. *Paris, Palisson*, 1599; pet. in-8 de 4 ff. lim. et 46 pp.

> Édition originale. Guy Patin, dans une remarque écrite de sa main au frontispice d'un exemplaire de ce livre, attribue ce discours à Michel Marescot, médecin à Paris, ou bien à Simon Piètre, son gendre, également médecin. (Catalogue de Bellanger, n° 1118.) Tallemant des Réaux l'attribue à Le Bouteilliers, père de l'archevêque de Tours. (Le dernier f. de la dédicace est collé avec celui du privilège qui précède l'ouvrage.)

A la suite,

1º Recherches curieuses des actions de M. le Cardinal Mazarin, par T. B. P. (Thomas Bonnet, prédicateur). Edition originale.

2º Police générale du royaume de France. Avec la façon de procéder en toutes sortes de juridictions. S l. n. d.

Ens. 1 vol. pet. in-8, veau fauve, dos à nerfs, orné, tr. mouch. (*Rel. de l'époque.*)

111. Domayron (Ant.). Histoire du Siège des Muses où parmi le chaste amour est traité de plusieurs belles et curieuses sciences, divine, moralle et naturelle, architecture, alchimie, peinture et autres. *Lyon, Rigaud*, 1610; pet. in-8, demi-veau rouge. (*Rel. mod.*)

> Première édition de ce livre très curieux, orné d'un *joli titre gravé.*
> Rousseurs.

112. Duboccage (Mme). La Colombiade ou la Foi portée au Nouveau Monde, poème. *Paris, Desaint et Saillant,* 1756; in-8, veau marb., dos à nerfs, orné, tr. rouges. (*Rel. de l'époque.*)

> Premier tirage.
> Portrait par Mlle Loir, gravé par Tardieu; 1 fleuron sur le titre, non signé, 10 figures par Chedel, et 10 culs-de-lampe non signés.
> Coiffes et coins de la reliure, fatigués.
> Ex-libris Rigoley de Juvigny.

113. Duclos. Acajou et Zirphile, conte. *A Minutie (Paris, Prault),* 1744; in-4, veau marb., dos orné, av. pièce de titre rouge, tr. rouges. (*Rel. anc.*)

> Très beau livre illustré de 1 frontispice et 9 figures par *Boucher,* gravées par *Chedel,* 1 fleuron sur le titre dessiné et gravé par *Cochin* fils, 1 vignette au commencement du conte, par le même et 1 cul-de-lampe à la fin de la préface, gravé par *Duflos.*
> Exemplaire contenant toutes les figures (sauf le cul-de-lampe gravé par Duflos) coloriées (coloris mod.), avec un petit cachet armorié en cire noire sur le titre.
> A la suite se trouve la « Réponse du public à l'auteur d'« Acajou » (par Fréron). S. l. n. d., 12 pp. in-4.
> Quelques annotations manuscrites marginales. Petit trou en marge du dernier feuillet. Bel exemplaire ,non rogné.

114. (Du Laurens (Abbé). Imirce ou la Fille de la Nature. *Londres,* 1776; in-8, veau marb., dos lisse couvert d'un semis de pet. fleur. dor., tr. jasp. (*Rel. de l'époque.*)

> L'Épitre est signée Modeste-Tranquille Xang-Xung.
> Coiffe inférieure de la reliure fatiguée.

115. Du Noyer. Lettres historiques et galantes, de deux Dames de condition, dont l'une était à Paris et l'autre en province. Ouvrage curieux. Nouvelle édition revue, corrigée, augmentée et enrichie de figures. *Amsterdam, P. Brunel,* 1720; 4 vol. in-12, veau brun, dos à nerfs orné, tr. mouch. (*Rel. anc.*)

> Édition ornée de 4 frontispices et de 2 planches.
> Ex-libris du comte Potocki.
> Manque le titre du tome I.

116. Durand ou **Duranti** (Guillaume). Rationale divinorum officiorum (In fine :) *Finit rationale divinoru officioru qd antea nulle locis depravatu obnixa elucubratione magistri Boneti de Locatellis bergomesis correctu est : ejusdemq. artificio impressum : Venetiis,* anno 1491; *idus aprilis septimo,* in-fol. goth. à 2 col. de 2 ff. prél. pour le titre et la table, 149 pp. de texte et 1 f. pour le registre et la marque d'imprimeur, demi-vélin blanc.

> Belle impression vénitienne de ce célèbre livre liturgique; elle est décorée de nombreuses initiales historiées, gravées sur bois, à fond noir et d'une figure astronomique (p. 147).
> Incunable très recherché. (jaunissures à quelques ff. et légères piqûres de vers à quelques marges; les marges intérieures de cinq feuillets sont habilement doublées.)

117. **Duret** (Jean). Commentaires aux Coustumes du Duché de Bour-
bonnois, rapportées aux mœurs et observances des pays de Bour-
gongne, Berry, Auvergne, la Marche, Nivernois, etc. Avec deux indices,
l'un des paraphes et l'autre des matières principales. *Lyon, Rigaud,*
1585; in-fol., parchemin blanc, tr. rouges. (*Rel. anc.*)

Deuxième édition, rare.

118. **Eaux de Schwalbach.** Amusemens des eaux de Schwalbach,
des bains de Wisbaden et de Schlangenbad, avec deux relations
curieuses; l'une de la Nouvelle Jérusalem et l'autre d'une partie de la
Tartarie indépendante. Avec des figures en taille-douce. *Liège, Everard
Kints,* 1738; pet. in-8, veau brun, encadr. de fil. à fr., dos à nerfs
orné de fleurons dor., tr. mouch. (*Rel. anc.*)

Édition originale, rare, de cet ouvrage recherché, attribué à D. Fr. de Merveilleux. Il est illustré de quatre gravures hors texte, plusieurs fois repliées,
gravées en taille-douce, représentant les vues générales de ces « villes d'eaux »
et des plans particuliers des fontaines et des établissements créés pour le traitement des maladies.
Cet ouvrage contient de très curieux détails sur les établissements de jeux
et de récréations créés et développés dans ces villes avec une extension bien
comparable à nos casinos actuels.
⚜ Très bon exemplaire.

119. **Epictète.** Le Manuel d'Epictète (traduit par Guillaume **du Vair**).
Paris, chez Abel l'Angelier au premier pilier de la salle du Palais,
1591. *Traduction rare,* le titre est compris dans de jolis encadrements
grav. en taille-douce. — **Du Vair** (G.). La Philosophie morale des
stoïques. *S. l. n. d.* (fin xvıᵉ s.). *Un des opuscules les plus recherchés
de ce célèbre moraliste* (le f. du titre manque). Ens. 2 op. en 1 vol.
pet. in-8, mar. brun, comp. de fil. et dentelles formées de motifs de
fleurs et feuillages, milieux et dos semés de *pièces d'armes, de chiffres,*
et de fleurs en médaillons, tr. dor. (*Rel. de l'époque.*)

Exemplaire réglé dans une ravissante reliure du xvıᵉ siècle, aux armes; les
plats et le dos sont décorés d'*étoiles* (pièces d'armes) et de *doubles* λ (chiffres).

120. **Epinay** (Mme d'). (Reliures à ses armes). Histoire de Suède, avant
et depuis la fondation de la Monarchie. Par le Baron de Pufendorff.
Nouvelle édition. *Amsterdam, Chatelain,* 1748; 3 vol. in-12, veau marb.,
milieux armoriés, dos à nerfs, ornés, tr. rouges. (*Rel. de l'époque.*)

Frontispice et portrait répété aux t. I et III.
Exemplaire aux *armes de Madame d'Epinay,* la célèbre amie de Grimm et
Rousseau.
Légères éraflures aux reliures.

121. **Esclavage.** Avis des conseils coloniaux de la Martinique, de la
Guadeloupe et de la Guyane française sur diverses propositions con-
cernant l'esclavage. *Paris, Imprimerie royale,* 1839; in-4, demi-bas.
marron clair, dos plat, orné en long de mot. dor., pièces de titre
vertes, tr. marb. (*Rel. de l'époque.*)

122. **Estienne** (François). (Impression de). — La Bible qui est toute
la saincte Escriture : contenant le Vieil et le Nouveau Testament.
Autrement la Vieille et Nouvelle Alliance. Avec arguments sur
chacun livre, figures, cartes tant chorographiques qu'autres. *De
l'imprimerie de François Estienne, 1567*; fort vol. in-8, mar. brun,
plats et dos ornés, tr. dor. (*Rel. anc. usagée.*)

> Belle impression de F. Estienne. Collation : 4 ff. prél. dont le titre (un peu
> plus court de marges, fatigué), 370 ff. pour le Vieux Testament, 90 ff. pour
> les livres apocryphes de l'A. T., 122 ff. pour le Nouveau Testament y compris
> le titre compris dans un bel encadrement à volutes, 92 ff. pour l'interprétation des
> noms hébreux, l'index et les psaumes mis « en rime » par Clément Marot et
> 8 ff. pour le « Calendrier historial » y compris le titre en rouge et noir, avec
> encadrement gravé sur bois. *Cartes et figures gravées sur bois et plain-chant
> noté.*
> Exemplaire réglé (déchirures au f. 38 de l'A. T. n'empêchant pas la lecture
> du texte). Légères mouillures.

123. **Estienne** (Robert)). Causes amusantes et connues. *Berlin*, 1749;
in-12, bas. marb., dos à nerfs orné, tr. rouges. (*Rel. anc.*)

> Véritable édition originale, ornée de cinq jolies figures non signées gravées
> en taille-douce.

124. **Etat** (**l'**) **de servitude**, ou la Misère des domestiques. *Troyes,
Garnier, s. d.* (*milieu du* XVIIIe *s.*), plaq. pet. in-8, de 16 pp., demi-
mar. rouge jans. (*Rel. mod.*)

> Dans ce curieux écrit un laquais raconte les misères de la gent domestique
> que sa propre expérience lui a fait connaître et le détail de toutes les incom-
> modités du service. Édition populaire de Troyes, tirée sur papier à chandelle.
> Exemplaire non rogné et non coupé.

125. **Faujas de Saint-Fond.** Description des expériences de la machine
aérostatique de MM. de Montgolfier... *Paris, Cuchet*, 1783; in-8,
bas. rac., dos sans nerfs orné. (*Rel. anc.*)

> Orné de 9 figures dont un frontispice dessiné par *de Lorimier*, gravé par *de
> Launay* représentant l'expérience faite à Versailles par Montgolfier, le 19 sep-
> tembre 1783 et 8 planches de machines aérostatiques, gravées par *Bertault,
> Sellier*, etc., numérotées de 1 à 9 (il n'y a pas de pl. V).
> Légère restauration en marge du frontispice.
> D'après Cohen (372), notre exemplaire est bien complet.

126. (**Favart**, comtesse de **Turpin de Crissé, Boufflers, Guillard**
et **Voisenon**). Journée de l'amour ou Heures de Cythère. *A Gnide*,
1776; in-8, demi-mar. orange, coins, tête dor., non rog. (*Rel. mod.*)

> Cet ouvrage illustré de 4 figures et 8 culs-de-lampe par Taunay, gravés par
> Macret, Michel, n'a jamais été mis dans le commerce. Il est très rare, c'est le seul
> qu'ait illustré le peintre Taunay; les figures sont fort gracieuses.
> Quelques petites rousseurs.

127. **Fénelon.** Explication des maximes des saints sur la vie intérieure.
Par messire François de Salignac Fénelon, archevêque, duc de Cam-
bray, précepteur de Messeigneurs les ducs de Bourgogne, d'Anjou et

de Berry. *Paris, Auboiun, Emery et Clousier*, 1697; in-12, de 18 ff.
prél. non chiff., 272 pp. et 1 p. non chiff. pour les errata, veau brun,
dos à nerfs orné. (*Rel. de l'époque*, un peu usag.)

ÉDITION ORIGINALE, *très rare*, imprimée sur papier fort, et présentant la faute
« la perfections », p. 48, corrigée dans les réimpressions.
On sait que cet ouvrage, condamné par la Sorbonne et le Saint-Office, causa
la disgrâce de Fénelon auquel Louis XIV supprima le titre de précepteur
des Enfants de France.
(*Voir la reproduction du titre.*)

128. **Fenouillot de Falbaire.** L'Honnête Criminel, drame en cinq actes
et en vers. *Amsterdam, et Paris, Merlin*, 1767; in-8, mar. rouge jans.,
dos à nerfs, large dent. int., tr. dor. sur témoins. (*Ruban.*)

Premier tirage.
Cinq charmantes figures par Gravelot, gravées par Binet, Delaunay, Levas-
seur et Simonet. Bel exemplaire.

129. **Ferrari** (Jean-Baptiste) de Sienne. De florum cultura libri IV.
Romae excudebat Stephanus Paulinus, 1633; in-4, veau brun, plats
de l'époque ornés de comp. de fil. et de fleurons aux angles, dos mod.

ÉDITION ORIGINALE de ce curieux ouvrage sur les jardins du célèbre orien-
taliste et naturaliste italien, de la Société de Jésus. Elle est illustrée d'un beau
titre-frontispice et de nombreuses planches d'horticulture, de parterres, ou
représentant diverses espèces de fleurs, d'arbres, vases, sujets allégoriques
d'horticulture par *P. Berettin, Cortus*, etc. Petite réfection au feuillet F 4 et à
la marge du f. P. 8; jaunissures aux ff. S 3-5. Mouillures.

130. **Fêtes. — Edler von Deyerlsperg.** Erb-Huldigung welche dem
allerdurchleuchtigist. — Grossmachtigisten und ununberwindlichsten
Romischen Kayser *Carolo dem Sechsten* zu Hispanien, Hungarn,
und Bokeim Konig, etc., als Hertzogen in Steyer von denen gesamten
Steyrischen Land-Standen den sechsten julii 1728. *Gedruckt zu
Gratz*, 1728; in-fol., bas. brune. (*Rel. de l'époque*, usag.)

Orné d'un superbe frontispice représentant l'empereur Charles VI sur son
trône, assisté de personnages allégoriques et de 12 belles planches, montées sur
onglets, (vues, cérémonies, cavalcades, fêtes), le tout dessiné par *Florer* et
gravé par *Storcklin*. Avec une carte géographique repliée.

131. **Fielding.** Tom Jones, ou l'Enfant trouvé, imitation de l'anglois,
par M. de La Place. Quatrième édition, revue, corrigée et augmentée
de la Vie de l'auteur anglois. *Londres, et Paris, Bauche*, 1777; 4 vol.
in-12, bas. marb., dos lisses, ornés, tr. rouges. (*Rel. de l'époque.*)

Frontispice et quinze figures par Gravelot, gravées par Aveline, Chédel,
Fessard et Pasquier.
Reliures légèrement usagées.

132. **Fleurs des exemples,** ou Catéchisme historial, contenant plusieurs
beaux miracles et excellents discours, tirés tant de l'Ecriture Sainte
que des Saints Pères et anciens docteurs de l'Eglise. Réduit en forme
de lieux communs, suyvant les chapitres et matières du catéchisme
du Concile de Trente. Par M. **Antoine d'Averoult.** S. J. *Paris,*

Robert Foüel, 1606; in-8 de plus de 800 pp., vélin à rec. (*Rel. de l'époque*, usag.)

> Ce florilège, bien conforme à la méthode pédagogique de la compagnie de Jésus, présente le catéchisme sous forme d'« histoires ».; il contient quantité d'anecdotes et de légendes fort curieuses; le vol. se termine par deux copieuses tables, l'une des titres et parties, l'autre des saints et illustres personnages mentionnés dans le « cathéchisme historial ».
> Quelques mouillures.
> Ex-libris manuscrits.
> Deux extraits, l'un imprimé, l'autre manuscrit ont été collés au verso blanc du dernier feuillet.

133. **Fontana** (Domenico). Del modo tenuto nel trasportare l'obelisco Vaticano, e delle fabriche fatte da nostro signore Sisto V. *In Roma, appresso Domenico Basa*, 1590; in-fol., veau brun, dos orné. (*Rel. anc.*, usag.)

> ÉDITION ORIGINALE de l'unique ouvrage composé par ce célèbre architecte et ingénieur italien; où l'on trouve de curieux détails sur les procédés qu'il employa pour transporter et ériger l'obélisque du Vatican; elle est ornée d'un titre-frontispice avec portrait de Fontana, daté de 1589 et de 38 SUPERBES PLANCHES hors-texte .
> Mouillures à plusieurs ff. ou pl., petite réparation à la marge inf. du f. B; petites déchirures aux ff. 38 à 42 et à la marge inf. du f. 47.

134. **Fouquet** (Reliure à son chiffre). — **Lambert** (Joseph). Lettres de controverse. *Paris, Delaulne*, 1705; pet. in-8, veau fauve, 3 fil., dos à nerfs orné. (*Rel. anc.*, usag.)

> Première édition de ce livre recherché d'Apologétique catholique.
> Exemplaire au chiffre de FOUQUET (2 F entrelacés) et au monogramme du Christ (au dos du vol.), provenant de la bibliothèque de la Sociéfé de Jésus à laquelle furent légués les livres du célèbre bibliophile.
> Ex-libris manuscrit de cette congrégation sur le titre.
> Quelques piqûres de vers aux derniers feuillets.

135. **Franco** (Giacomo). Habiti d'huomeni et donne venetiane, con la processione della sereniss. signoria et altri particolari cioe trionfi, feste et cerimonie publiche della nobilissima citta di Venetia. *Venetia* (1610); pet. in-fol., veau noir, comp. de dent. à fr., milieux historiés or. (*Rel. de l'époque*, un peu réparée.)

> Titre-frontispice avec vues de Venise et 24 planches (scènes historiques, portraits, scènes de mœurs, costumes) (indiquées par Brunet (II, col. 1378) sans les trionfi, feste, etc. qu'il signale dans l'exemplaire Libri qui, partant contenait 32 pl.). A la suite se trouve une *très belle vue de la place Saint-Marc* et un *grand plan historié de Venise*, replié.
> Petits trous de vers dans la marge inférieure, quelques feuillets remargés.

136. **Frézier.** La Théorie et la Pratique de la Coupe des pierres et des bois, pour la construction des voûtes et autres parties des bâtimens civils et militaires, ou Traité de stéréotomie, à l'usage de l'architecture. *Strasbourg, Doulsscker, et Paris, Guérin*, 1737-1739; 3 vol. in-4, veau marb., dos à nerfs, ornés, tr. rouges. (*Rel. de l'époque*.)

> Ouvrage recherché, orné de 114 planches repliées. Frontispice au t. I, et vignette sur les titres.
> Éraflures. Légères rousseurs.

137. Garnier (Robert). Les Tragédies de R. Garnier. *Rouen, Raph. du petit Val ;* 1605, in-12 de 648 pp., veau fauve, encadr. de fil. dor., armes au centre des plats, dos à nerfs orné, dent. int., tr. dor. (*Thompson.*)

Édition imprimée en caractères italiques.

Les 8 dernières pages de cette édition contiennent une *Elégie sur le Trépas de Pierre de Ronsard ,à Monsieur Des Portes,* morceau qui n'existe ni dans les éditions précédentes ni dans la plupart des suivantes, celle de 1616 exceptée.

Très bel exemplaire dans une jolie reliure moderne *aux armes de Villeneuve-Trans.*

Petit trou de ver au dos de la reliure.

138. Gesner (Conrad), célèbre savant suisse (1516-1565). Fisch-buch das ist ein kurtze doch vollkomne Beschreybung aller Fischen so in dem Meer und sussen wasseren Seen, Flussen, oder anderen Bachen ir womung habend sampt irer waren conterfactur... Erstlich in Latin durch... cünrat Gessner beschriben yetz neüwlich aber durch D. Cünrat Forer zu grosseren nutz allen liebhaberen der Künsten in das Teütsch gebracht. *Zürych, Froschover,* 1563; in-fol., veau brun, dent. dor. sur les plats, le titre inscrit en lettres d'or et texte biblique inscrit à fr. au centre du 1er plat, entrelacs dor. au centre du 2e plat, tr. dor. et cisel. (*Rel. du temps,* usag.)

Première édition en langue allemande du savant ouvrage de Gesner sur les poissons; elle est illustrée de nombreuses et belles *figures de poissons gravées sur bois d'après les dessins de Hans Asper et J. Thomas;* l'impression est en lettres gothiques.

Exemplaire contenant les figures coloriées dans une curieuse reliure suisse du xvie siècle; les milieux des plats comportent une décoration différente; le premier plat, outre la mention du titre « Fisch Buch » reproduit un texte de la Genèse (en allemand).

Le titre, déchiré, incomplet de texte, a été remonté; les marges des trois premiers feuillets sont usagées; le dernier feuillet de texte, aux marges fatiguées, est réparé; le dernier feuillet du second index manque.

139. Goethe. Werther, traduit de l'allemand. *Maestricht, Dufour et Roux,* 1776; 2 t. en 1 vol. in-12, brad. demi-vélin blanc.

Première traduction française attribuée par les uns à G. Deyverdun, par d'autres à Seckendorf (rappelons que l'original parut à Leipzig en 1774); elle est illustrée de 2 jolies figures par *Chodowiecki* sur les titres.

Légères mouillures sur le premier titre.

140. Goethe. — Cellini (B.). Leben des Benvenuto Cellini florentinischen Goldschmieds und Bildhauers von selbst geschrieben. Ubersesezt und mit einem Anhauge herausgegeben, von Goethe. *Tubingen, Cotta,* 1803, 2 vol. in-8, dos et coins bas. (*Rel. anc.,* usag.)

ÉDITION ORIGINALE RARISSIME de la traduction donnée par GŒTHE des célèbres mémoires de Cellini; elle est illustrée d'un beau portrait de Benvenuto Cellini, non signé, hors texte.

Précieux livre dans sa première reliure (usagée).

Quelques jaunissures au tome Ier; ex. un peu fatigué.

Cachet sur les titres.

141. Goethe. Schriften. *Leipzig, bey Georg Joachim Goschen,* 1787-1790; 8 vol. in-12, veau fauve, fil., dos ornés de fil. et de jolis petits

fers à dessins géométriques, dor., av. pièces de titre rouges et vertes,
tr. rouges. (*Reliure allemande de l'époque.*)

PREMIÈRE ÉDITION COLLECTIVE, RARISSIME, des œuvres de GŒTHE, publiée
avec le concours de l'auteur. Elle est illustrée de 8 vignettes aux titres et de
8 charmantes figures gravées par *Geyser, Berger, Lips, Grogory* et *J.-W. Meil*
d'après *Remberg, Chodowiecki, Mechau, Œser* et *Angel Kaufmann.*
On lit sur le feuillet de garde du tome Ier, une mention manuscrite affir-
mant que cet exemplaire provient de la vente *de la succession Gœthe, du
24 mai* 1834.
Précieux exemplaire très frais dans sa reliure du temps.
(*Voir la reproduction du titre du tome* Ier.)

142. Goethe. — Carnaval Romain. Das Romische Carneval. Berlin,
gedruckt bey Johann Friedrich Unger. *Weimar und Gotha, in Commis-
sion bey Carl Wilhelm Ettinger*, 1789; in-4, cart. mod. à ramages.

PREMIÈRE ÉDITION publiée à 250 exemplaires. Titre orné de masques, sig. *Lips*
et 16 planches de travestis, non signées, en tirage à part, très finement coloriées,
d'après les indications de Gœthe; elles présentent l'aspect de dessins aquarellés.
Quelques petites taches dans le texte et quelques restaurations.
Le 14 décb. 1789 Gœthe écrivait à la duchesse Anna Amalia : « Le Carnaval
aussi en Allemagne a trouvé des amateurs. La pusillanimité des entrepreneurs
Berkuch et Kransi les avait poussés à faire une petite édition, complètement épui-
sée maintenant sans qu'on eût pu oser en faire tirer une seconde. » A son deuxième
séjour à Rome, Gœthe remarque que le Carnaval devient rare; lui-même n'en
avait aucun exemplaire dans sa bibliothèque. — Il avait mis son texte privé à la
disposition de la bibliothèque du château de Wilhelmshöhe en juillet 1819
parce que l'exemplaire qui s'était trouvé jadis au château fut détourné pendant
la domination intérim française.

143. Gomez de Cibda Real. Centon epistolario del bachiller Fernan
Gomez de Cibda Real fisico del mui poderoso e sublimado rei don
Juan el segundo deste nonbre. Estas epistolas fueron escritas al
mui poderoso rei don Juan el segundo e a otros grandes e prelados
e cavalleros enque ai mucheros casos e sucessos e motes e chistes que
por estas epistolas son aclarados e dinos de se sauer. *Fue estampado
e correto perel protocolo del mesmo bachiller Fernanperez por Juan de
Rei e a su costa en la cibda de Burgos el anno* 1499; pet. in-4 goth de
166 pp., veau fauve, 3 fil. et rosaces aux angles, dos orné, dent. int.,
tr. dor. (*Bedford.*)

Belle impression en lettres gothiques que Ticknor, après Antonio, considère
comme postérieure à la date indiquée sur le volume. (Voir Brunet II, 1660,
Graesse, p. 115 et Hain n° 7792).
Rare. Exemplaire en parfait état de conservation dans une jolie reliure signée
de Bedford.
Exemplaire lavé.

144. Gracian (Baltasar). L'Homme de Cour. Traduit et commenté par
Amelot de La Houssaie. Nouvelle édition revue et augmentée. *Lyon,
Barbier*, 1693; in-12, bas. marb., dos à nerfs, orné, tr. mouch. (*Rel.
de l'époque.*)

Excellente édition, très augmentée, ornée d'un frontispice.
Inscriptions manuscrites anciennes sur le titre.

145. Gregory (Chevalier G. de). Histoire du livre de l'Imitation de
Jésus-Christ et de son véritable auteur. *Paris, Imprimerie de Crapelet*,
1843; 2 vol. in-8, brochés, non rog.

Edition originale. L'auteur attribue l'*Imitation* à Gersen; l'ouvrage contient

de très importants documents. Deux frontispices gravés donnant les portraits de l'auteur et de Gersen.
Rare.

146. Gresset. Le Méchant. Comédie en cinq actes en vers. *Paris, Séb. Jorry*, 1747; in-12, carton. vélin blanc. (*Rel. mod.*)

ÉDITION ORIGINALE.
Légère mouillure aux deux derniers feuillets.

147. Hamilton (Comte). Mémoires de la vie du Comte de Grammont contenant particulièrement l'histoire amoureuse de la cour d'Angleterre sous Charles II. *Cologne, P. Marteau*, 1713; in-12 de IV-426 pp., et 1 f. de table, veau brun, dos orné. (*Rel. de l'époque.*)

Édition originale.
Reliure un peu défraichie et restaurée; légère déchirure en marge du f. 23-24.

148. Hellot. L'art de la teinture des laines et des étoffes de laine, en grand et petit teint avec une instruction sur les débouillis. *Paris, Herissant*, 1772; in-12, demi-bas. brune, dos à nerfs orné, coins, tr. mouch. (*Rel. anc.*)

Ex-libris du comte Fr. Potocki.

149. Héraldique. — Wappen-Buch. Erneuert und vermehrtes Wappen-Buch... Wappen, Schilde, Helmen, Kleinodien, nebeust ders Nahmen und Herrschaften in schönen Kupffern vorge bildet und vormalens in Funff, anjetzund aber zu dessen sonderbarer Verbesserung, in sechs Theilen, benebeust einem Anhang darinnen auch der heut zu tag florirenden auslandischen Konigreiche und Souvrainen Mappen und Kleinodion enthalten... zum Druck befordet von *Rudolph Johann Helmers Buchhandlern, Nurnberg*, 1699; fort vol. in-4, peau de truie, comp. de dentelles à fr. couvrant les plats, dos à nerfs, tr. rouges. (*Rel. du temps.*)

Précieux armorial de la noblesse allemande, contenant 1188 planches de blasons réparties entre les 8 parties du volume (y compris les appendices).
Exemplaire dans une reliure de style d'époque, estampée à froid.

150. Hérodote. Histoire d'Hérodote d'Halicarnasse, texte grec avec notes critiques, variantes des cinq manuscrits de la Bibliothèque du Roi, et un index des choses et des personnes, considérablement augmenté, par J.-B. Gail. *Paris, Delalain*, 1821; 2 vol. in-4, veau rac., dos ornés av. pièces de titre rouges et vertes, tr. marb. (*Rel. de l'époque.*)

Excellente édition critique. Exemplaire imprimé sur GRAND PAPIER VÉLIN, contenant la suite des figures par *Boichot*, gravées par *Dambrun, Lerouge*, etc., en double état dont l'EAU-FORTE PURE et l'épreuve AVANT LA LETTRE.
Très bon état intérieur (malgré de légères taches d'humidité à 3 marges sup.).
Ex-libris gravé du comte de Corbière.

151. Horae. Manuscrit sur vélin, réglé, du début du XVe siècle; in-8, chag. gren., encad. de dent. et fil. à fr., dos orné à fr., 3 fil. dor. int., tr. dor. (*Petit.*)

Ces Heures, précédées d'un *calendrier*, calligraphiées en belles lettres gothiques sont décorées de 12 MINIATURES à mi-page dont 7 à *joli fond quadrillé* en or et en couleurs, qu'on ne rencontre guère qu'au xive siècle et de 12 bordures à motifs de fleurs et feuillage en couleurs et or plaqué (entourant les miniatures de chaque côté).

Ces miniatures ont pour sujets : 1° *La donatrice aux pieds de la Vierge et de l'Enfant*, fond quadrillé; 2° *L'Annonciation à la Vierge*, cette miniature à compartiments formés d'arcades gothiques est également à fond quadrillé; 3° *La Visitation* ou la rencontre de la Vierge et de Sainte Élisabeth, fond quadrillé; 4° *La Nativité*, fond guilloché; 5° *L'Annonciation aux bergers*, fond quadrillé; 6° *Les rois mages* apportent leurs présents à l'Enfant dans les bras de sa mère; 7° *La Fuite en Egypte*, saint Joseph guide la Vierge et l'Enfant montés sur l'ânesse; 8° *Le couronnement de la Vierge*; 9° *David en prières*, fond quadrillé; 10° *La Crucifixion*, même fond quadrillé; 11° *La Pentecôte*, la colombe symbolisant le Saint Esprit descend au-dessus des Apôtres en prières; 12° *L'Office des morts*, trois personnages vêtus de noir sont agenouillés auprès d'un catafalque tandis que deux officiants récitent les dernières prières, fond quadrillé.

Ces miniatures d'un style naïf et archaïque sont comprises dans de riches bordures en or vif et en couleurs, formées d'entrelacs, de volutes de fleurs et feuillage à terminaisons filigranées semées de motifs de fleurs et feuillage en or plaqué, alternés parfois d'oiseaux et de personnages divers; chacune fait corps avec une grande initiale à fond d'or. Le texte des Heures est, en outre, décoré d'initiales et bouts de lignes en or vif et couleurs variées.

152. **Horae.** Manuscrit sur vélin exécuté dans le Nord de la France par un artiste de l'Ecole bourguigno-flamande dans la seconde moitié du xve siècle. In-8, mar. brun, 2 fil. sur les plats, milieux décorés des *instruments de la Passion*, dos à nerfs orné, tr. dor. (*Rel. de la fin du XVIe siècle.*)

Ces précieuses Heures sont précédées d'un calendrier où nous relevons les noms de saints flamands tels que saint Amand, saint Waast, saint Lambert, évêque, saint Bertin, abbé, saint Baron, saint Piat, etc. et d'une liste de lettres dominicales portant les dates 1467 (date vraisemblable de l'exécution de ces Heures) à 1496.

Elles sont décorées de 12 GRANDES ET BELLES MINIATURES et de 24 JOLIES BORDURES à motifs de fleurs, feuillage et d'oiseaux variés aux brillants plumages dont 12 entourant les miniatures et 12 autres entourant le texte placé en regard de celles-ci et faisant corps avec les grandes initiales à fond d'or du début du texte.

Les 12 grandes miniatures ont pour sujets : 1° *La Crucifixion* (en regard du début des Heures de la Croix); 2° *La Vierge au milieu des Apôtres* (heures du Saint Esprit); 3° *La Vierge et l'Enfant, accompagnés de deux anges musiciens* (la Messe de la Vierge); 4° *L'Annonciation à la Vierge* (au début des Heures de la Vierge); 5° *La Visitation* (Laudes); 6° *L'Annonciation aux bergers* (Tierce); 7° *La Nativité* (Sexte); 8° *La Présentation au Temple* (None); 9° *Le massacre des SS. Innocents* (vêpres); 10° *La fuite en Egypte* (Complies); 11° *Le Jugement dernier* (Les sept psaumes de la pénitence); 12° *La résurrection de Lazare* (Office des morts).

Ces miniatures sont d'une charmante expression de style et d'un très harmonieux coloris en or vif et en couleurs variées. Les 24 BORDURES sont d'une très belle exécution et d'un brillant coloris avec terminaisons de feuillage et rosaces en or plaqué.

Nous signalerons, parmi les décors variés de ces bordures, des *paons* aux riches plumages, souvent répétés, *motifs caractéristiques de l'école de Bourgogne*.

Le texte des Heures calligraphié en jolies lettres gothiques très régulières rouge et noir, est, en outre, orné de quantité d'initiales et tirets en or et couleurs.

Ce manuscrit est dans un état de conservation, de fraîcheur remarquable et dans sa curieuse reliure de l'Epoque, décorée des instruments de la Passion.

(*Voir la reproduction d'une des miniatures et la reproduction d'une des bordures sur le premier plat de la couverture de notre catalogue*).

153. **Horae.** Manuscrit sur vélin du xve siècle. In-4, mar. rouge, 3 fil., dos à nerfs orné à petits fers, large dent. int., tr. dor. (*Behrends.*)

Ces Heures, précédées d'un calendrier complet, sont décorées de 5 GRANDES MINIATURES entourées de riches bordures en or et en couleurs.

Ces miniatures représentent :

1° *L'Annonciation à la Vierge* : La Vierge en prières dans un oratoire aux jolis décors gothiques est à demi tournée vers l'ange annonciateur; son expression de surprise est charmante de grâce et de naturel.

2° *La Crucifixion* : Aux pieds du Christ en croix sont réunies la Vierge, sainte Madeleine et d'autres saintes femmes, tandis qu'un personnage à cheval s'avance, l'air narquois, suivi d'une soldatesque. Les expressions de chaque personnage et ces attitudes sont d'un grand style; l'expression du Christ en croix est particulièrement belle.

3° *La Nativité* : La Vierge et saint Joseph adorent l'Enfant dans sa crèche, l'attitude et l'expression à la fois naïve et souriante de la Vierge regardant saint Joseph est pleine de grâce et de charme.

4° *David en prières* : Vêtu d'un costume d'or aux élégants drapés, ceint de la couronne, le roi David est en prières dans la campagne, la harpe à ses côtés. L'Éternel et un ange, le glaive en mains, lui apparaissent. Belle composition.

5° *Job dans la misère* : Dépouillé de tout, nu sur la paille, Job, le visage rayonnant, les bras en croix écoute placidement les amers propos de ses trois amis à l'attitude provocante, revêtus de somptueux costumes. Admirable scène. *(Voir la reproduction.)*

Ces miniatures, qui témoignent d'un remarquable talent d'observation, ne sont pas moins remarquables par la naïveté, le naturel, l'expression du style que par la beauté et les détails des drapés, l'agencement de la composition et l'harmonie du coloris; elles sont entourées de ravissantes bordures à fond d'or, formées de motifs de fleurs et feuillage, bêtes fantastiques, oiseaux aux variés plumages, de jolis décors géométriques, etc. Le texte, en outre, est orné de belles initiales en or vif et couleurs, tirets, etc. 5 PAGES sont décorées de jolies bordures à motifs de fleurs et feuillage et de superbes GRANDES INITIALES à motifs de fleurs sur fond d'or.

Ce manuscrit entièrement réglé sur vélin est dans un état de conservation d'une fraîcheur exceptionnelle.

154. Horae. Manuscrit sur vélin du XVe siècle. In-8, mar. brun, comp. de fil. droits et courbes et larges décors à motifs de feuillage alternés d'étoiles sur les plats, dos à nerfs orné des mêmes fers, larges dent. int,. doublé et gardes de moire verte, tr. dor. *(Girard, rel. à Angers.)*

(Voir la reproduction d'une des miniatures.)

Ces Heures, précédées d'un calendrier bien complet, sont décorées de 10 GRANDES MINIATURES entourées de bordures, de chaque côté et de bordures latérales à chaque page de texte.

Les 10 miniatures ont pour sujets :

1° *Saint Jean à Pathmos* : L'apôtre compose son Évangile, l'aigle est à ses côtés. Joli fond de paysage et de ville.

2° *La Visitation* : La Vierge, accompagnée de l'ange, rend visite à sainte Élisabeth. Joli fond de campagne.

3° *La Pentecôte* : La Vierge est en prières au milieu des Apôtres réunis au temple. La colombe symbolisant le Saint-Esprit plane au-dessus d'eux.

4° *La Nativité* : La Vierge et saint Joseph adorent l'Enfant, trois bergers s'approchent de la crèche. Fond de paysage. L'encadrement de la miniature à fond d'or pâle est formé de portiques, de clochetons, et de figures de saints.

5° *L'Adoration des Mages* : Les trois rois mages présentent leurs offrandes à l'Enfant et à la Vierge.

6° *La Circoncision* : La Vierge assistée d'un lévite et de jeunes femmes est en prières devant l'autel où le vieillard Siméon adore l'Enfant.

7° *La fuite en Egypte* : Saint Joseph (représenté en jeune homme) guide la Vierge tenant l'Enfant, montée sur l'ânesse, suivie d'une sainte femme. Fond de paysage.

8° *Le Couronnement de la Vierge* : Dieu le père sous un dais gothique, le globe en mains, bénit la Vierge qu'un ange couronne.

9° *Le Roi David* : Vêtu d'un somptueux costume d'hermines et de riches couleurs, ceint de la tiare, le roi-prophète est agenouillé devant un autel; Dieu le père et un ange tenant le glaive lui apparaissent. L'encadrement à fond d'or est formé de portiques, de clochetons et de figures de saints.

10° *La donatrice* vêtue d'un costume pourpre doublé de blanc, coiffée d'un voile noir, est représentée à genoux devant la Vierge lui présentant l'enfant sous un dais, assistée d'un ange.

Ces miniatures sont d'une très belle expression de style et d'un vif et harmonieux coloris; les bordures variées, à fond d'or pâle, sont formées de motifs de bêtes fantastiques, de grotesques singes, d'oiseaux, se jouant parmi des volutes de fleurs et de feuillage; les bordures latérales de chaque page du texte non moins variées, à fond d'or, sont formées de volutes rosacées, figures géométriques à motifs de fleurs et feuillage sur fond d'or; le texte d'une calligraphie très régulière est décoré de jolis bouts de lignes et initiales également en or et en couleurs.

Ces précieuses Heures, reliées par Girard d'Angers, portent sur la garde en moire la devise, en lettres d'or : « *Fiat pax in spe* ».

155. Horae. Manuscrit sur vélin du xve siècle. In-8, chag. rouge, 3 fil., dos à nerfs orné à petits fers, large dent. int., tr. dor. (*Cars and C°.*)

Ces Heures, précédées d'un calendrier bien complet, sont décorées de 4 GRANDES MINIATURES à pleine page et de 10 bordures, à quatre côtés dont 4 entourant les miniatures et 6 dans le texte faisant corps avec la grande initiale à fond d'or, du début.

Les 4 miniatures ont pour sujet : 1° *La Crucifixion* : La Vierge et saint Jean sont aux pieds de Jésus en croix; l'expression du Christ mort est saisissante de réalisme. Fond de montagnes et de ville.

2° *L'Annonciation à la Vierge* : L'ange, un sceptre d'une main et, de l'autre, une banderolle où se lit « l'Ave Maria » se prosterne devant la Vierge en prières dans un oratoire;

3° *Le Jugement dernier* : A l'apparition du Christ glorifié, accompagné de la Vierge et de saint Jean-Baptiste, quatre morts sortent de terre, ressuscités.

4° *La résurrection de Lazare* : Jésus, accompagné de saint Pierre, ressuscite Lazare en présence des membres de sa famille, l'un d'eux pour accentuer le miracle et rappeler la décomposition de Lazare « sentant mauvais » se couvre en partie la face. Jolis décors de chapelle gothique.

Les 10 bordures en or et en couleurs, d'une très fine exécution de style, sont formées de volutes de fleurs et feuillage, à terminaisons filigranées, alternées d'ornements divers tels que volatiles divers, personnage musicien, instrument de musique, bêtes fantastiques, un écureuil, etc. Jolie reliure signée de Cars et Cie à l'imitation du xviiie siècle.

Légères rousseurs en marge des premiers feuillets du calendrier provenant d'une brûlure.

156. Horae. Manuscrit sur vélin du xve siècle. In-8, veau brun, plats du xvie siècle, ornés de comp. de dent. à fr. (réparés), tr. dor. (dos mod.).

Ces Heures, précédées d'un calendrier bien complet, sont décorées de 6 grandes belles miniatures, entourées de jolies bordures.

Ces miniatures représentent :

1° *La Circoncision* : La Vierge, accompagnée d'une servante tenant la corbeille aux colombes, présente l'Enfant au vieillard Siméon assisté d'un lévite. Fond de chapelle gothique (marge remontée).

2° *La Pentecôte* : Cette miniature représente la Vierge au milieu des Apôtres; elle est à 3 compartiments formés d'arcades gothiques à clochetons (marge remontée).

3° *Saint Jean à Pathmos* : Il compose son Évangile, assisté de l'aigle symbolique. Joli fond de paysage et de mer où vogue un bateau.

4° *La Visitation* : La Vierge rend visite à sainte Élisabeth. Très belle scène. Joli fond de paysage avec château.

5° *Saint Michel terrasse le dragon* : Il est revêtu d'une brillante armure en or et couleurs. Fond de rochers et de campagne.

6° *L'Annonciation aux bergers* : Un ange apparaît à trois bergers gardant leurs moutons, leur expression rustique est remarquable de réalisme. Fond de campagne verdoyante.

Chaque miniature est entourée d'une bordure à motifs de fleurs et feuillage d'une grande finesse d'exécution et d'un riche coloris en or vif et en couleurs. Le texte, calligraphié en lettres gothiques d'une parfaite lisibilité, est semé d'initiales en or plaqué et en couleurs variées.

Une partie de texte manque vers la fin du volume.

157. Horae. Fragment d'office liturgique grec. Manuscrit sur vélin du début du xviie siècle, in-32, de 35 ff., veau brun, comp. de fil., angles ornés. (*Rel. de l'époque*, frottée.)

Ce manuscrit est calligraphié en petites lettres très régulières, d'une parfaite lisibilité.

158. Heures. A la louange de Dieu et de la tressaincte et glorieuse vierge Marie et à ledification de tous bos catholiques ont esté comencees ces presëtes Heures a lusaige de Romme tout au long sans riens requérir. Avec cinq communs antiennes, suffrages et oraisos de plusieurs sainctz et sainctes selon le dit usaige et plusieurs autres tant en françois que en latin comme on verra plus aplain au service. *Nouvellement imprimées à Paris, par Gillet Hardouyn demourant entre les deux portes du Palays et a lenseigne saincte Marguerite* (et, au-dessous de ce titre, deux strophes l'une de 5 et l'autre de 4 vers en français dont voici le premier « Jesus soit en ma teste et mon entendement ». (Au verso du dernier f. :) *Les presentes Heures... ont esté nouvellement imprimées à Paris pour Germain Hardouyn, s. d.*, gr. in-8 de 88 ff. non chiff. sig. A-L par 8 (almanach de 1505 à 1525); ais recouverts de veau brun, *plats du XVIe s. ornés de comp. de dent. à fr., tr. dor.* (*Rel. du XVIe s.*, dos mod. à l'imitation du xvie s.)

Ces grandes Heures de Hardouyn, imprimées en beaux caractères gothiques sont décorées de 58 SUPERBES COMPOSITIONS GRAVÉES sur bois dont 18 GRANDES (l'Homme anatomique et 17 épisodes évangéliques) et 40 PETITES représentant des saints et saintes.

PRÉCIEUX |EXEMPLAIRE SUR VÉLIN, RÉGLÉ, contenant toutes les figures MINIATURÉES, avec les initiales et bouts de ligne également peints en or et en couleurs (le f. B 5 manque; 2 figures sont légèrement frottées; quelques marges ont été habilement réparées).

(*Voir la reproduction d'une des miniatures*).

159. Horae intemeratae virginis mariae secundũ usum romanum... (A la fin :) *Ces présentes heures a lusaige de Romme ont este achevees à Paris le XXIIIe jour de Novembre lan mil cinq cens et trois.* (*Paris, Kerver*, 1503); in-8 (almanach de 1497 à 1520), veau brun, comp. de dent. à fr., milieux ornés. (*Rel. anc.*, réparée.)

Exemplaire sur VÉLIN de ce célèbre livre d'Heures; il est orné de 2 compositions sur bois *miniaturées* à l'époque, avec encadrements (également peints) formés de volutes de fleurs et feuillage à fond d'or : 1° *David pénitent.* 2° *Le mauvais riche* (scène commentée par Claudin dans son Histoire de l'imprimerie (les autres bois manquent); et d'une jolie *miniature*, à sujet évangélique où l'on voit, au premier plan la *donatrice*, coiffée d'un voile de deuil, vêtue d'un costume de pourpre, doublé de noir; toutes les pages sont décorées de bordures dessinées et peintes en or et en couleurs, toutes variées, à motifs de volutes de fleurs et feuillage et de décors géométriques; de nombreuses petites miniatures en tête des chapitres et en bouts de ligne, peints également en or et en couleurs décorent le texte.

Cet exemplaire, incomplet du titre, débute par l'Almanach A2, en regard duquel se trouve la miniature à « la donatrice ». Les ff. C 2, D 1, D 3, E 1, E 3, E 7 manquent.

160. Heures. Hore beate marie virginis secundum usum Romanũ totaliter ad longum sine requite *impresse Parisius p Germanum Hardouyn, alme universitalis Parisiensis bibliopole jurati : comorantis*

inter duas portas Palatii ad intersignium dive Margaritae. (Almanach
de 1534 à 1548); pet. in-8 de 112 ff., mar. rouge, angles et milieux
ornés de volutes à fr., dos orné, tr. dor., *fermoir argenté cisel.* (*Rel.
du début du XIX*e *s.*)

> Beau livre d'Heures imprimé par G. Hardouyn; il est décoré de sa jolie
> marque au titre (qui porte au verso, une pièce de vers relative au sacrilège du juif
> « mutilant jadis l'hostie du Saint-Sacrement »), et de 14 *compositions grav. sur
> bois*, à mi-page représentant les principaux épisodes du Nouveau Testament.
> Belle impression en lettres rondes. A la fin : *Ces présentes Heures a lusaige de
> Rome ont été imprimées à Paris par Germain Hardouyn imprimeur et libraire
> juré de luniversité de Paris demourât au dit lieu entre les deux portes du Palays
> a lenseigne saincte Marguerite* (et au-dessous) :
> > Père et mère honoreras
> > Afin que vives longuement.
> Exemplaire SUR VÉLIN réglé, contenant toutes les figures sur bois, ainsi que
> toutes les initiales du texte MINIATURÉES A L'ÉPOQUE.

161. **Horae** intermeratae Virginis Mariae secundum usum Romanum
totaliter ad longum sine require cum pluribus orationibus in gallico
et latine (au-dessus de ce titre la *marque de Kerver* et, au verso du
dernier feuillet :) *Les presentes Heures a lusaige de Romme furent
achevees le dernier jour de juing lan mil CCCCC deux* (1502) *par
Thielman Kerver imprimeur et libraire de luniversité de Paris pour
Gillet remacle, libraire demourant sur le pont saint Michel a lenseigne
de La Licorne,* in-8, gothique. (*Almanach de 1497 à 1520*), vélin à rec.
(*Rel. du XIX*e *s.*)

> Ces Heures sont décorées de la *marque de Kerver* et de 17 GRANDES BELLES
> FIGURES SUR BOIS, de jolies bordures historiées à toutes les pages et de nom-
> breuses petites figures de saints et saintes ou sujets tirés du Nouveau Testa-
> ment.
> Les 17 grands bois représentent : 1º *Saint Laurent dans la chaudière*; 2º *Le
> Baiser de Judas*; 3º *L'arbre de Jessé*; 4º *L'Annonciation à la Vierge*; 5º *La Nati-
> vité*; 6º *L'Annonciation aux bergers*; 7º *L'Adoration des Mages*; 8º *La Présentation
> au Temple*; 9º *La fuite en Egypte*; 10º *Le couronnement de la Vierge*; 11º *La
> Crucifixion*; 12º *La Vierge au milieu des Apôtres*; 13º *La Vierge au Rosaire*;
> 14º *David et Bethsabée*; 15º *Job et ses amis*. — *La mort perçant de sa lance un
> gentilhomme*; 16º *La Trinité*; 17º *L'Ecce Homo : Le Christ est au prétoire,
> entouré des instruments de sa passion*. Les bordures historiées, très variées,
> sont formées de sujets tirés de la vie champêtre, de scènes de chasses, d'ani-
> maux en tous genre et fantastiques, de grotesques, de sujets bibliques.
> PRÉCIEUX EXEMPLAIRE SUR VÉLIN (le f. de titre et le dernier f. sont usagés,
> peu lisibles; déchirures à 3 marges historiées et à la marge sup. du titre; quelques
> initiales en couleurs sont frottées; le f. C 1 manque.)

Livre d'Heures manuscrit du XVe **siècle.** Voir aussi le Nº 277.

162. **Hill** (John). Decade di alberi curiosi ed eleganti piante delle Indie
orientali, e dell' *America* ultimamente fatte gia note dal celebre sig.
Dottore Giovannï Hill. Dall' idioma inglese, ridotta all'italiana favella,
col lasciare intatta la descrizione latina, e corredata di alquente
note. *In Roma, Salomoni*, 1786; *orné de 10 jolies planches de fleurs
tirées sur papier mince, en épreuves très finement coloriées à l'époque.*
— **Gilj** (Philippe-Louis) et **Xuarez** (Gasp.). Osservazioni fitologiche
sopra alcune piante esotiche introdotte in Roma negli anni 1788-
1790. *Roma*, 1789-92, 3 parties, contenant 30 *jolies planches de felurs
et plantes exotiques tirées sur papier mince, en épreuves finement*

coloriées à l'époque. Ens. 2 ouv. en 1 vol. in-4, demi-bas. d'époque, dos orné.

Réunion rare; chaque planche est accompagnée d'une légende manuscrite (à l'époque).
Très bel exemplaire malgré de légères rousseurs.

163. **Holbach** (Baron d')). Essais sur les Préjugés, ou de l'Influence des opinions sur les mœurs et le bonheur des hommes. Ouvrage contenant l'Apologie de la Philosophie, par M. D. M. *Londres*, 1770; in-12, de 2 ff. lim., 394 pp., et 1 f. de table; mar. rouge, 3 fil. dor., dos plat, orné, pièce de mar. olive, dent. int., tr. dor. (*Rel. de l'époque*.)

Édition originale, rare.
Belle reliure de maroquin rouge, genre Derôme. Ex-libris Robert Hoe.

164. **Hotman** (Jean). De la charge et dignité de l'ambassadeur. Par la sœur de Villiers Hotman. *Paris, Jérémie Périer*, 1604; in-8 de 6 ff. prél. et 96 pp., vélin teinté. (*Rel. de l'époque*.)

Seconde édition de ce livre recherché contenant les *additions* du célèbre diplomate.
Quelques mouillures et piqûres de vers.

165. **Incunable. — Ales** ou **Hales** (Alexandre de). Summa universae theologiae. Prima pars. (In fine) : *Per Joanementonium de birretis ac Fraciscum Gyrardenghuz Papie*, 1489, die XI Julii; in-4, goth. à 2 vol., vélin à rec. (*Rel. anc.*)

Cette première partie de la Somme de théologie du « Docteur irréfragable » contient d'importants éclaircissements sur la doctrine de Pierre Lombard relative aux dogmes.
Impression incunable de Pavie, rare.
Quelques légères mouillures au bas des marges.

166. **Incunable de Cologne. — Gouda** (Guilhelmus de). [F° 1 (recto) titre :] Expositio misteriorù, misse et verus modus rite celebrandi [F° 1 verso :] Tractat' de expōne misse editus a frè Guilhelmo de Gouda ordinis minoru de observantia. Incipit feliciter. (A la fin, verso du f. 18) : Tractatulus fratris Guilhelmi de Gouda ordinis minorum de observantia de expone misse z de modo celebrandi finit feliciter. *Impressus Colonie. Circa summum cuilibet sacerdoti summe necessarius. s. l., n. d.*; (circa 1490); in-4 de 18 ff. à 38 lig., cart. mod.

Belle impression de Cologne en lettres gothiques.
Très bel exemplaire à grandes marges avec les grandes initiales peintes en rouge, les majuscules et têtes de ligne, également rubriquées (Hain, n° 7828).

167. **Jullien** (J.-Aug.). Honny soit qui mal y pense. *Londres*, 1780; 2 vol., in-12, cart. mod. pap. jasp.

168. **Juvénal.** Juvenalis Aquinatis satyrographi opus. Interprete Joanne Britannico viro eruditissimo una cū Jodoci Badii Ascensii familiaribus explanationibus. Cum figuris apte appositis. (In fine :) *Veneliis, ex aedibus Joannis Tacuini de Tridino*, 1522; *die XXII*

octobris, Antonio Grimano principe optimo, in-fol., vélin. (*Rel. anc.,* usagée.)

> Cette excellente édition critique comprend 6 ff. prél. y compris l'important Index et 162 pp. de texte. Belle impression vénitienne, en lettres rondes à deux col.; le titre en rouge et noir, orné de la marque « au Bon Pasteur », est compris dans un encadrement sur bois et le texte est décoré de 15 JOLIES COMPOSITIONS sur bois (une par satire).
> Mouillures à plusieurs ff. et fortes déchirures aux marges des derniers feuillets.

169. Kimber. The Life and Adventures of Joe Thomson. *London.* 1783; 3 t. en 1 vol. in-8, veau mouch., 3 fil. dor., dos lisse orné de fil. dor., tr. rouges. (*Rel. de l'époque.*)

> Premier tirage.
> Quatre très jolies figures par Stothard, gravées par Heath, Birrell, Angus et Walker.
> Légères éraflures à la reliure. Jaunissures.

170. Labat (J.-B.). Voyages du chevalier des Marchais en Guinée, îles voisines et à Cayenne fait en 1725, 1726 et 1727. Contenant une description très exacte et très étendue de ces païs et du commerce qui s'y fait. *Amsterdam, aux dépens de la Compagnie,* 1731; 4 part. en 2 vol. in-8, veau brun., dos ornés. (*Rel. anc.,* usag.)

> Cette célèbre relation du P. Labat, est illustrée de nombreuses *planches hors texte,* repliées : vues, scènes de mœurs, cartès, etc....
> Cachet au verso des titres.

171. Laborde((B. de). Description générale et particulière de la France... *Paris, Lamy,* 1781-1796; 10 vol. gr. in-fol., demi-veau fauve, pièces de titre mar. rouge et vert, dos à nerfs orné de fleur. et fil. dor., non rog. (*Rel. de l'époque.*)

> *Premier tirage* de ce superbe ouvrage si recherché, orné d'une quantité de ravissantes gravures en taille-douce, représentant les plus beaux paysages ou monuments des diverses provinces de France.
> Ce bel exemplaire, non rogné, sur papier fort, est conforme à la description de l'exemplaire de M. Schuhmann, donnée par Cohen (5e éd., page 292-295), exception faite des remarques suivantes :
> FRANCHE-COMTÉ. Manque la 1re planche de la 2e livraison : *Vue des Salines de Lons-le-Saunier;*
> NORMANDIE. Manque une planche;
> LAONNOIS. Il y a deux planches en plus de celles annoncées par Cohen.
> Le tome XII et dernier manque. Des diverses livraisons du tome XI, cet exemplaire contient quelques planches, réparties dans les tomes VII et X. Le tome IX est incomplet du titre général et des 24 ff. préliminaires de texte.
> Légères taches de mouillures aux premiers feuillets du tome IX.

172. La Bruyère. Les Caractères de Théophraste, traduits du grec, avec les caractères ou les mœurs de ce siècle. Sixième édition. *Paris, Michallet,* 1691; in-12, veau brun, dos à nerfs, orné, tr. mouch. (*Rel. de l'époque.*)

> Sixième édition originale. Elle est plus ample que les précédentes, et contient 77 caractères publiés pour la première fois, parmi lesquels les *Caractères* du *Distrait,* d'*Onuphure,* les portraits de *La Fontaine,* de Santeuil, etc.
> Reliure légèrement fatiguée. Mouillure aux derniers ff.

173. La Fontaine. — Recueil de poésies chrestiennes et diverses. Dédié à Monseigneur le Prince de Conty. *Paris, Pierre Le Petit*, 1671; in-12, frontisp., vélin blanc à recouvr. (*Rel. anc.*)

> Tome I de ce recueil, paru séparément dans la présente édition originale.
> Les 240 pièces qui le composent sont (à l'exception de 7) en ÉDITION ORIGI-
> NALE. L'Épître du Prince de Conty et la Paraphrase du Psaume XVII sont
> de La Fontaine. Les autres pièces sont les œuvres de poètes du xviie siècle :
> Conrart, l'abbé Cotin, d'Andilly, Godeau, Le Maistre de Sacy, Malherbe,
> Maynard, Pellisson, Racan, Segrais, Mlle de Scudéry, etc....
> Quelques rousseurs. Grattage au bas du titre.

174. La Fontaine. Fables choisies, mises en vers par J. de La Fontaine. *A Paris, chez Desaint et Saillant et Durand (de l'Imprimerie de Ch.-Ant. Jombert)*; 1755-1759; 4 vol. in-fol., veau rac., 3 fil. sur les plats, dos à nerfs ornés, av. pièces de titre rouges et brunes, dent. int., tr. dor. (*Rel. de l'époque.*)

> Superbe édition, illustrée de 1 frontispice avec buste de La Fontaine, par
> *Oudry*, terminé par *Dupuis* et gravé par *Cochin* et 275 figures dessinées par *Oudry*
> et gravées par *Baquoy, Aveline, Cochin, Lebas, Fessard, Legrand, Moitte,
> Lempereur, Tardieu, Flipart, Prévost, Sornique, Chenu, Marvie, Pasquier*, etc.
> PREMIER TIRAGE (les 4 planches du « Meunier, son fils et l'âne » sont
> remontées ainsi que le f. de texte de la fable suivante « Les membres et
> l'estomac »).
> Petites réparations aux dos et aux angles de la reliure. Léger raccommodage à
> la planche du « Loup et du Chien ». Quelques feuillets un peu jaunis.

175. La Fontaine. Fables choisies mises en vers par J. de La Fontaine. Nouvelle édition gravée en taille-douce, les figures par le sieur Fessard, le texte par le sieur Montulay, dédiées aux Enfants de France. *A Paris, chez Des Lauriers*, 1765-1773; 6 vol. in-8, veau rac., dent., dos ornés d'instruments de musique et de larges médaillons ovales dor., av. pièces de titre rouges et vertes, dent. int., tr. dor. (*Rel. du XVIIIe s*)

> Édition illustrée de 6 titres gravés, 1 frontispice, 1 fleuron au tome Ier,
> 243 figures, 243 vignettes et 226 culs-de-lampe; ensemble 723 compositions
> d'après Leprince, Monnet, Desrois, Caresme, Houël, etc., etc....
> Bon état intérieur. La reliure est légèrement fatiguée.

176. La Fontaine. Fables mises en vers par J. de La Fontaine. Nouvelle édition, gravée en taille-douce, les figures par le sieur Fessard, le texte par le sieur Montulay (et Drouet). *A Paris, chez l'auteur*, 1766-68-74,76; les t. II, III, V, VI seuls, ens. 4 vol. in-8, veau marb., 3 fil. dor., dos lisses, ornés, tr. dor. (*Rel. de l'époque.*)

> Premier tirage.
> Tome II : 40 figures.
> Tome III : 43 figures.
> Tome V : 35 figures.
> Tome VI : 36 figures.
> Chaque tome est bien complet de ses figures.
> Coins légèrement frottés.

177. La Fontaine. Fables choisies, avec un nouveau commentaire par Coste. Nouvelle édition, ornée de figures en taille-douce. *Paris,*

Didot, 1787; 2 vol. in-12, bas. rac., dent. dor., dos lisses, ornés, dent. int., tr. dor. (*Rel. de l'époque.*)

> Portrait d'après Rigaud, frontispice par Cochin, gravé par Fessard, et 245 vignettes à mi-page.
> Infime déchirure en marge de la page 17-18.

178. La Fontaine. Contes et nouvelles en vers, par Jean de La Fontaine. *S. l.*, 1777; 2 vol, in-8, cart. *de l'époque*, non rognés.

> Jolie contrefaçon de l'édition de 1762, dite « *des Fermiers généraux* » ; elle est illustrée de 2 frontispices gravés par Vidal, 2 fleurons non signés sur les titres, 1 portrait d'après *Rigaud*, gravé par *Macret*, 80 figures d'après *Eisen*, dont 1 signée *Borguet* et 43 culs-de-lampe.
> Exemplaire entièrement *non rogné* dans son cartonnage original (un peu frotté).
> Bon état intérieur.
> A la fin du tome I se trouve l'« Avis au relieur » (14 pp.).

179. La Fontaine. Les Amours de Psyché et de Cupidon. *Londres*, 1782; in-8, veau marb., 3 fil. dor., dos lisse, orné, dent. int., tr. dor. (*Rel. de l'époque.*)

> Jolie édition Cazin.
> Petit grattage sur le titre.

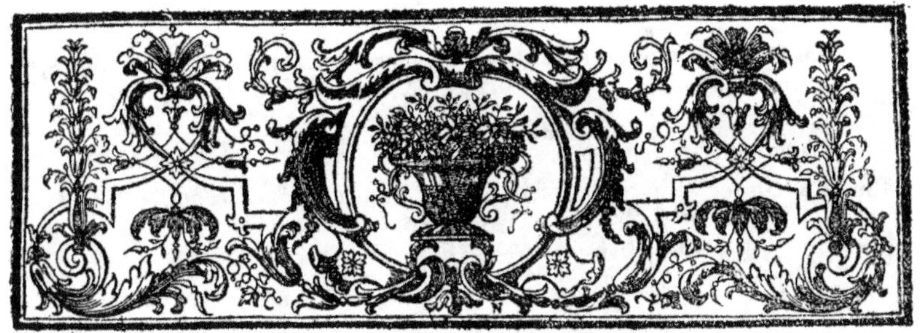

Deuxième Vacation

180. **La Grange-Chancel** (J. de). Méléagre. Oreste et Pilade. Adherbal,
roy de Numidie, Athénaïs. *Paris, Ribou*, 1699-1700. Recueil de
4 tragédies en un vol. in-12, veau marbré, dos à nerfs orné, tr.
mouch. (*Rel. anc.*)

> Manque la pièce de titre au dos, reliure un peu fatiguée.
> Ex-libris manuscrit ancien sur le titre.

181. **La Rochefoucauld.** Mémoires de M. D. L. R. sur les Brigues à
la mort de Louys XIII. Les guerres de Paris et de Guyenne, et la
Prison des Princes, etc. *Cologne, P. van Dyck*, 1662; pet. in-12,veau
granité, dos lisse, entièrement orné, tr. marb. (*Rel. anc.*)

> ÉDITION ORIGINALE en 2 ff. et 400 pp., avec les fautes supprimées et sans
> *Errata.* Jolie reliure.

182. **Le Gras** (Philippe). Discours tragique en vers héroïques sur la
Passion de N.-S. Jésus-Christ, selon l'Evangéliste Saint Jean. *Troyes,
Garnier, s. d.*; pet. in-8, de 16 ff., demi-mar. rouge jans., dos orné.

> Curieuse impression populaire.
> La marge supérieure est un peu courte.

183. (**Le Monnier**). Fêtes des Bonnes Gens de Canon et des Rosières de
Briquebec. *Avignon, et Paris*, 1777; in-8, demi-mar. grenat, coins, dos
à nerfs, orné, tête dor., non rog. (*Claessens.*)

> Premier tirage du charmant frontispice de Moreau.
> Exemplaire non rogné.

184. **Le Sage.** Œuvres de théâtre. Nouvelle édition, revue et corrigée.
Paris, Duchesne, 1774; 2 vol. in-12, bas marb., dos lisses, ornés, tr.
rouges. (*Rel. de l'époque.*)

> Jolie et intéressante édition, contenant les pièces suivantes : *Le Traître
> puni. Dom Félix de Mendoce. Le Point d'honneur. La Tontine. Dom César Ursin.
> Crispin, rival de son maître. Turcaret. Critique de la comédie de Turcaret.*

185. Le Sage. Histoire de Gil Blas. *Londres (Cazin)*, 1783; 4 vol. in-18, bas. marb., dent., dos lisses, ornés, tr. dor. (*Rel. anc.*)

> De la collection *Cazin*.
> Vingt-neuf figures non signées.
> Légères rousseurs.

186. Le Sage. Œuvres choisies. Avec figures. *Amsterdam, et Paris*, 1783; 15 vol. in-8, bas. marb., dos lisses, ornés, pièces de mar. olive et rouge, tr. jasp. (*Rel. de l'époque.*)

> Premier tirage.
> Portrait et 23 figures (sur 34), par Marillier, gravées par Dambrun, Duclos, Halbou, Longueil, Patas, etc.
> Trois reliures sont légèrement différentes des autres. Quelques rousseurs.

187. (Lesconvel (Pierre de)). La Comtesse de Château-Briant ou les Effets de la jalousie. *Paris, Guillain*, 1695; in-12, veau brun, dos à nerfs orné, tr. mouch. (*Rel. anc.*)

> ÉDITION ORIGINALE, RARE, de cet ouvrage qui fut réimprimé plus tard sous le titre d'*Intrigues amoureuses de Francois Ier*.
> Quelques rousseurs.

188. Levaillant (François). Histoire naturelle des oiseaux de paradis, et des rolliers, suivie de celle des Toucans et des Barbus. *Paris, Denné et Perlet*, 1806; 3 vol. in-fol., mar. rouge, encadr. de dent. dor., dos plats ornés d'amphores et fil. dor., dent. int. dor., non rog. (*Rel. de l'époque.*)

> Superbe ouvrage, orné de 193 planches (sur 196) gravées en couleurs et finement rehaussées à l'époque, en des tons extrêmement vifs et variés. Beaucoup d'entre elles sont doubles ou même plusieurs fois repliées et constituent de véritables tableaux.
> Cet exemplaire est bien complet du tome III, qui manque très souvent, intitulé : *Histoire naturelle des Promerops et des Guêpiers.*
> Très bel exemplaire dans un superbe maroquin de l'époque (les dos sont un peu passés, quelques légères taches sur les plats).
> Infime raccomodage au faux-titre du tome I. Légères rousseurs.
> Incomplet des planches 54 (tome I), 3 (tome II) et 3 (tome III).

189. Le Vaillant (F.). Atlas des Voyages de F. Le Vaillant dans l'intérieur de l'Afrique par le cap de Bonne-Espérance pendant les années 1783, 1784 et 1785... *Paris, Desray*, 1818; in-4, cart. pap. ancien (un peu abîmé).

> Grande carte repliée de l'Afrique méridionale et quarante-deux belles planches en taille-douce : paysages, flore, faune, types de races africaines, scènes de mœurs, etc....

190. (Le Vayer de Boutigny (Roland)). Mitridate. *Paris, Quinet*, 1648; 2 vol. in-8 de 8 ff. prél. et 448 pp. + 8 ff. prél., 476 pp. et 1 f. pour le privilège, vélin. (*Rel. de l'époque.*)

> ÉDITION ORIGINALE de la première partie de ce célèbre roman, avec le privilège daté du 28 août 1648, à la fin de la « Suite » (tome II). Le premier volume est orné d'un joli *frontispice* non signé (jaunissures). Rare. Le troisième volume parut en 1649 et le quatrième en 1651.

191. Le Vayer de Boutigny (Roland). Tarsis et Zélie, nouvelle édition. *A Paris, chez Musier fils*, 1774; 6 vol. in-8, veau marb., dos à nerfs ornés avec pièces de mar. rouge et vert, tr. marb. (*Rel. anc.*)

> Premier tirage des trois frontispices d'après Cochin, Moreau et Eisen, des 3 fleurons de titre et des 20 vignettes d'après Eisen.

Quelques mouillures.
Légères restaurations à la reliure.

192. **Liber amicorum.** Dessins du XVIIIe siècle. — **Garb** (Chr. Em. de) et **Scharicht** (Fr. Chr.). Liber amicorum, ou Album de dessins composés en leur mémoire. *Recueil daté de* 1713; in-8 oblong, mar. rouge, comp. de fil. et fleurons aux angles, dos orné, tr. dor. (*Rel. anc.*)

Charmant album composé de 14 dessins à sujets divers (allégoriques, galants, portraits de femmes, etc.) dont 8 à la sanguine et 5 à la mine de plomb ou à l'encre.
La première composition qui représente une bataille porte la signature de *G.-P. Rugendas*, directeur de l'Académie des Beaux-Arts d'Augsbourg.
Nous signalerons encore les dessins à la sanguine suivants :
1º Léda avec le cygne, sig. *de Tobias Laub.*
2º Une tête de vieillard, sig. de *B. Vogel.*
3º Femme au bain, sig. *B. Sigur Setlezky*, célèbre élève de J.-A. Pfeffel.
4º Un portrait de femme, sig. de *G. Spitzel*, élève de Tobias Laub.
5º Un portrait de femme du graveur Joh. *Math. Beck* d'Augsbourg.
6º Un très joli dessin allégorique, avec amour au premier plan, sig. *Mich. Kaufer*, etc., etc.

193. **Liber amicorum.** Stamm-Buch welches zum beständigen Andencken denen Nahmen Höher Gönner und gute Freunde widmet, und sich den Eintrag derselben ergebenst ausbittet. **Johanna Regina Heinrichin**; 1750; in-8 oblong, veau brun, dent., compositions peintes, à motifs d'Amours, au centre des plats, avec encadrements formés d'entrelacs peints de fers dor. à motifs de feuillage, dos orné, tr. dor. (*Rel. anc.*)

Ce Liber Amicorum contient des « pensées » et poésies diverses de J. Granbeck, J. F. Judenfeind, Johanna Rosina Schültzing, Heiner, Fuchs, Kretschmer, etc. Il est décoré de 3 gravures de l'époque non sign. dont 1 en noir et 2 coloriées et de 6 compositions galantes aquarellées dont une à sujet mobile, dues aux amis de Johanna Regina Heinrichin. Le titre rapporté ci-dessus est imprimé sur soie verte.

194. **Libro** de' marchi de cavalli, con li nomi di tutti li principi et privati signori che hanno razza di cavali. *Venetia, Nicolo Nelli*, 1569; pet. in-8, demi-chag. noir.

PREMIÈRE ÉDITION de ce curieux petit traité; elle comprend 8 ff. de texte, 1 planche hippiatrique repliée et 82 planches de marques de cavalerie finement gravées en taille-douce, avec légendes également gravées.

195. **Luther** (Martin). Tessaraderas Consolatoria pro laborantibus et oneratis M. Lutheri Aug. Vuittenbergeñ. (A la fin :) *Impressum Vuitenbergii per Johannem Grunenbergk*, anno 1520; in-4 de 17 ff. non chiff., dos et coins vélin blanc mod.

ÉDITION ORIGINALE, TRÈS RARE, de cet opuscule populaire de Luther; il sort des presses de J. Grunenbergk de Wittemberg. Belle impression en lettres gothiques. Exemplaire à grandes marges.
Quelques légères piqûres de vers.
Le titre porte un *ex-libris manuscrit daté de Nuremberg*, 1520.

196. **Manuscrit persan** (Alcoran) sur vélin fin du XVIe siècle; bas. mosaïq. à recouvrement, milieux blancs décorés de larges motifs de fleurs, dentelles et volutes de fleurs et feuillage peints en couleurs

variées, dos orné, doublé et gardes de papier étoilé or à fond rouge, tr. dor. (*Rel. postérieure.*)

Manuscrit d'une belle calligraphie en or, noir et couleurs, décoré de 16 pages peintes or et couleurs dont 6 pages d'arabesques en couleurs et or vifs. Il porte la date de l'an 990 de l'Egire [1582].
Quelques mouillures. Restaurations à quelques feuillets.

197. Manuscrit sur vélin du XVe siècle. Fragment d'un traité canonique (en latin); 2 pp. pet. in-fol.

Intéressant spécimen de manuscrit gothique exécuté en Italie au xve siècle; la première page est décorée d'une belle initiale peinte à fond d'or avec terminaisons de volutes de fleurs, alternées de rosaces d'or, dans la marge.

198. Manuscrit du XVe siècle. — Virgile. Fragment des Géorgiques; avec commentaires. *Manuscrit* latin du commencement du XVe siècle. 1 page in-fol.

Beau specimen de calligraphie gothique. Le texte de Virgile, entouré de commentaires en petites lettres d'une écriture serrée, débute ainsi :
« Mox tamē arderes accingar dicē pugnas ».
et se termine par ce vers :
« Necnō et pecori ē idē dilectus equino »

199. Manuscrit grec. Fragment de poème; 2 ff. pet. in-fol., vélin.

200. Manuscrit héraldique. — Scot (Th. Segetus). Conrado Peutingero patricio Augustano, virtute et doctrina insignis brevisquidem sed jucundissimae consuetudinis Monumentum Thomas Segetus Scotus P. *Venetiis XIV kal. junias* 1600; pet. in-8, veau brun, comp. de fil. et dent. et milieux losangés à fr., dos orné, étui en mar. rouge décoré de fil. dor. (*Rel. de l'époque.*)

Très curieux armorial sous forme d'« Album amicorum » au nom de Peutinger, patricien vénitien; il comprend 18 *blasons* et emblèmes avec légendes en allemand et en latin et un *portrait* en pied de femme, à la fin, le tout DESSINÉ ET PEINT EN COULEURS ET EN OR (datées de 1594 à 1600).
Très intéressant specimen de reliure vénitienne du temps.

201. Marc-Aurèle. Pensées de l'empereur Marc-Aurèle-Antonin; ou Leçons de vertu que ce philosophe se faisait à lui-même. Nouvelle traduction du grec, distribuée en chapitres, suivant les matières, avec des notes et des variantes, par M. de Joly. *Paris, Cellot*, 1770; in-8, veau brun, dos à nerfs orné, av. pièce de titre rouge, tr. marb. (*Rel. anc.*, un peu usag.)

Première édition de cette traduction, la meilleure parue jusqu'alors.

202. Marivaux. Le Paysan Parvenu, ou les Mémoires de M... *La Haye, Derogissart*, 1725; 3 t. en 1 vol. in-12, bas marb., dos à nerfs, orné, tr. rouges. (*Rel. de l'époque.*)

Édition originale.
Coins de la reliure frottés. Quelques rousseurs.

203. Médecine. — Alpinus (P.). De praesagienda vita et morte aegrotantium libri VII Cum praefactione Herman. Boerhaave. *Venise*, 1751; in-4 de 234 pp., rel. bas. anc., dos orné (coiffes usées). Portrait.

Édition donnée par Gaubius.

204. Médecine. — Arbuthnot (J.). Essai sur la nature et le choix des aliments suivant les différentes constitutions où on explique les différents effets, les avantages et les désavantages de la nourriture animale et végétale. *Paris, Cavelier*, 1741; 2 part. en 1 vol. in-12, bas. anc.

205. Médecine. — Arbuthnot (J.). Essai des effets de l'air sur le corps humain. Traduit par Boyer de Pebrandié. *Paris, Barois*, 1742; in-12 de 320 pp., bas. anc., dos orné.

206. Médecine. — Barker (L'Abbé). Essai sur la conformité de la médecine ancienne et moderne dans le traitement des maladies aiguës. Traduit de l'anglais par M. Schomberg. *Paris, Cavelier*, 1768; in-12, bas. rac., dos à nerfs orné, p. de titre rouge. (*Rel. de l'époque*, un peu usag.)

Édition définitive, revue et augmentée par Lorry.

207. Médecine. — Belloste (Aug.). Le chirurgien d'hôpital, enseignant une manière douce et facile de guérir promptement toutes sortes de playes. Avec un moyen d'éviter l'exfoliation des os et une plaque nouvellement inventée pour le pansement des trépans. *Paris, d'Houry*, 1705; in-12, veau brun, dos à nerfs orné, p. de titre rouge. (*Rel. de l'époque*.)

Seconde édition « augmentée de plusieurs observations nouvelles et d'une pharmacie chirurgicale ». Rousseurs.

208. Médecine. — Béranger (N.). Traité nouveau des décentes, de leurs différentes espèces et de leur parfaite guérison. Avec un autre traité des maux de ventre ou maladies intestinales, et des moyens de les guérir. *Paris, d'Houry*, 1701; in-12 de 438 pp., bas. anc., dos orné.

208bis. Médecine. — Bergens. Gerardi Bergensis medici jurati Antverpiensis. De Pestis praeservatione Libellus. *Antverpiae, ex. off. Christophori Plantini*, 1565; in-12, vélin ancien.

209. Médecine. — Boerhaave (Herman). Traité de la Vertu des medicamens, traduit du latin par M. de Vaux, maître chirurgien juré à Paris. *Paris, Clousier*, 1739; in-12, veau, dos orné. (*Rel. anc.*)

Ouvrage estimé du célèbre docteur.

210. Médecine. — Buchoz. Manuel médical et usuel des plantes, tant exotiques qu'indigènes, auquel on a joint un catalogue raisonné des plantes rangées par famille, des observations pratiques sur l'usage qu'on peut faire dans la plupart des maladies et différens discours sur la botanique. *Paris, Humblot*, 1770; 2 vol. in-12, bas. anc., dos ornés. (Reliure un peu frottée.)

211. Médecine. — Bulliard. Histoire des plantes vénéneuses et suspectes de la France et les moyens les plus prompts et les plus efficaces pour remédier aux accidents causés par les poisons végétaux. *Paris, Dugour*, 1798; in-8, bas. marbr., dos plat, pièce de titre rouge.

4

212. Médecine. — Fouquet (Mme). Recueil des remèdes faciles et domestiques, choisis, expérimentez, et très approuvez pour toutes sortes de maladies internes et externes, et difficiles à guérir, revû et corrigé de quantité de fautes qui s'étoient glissées dans les précédentes éditions... *Paris, Musier*, 1739; 2 vol. in-12, bas. mouch., dos à nerfs ornés. (*Rel. de l'époque.*)

Édition très augmentée. Reliure fatiguée.

213. Médecine. — Freind. Emmenologie ou traité de l'évacuation ordinaire aux femmes, où l'on explique les phénomènes, les retours, les vices et la méthode curative, qui la concernent selon les loix de la méchanique. Trad. par M. Devaux. *Paris, Clouzier*, 1738; in-12 de 340 pp., rel. bas. anc., dos orné.

Mouill. à 2 pages.

213ᵇⁱˢ. Médecine. — Galien. Galeni Librorum Prima, 2a, 3a et 7a classis, suivi de La Vie de Galien. — Galeni extraordinem Classum libri. Dictionnaire des mots grecs. — Antonii Musae Brasavoli index refertissums in omnes galeni libro. *Venetiis, apud Juntas*, 1625; 5 vol. in-fol., vélin, fers à fr. sur les plats, dos à nerfs.

Excellente édition contenant les Œuvres complètes de Galien, avec commentaires, suites et index.
Reliures usagées.

214. Médecine. — Géraudi Van-Swieten Commentaria, in **Hermanni Boerhaave.** Aphorismos de cognoscendis et Curandis, Morbis. *Paris, Cavelier*, 1755; 5 vol. in-4, rel. anc. veau marbré, dos orné, pièce de titre veau rouge.

215. Médecine. — Haller (Baron de). Histoire des plantes vénéneuses de la Suisse, contenant leur description, leurs mauvais effets sur les hommes et sur les animaux avec leurs antidotes, mise à la portée de tout le monde par le Dr Vicat. *Yverdon*, 1776; in-12, bas. marbr., dos plat orné de fil. dor., pièce de titre rouge.

216. Médecine. — Helvétius. Idée générale de l'économie animale et observations sur la petite vérole. *Paris, Rigaud*, 1722; in-8, bas. anc., dos orné.

217. Médecine. — Histoire de l'Académié Royale des Sciences, années 1701 et 1703, avec les mémoires de Mathématique et de Physique pour la même année. Tirés des registres de cette Académie. *Paris, Boudot*, 1704-1705; 2 vol. in-4, bas. brune, dos à nerfs, orné de mot. dor.

Frontispice. Mors usagé.

218. Médecine. — Horne (M. de). Exposition raisonnée des différentes méthodes d'administrer le mercure dans les maladies vénériennes, précédée de l'Examen des préservatifs. *Paris, Monory*, 1774; in-8, bas. anc. marbr., dos orné.

Coins légèrement usés, piqûre de vers au premier plat.

219. Médecine. — Journal de Médecine. Traduit de l'anglais et dédié à M. Amelot de Chaillou, Intendant de Bourgogne, etc. *Dijon, Franlin*, 1785-1787, 7 part. en 2 vol. in-8, rel. demi-bas.

Reliure frottée.

220. Médecine. — La Faye (G. de). Cours d'opérations de chirurgie, démontrées au Jardin Royal, par M. Dionis, premier chirurgien de feues Mesdames les dauphines. *Paris, Houry*, 1740; in-8, veau brun, dos orné et à nerfs, pièce de titre mar. grenat, tr. rouges. (*Rel. de l'époque.*)

Nombreuses planches d'instruments de chirurgie. Portrait de Pierre Dionis et très belle vue du Jardin royal, ou Jardin des plantes.

221. Médecine. — Launay (Ch. D. de). Dissertation physique et pratique sur les maladies et sur les opérations de la pierre. Où l'on traite fort au long de sa formation et de la manière la plus sûre pour la tirer de la vessie ou de l'urètre. *Paris, d'Houry*, 1700; in-12, bas. anc., dos orné.

Coins et coiffes usés.

222. Médecine. — Lind (J.). Essai sur les maladies des Européens dans les pays chauds et les moyens d'en prévenir les· suites. Suivi d'un appendice sur les fièvres intermittentes, et d'un mémoire qui fait connoître une méthode simple pour dessaler l'eau de mer et prévenir la disette des comestibles dans les navigations de long cours. Trad. par Thion de La Chaume. *Paris*, 1785; 2 vol. in-12, bas. anc., dos ornés.

223. Médecine. — Maria (Jean). Dissertation sur les vapeurs, pertes de sang, pertes blanches, grossesses et couches, dépost de lait et autres maladies particulières du sexe. *Lyon*, 1759; in-12, bas. anc., dos orné.

224. Médecine. — Mead (R.). Recueil de ses œuvres physiques et médicinales, publié en anglais et en latin. Edition française, enrichie des découvertes postérieures à celles de l'auteur, augmentée de plusieurs discours préliminaires et de notes intéressantes sur la physique, l'histoire naturelle, la théorie et la pratique de la médecine, etc., par M. Coste. *Bouillon*, 1774; 2 vol. in-8, bas. anc., dos ornés.

Reliure frottée.

225. Médecine. — Mémoires de l'Académie Royale de chirurgie, nouvelle édition. *Paris, Le Prieur*, 1761-1774; 5 vol. in-4, rel. anc., dos ornés, tranches rouges, titre frontispice, gravé par Cochin.

226. Médecine. — Moreau (J.). Traité chimique de la véritable connoissance des fièvres continues, pourprées et pestilentes et des moyens de les guérir et de s'en préserver, tant par les aides que par les sudorifiques, conformément à la doctrine pratique d'Hippocrate et de Gallien. *Dijon, Ressaye*, 1683; in-12, bas. anc., dos orné.

Coins usés. Portrait.

227. Médecine. — Pomme. Traité des affections vaporeuses des deux sexes ou maladies nerveuses, vulgairement appelées maux de nerfs. *Paris, Impr. Roy*, 1782; in-4, demi-bas., dos orné.

228. Médecine. — Pringle (Chevalier). Observations sur les maladies des armées dans les camps et dans les garnisons, avec des mémoires sur les substances septiques et antiseptiques. Deuxième édition, revue, corrigée et augmentée. *Paris, Ganeau*, 1711; 2 vol. in-12, bas. anc., dos ornés.

Coins usés.

229. Médecine. — Raulin. Instructions succintes sur les accouchements, en faveur des sages-femmes des provinces. *Paris, Vincent*, 1770; in-12, bas. [marbrée, dos long orné, pièce de titre mar. grenat. (*Rel. de l'époque.*)

Ouvrage accompagné de 12 figures représentant les diverses façons dont se présentent les enfants dans les accouchements.
Reliure fatiguée, charnières fendues.

230. Médecine. — Recueil des pièces qui ont concouru pour le prix de l'Académie Royale de chirurgie de 1733 à 1774. *Paris, Delaguette*, 1753-1778; 4 vol. in-4, rel. bas. anc., dos ornés.

Coins usés. Joli titre frontispice par Boucher.

231. Médecine. — Roussel. Système physique et moral de la femme, ou tableau philosophique de la constitution, de l'état organique, du tempérament, des mœurs et des fonctions propres au sexe. *Paris, Vincent*, 1775; in-12, bas. anc., dos orné.

232. Médecine. — Tauvry (Daniel). Traité des médicamens et la manière de s'en servir pour la guérison des maladies, suivant les expériences des médecins modernes, avec les formules pour la composition des médicamens. *Paris, Michallet*, 1691; in-12, bas. anc., dos orné.

Coins légèrement usés, manquent les 2 ff. de garde. Rare.

233. Médecine. — Tissot. Avis au peuple sur sa santé. *Paris, Didot*, 1763; 2 t. en 1 vol. in-12, bas., dos orné.

Coins usés.

234. Médecine. — Van-Doeveren. Observations physico-médicales sur les vers qui se forment dans les intestins, où l'on traite particulièrement du ténia, autrement dit le ver solitaire, avec les différents moyens de traiter cette maladie. *Paris et Lyon*, 1764; in-12, demi-bas, dos orné.

234bis. Médecine. — Van Swieten (Gérard). V. S. Commetaria in Hermanni Boerhaave Aphorismos de cognoscendis et curandis morbis.

Paris, Guillaume Cavelier, 1771 ; 5 vol. in-4, veau marbré, dos à nerfs ornés, tr. rouges. (*Rel. ancienne.*)

235. **Médecine. — David** (P. J.), médecin de Lyon. Observations sur la nature, les causes et les effets des épidémies varioliques et réfutation de quelques écrits, contre l'inoculation de la petite vérole. *Genève*, 1764 ; in-12, bas. marb., dos orné, tr. jasp. (*Rel. de l'époque.*)

    Édition originale.
    Reliure usagée. Mouillures.

---

236. **Mersevin** (Joseph). Histoire de la poésie françoise. *Paris, Giffart,* 1706 ; in-12, veau brun, armes au centre, dos à nerfs orné, tr. mouch. (*Rel. anc.*)

    Édition originale de cette histoire qui contient des détails particulièrement intéressants sur les formes poétiques (rondeaux, virelais, ballades) du xvie siècle.
    Exemplaire *aux armes de Villeneuve-Trans.*

237. **Miniature** exécutée en Grèce. Fragment de manuscrit hagiographique sur vélin (70 mm. haut × 60 mm. larg.).

    Précieuse miniature sur fond d'or, à sujet biblique : la scène se passe dans un paysage de rochers, deux saints personnages gravissent une montagne, tandis qu'un troisième prêche dans le désert à un groupe de juifs.

238. **Miniatures** exécutées en Grèce au xve siècle. 4 miniatures sur vélin, fixées sur feuilles bristol.

    Superbes miniatures à fond d'or : *les 4 Évangélistes.* Ils sont représentés composant leur Evangile ; les sièges médiévaux, où ils sont assis les pupitres où ils travaillent sont tous différents ; les sièges de saint Marc et de saint Mathieu sont d'une remarquable élégance, ceux de saint Luc et de saint Jean, de forme plus simple, ne sont pas moins intéressants par leur archaïsme ; les meubles-pupitres sont d'un beau style varié ; les décors des scènes présentent des specimens très curieux d'architecture médiévale. tous aussi variés : une tour romane (Saint-Marc), un dôme de basilique (Saint-Mathieu), un décor d'intérieur (Saint-Luc), un décor d'oratoire (Saint-Jean).
    2 miniatures mesurent 16 haut × 12 larg ; les 2 autres (17 × 13).

239. **Miniature** exécutée en Grèce (13 cm. haut. × 7 cm. larg.).

    Précieuse miniature représentant les apôtres saint Paul, saint Pierre et les quatre évangélistes ; elle est à deux compartiments : 1º Saint Paul, saint Pierre et saint Jean ; 2º saint Luc, saint Mathieu, saint Marc. Les 6 apôtres sont représentés en pied ; les expressions et les attitudes sont très belles, les drapés d'un style varié et élégant. Chaque apôtre est ceint d'une auréole d'or ; ils se détachent sur un fond d'azur.

240. **Miniature** du début du xvie siècle, représentant l'apothéose de Virgile ; in-fol.

    Virgile est représenté composant ses poèmes dans la campagne, étendu sous un arbre ; un noble personnage désigne le chantre de l'*Enéide* à un gentilhomme guerrier (Énée), tandis qu'un bûcheron abattant un arbre et un berger trayant une brebis de son troupeau, tous deux vêtus des costumes du temps de François Ier, ont le regard tourné vers le poète des *Géorgiques.*
    Jolie miniature à tons doux rappelant le coloris des fresques.
    Cachet dans la marge inférieure.

241. **Minuscule** (Almanach). Le Petit Volage pour l'an 1819. *Paris,* (*Janet*), in-128, mar. vert, comp. de fil., milieux ornés d'amours, dos orné, tr. dor. (*Rel. de l'époque,* un peu frottée.)

Chansons, calendrier et 8 figures (Grand-Carteret, n° 1869).

242. **Mirabeau** (Honoré-Gabriel Riquetti, comte de). Errotika Biblion. *Rome, Imprimerie du Vatican,* 1783; pet. in-8, chag. rouge, encad. de milieux, fil. dor., dos à nerfs, orné, dent. int., tr. dor. (*Rel. mod.*)

Édition originale.

243. **Mirabeau** (comte de). Histoire secrète de la cour de Berlin, ou correspondance d'un voyageur françois, depuis le mois de juillet 1786 jusqu'au 19 janvier 1787. Ouvrage posthume. *S. l.* (*Alencon, Malassis jeune*); 1789; 2 t. en 1 vol. in-8, bas. rac., dos plat, orné, tr. mouch. (*Rel. de l'époque.*)

Édition originale de cet ouvrage attribué à Mirabeau.

244. **Missale romanum** ex decreto sacrosancti concilii Tridentini restitutum, Pii V pont. max. jussu editum et Clementis VIII primum, nunc denuo Urbani papae Octavi auctoritate recognitum in quo Missae propriae de sanctis ad longum positae sunt, ad majorem celebrantium commoditateur... *Lugduni, Valfray,* 1688; pet. in-fol., veau brun, dos orné, tr. dor. (*Rel. anc.,* quelques réparations, déchirure à la coiffe sup.)

Belle impression en rouge et noir, à deux colonnes; avec plain-chant noté et 4 grandes et belles *compositions en taille-douce,* à pleine page, signées *Houat*; innombrables *initiales historiées.*
Réparation à un feuillet de la fin et taches à quelques feuillets.

245. **Mizauld** (Antoine), célèbre astrologue français (1510-1578). Planétologia rebus astronomicis, medicis et philosophicis erudite reperta... Ad generosiss principen et Cardinalem Carolum a Lotharingia. *Lugduni, Roy et Pesnot,* 1551; in-4 de 4 ff. prél. et 98 pp., mar. brun, plats ornés d'entrelacs de bandes à la cire, mosaïq. de blanc, rouge et vert et de volutes et fil. dor., dos orné, les *doubles D* et les *croissants entrelacés* de Diane de Poitiers décorant le centre et les angles des plats; l'*H* couronné, chiffre du roi Henri II, au dos. (*Rel. moderne, à l'imitation du* xvie *siècle.*), étui.

Édition lyonnaise peu commune; le titre est orné de la marque à la Salamandre et le texte est décoré de 16 belles initiales historiées dont 5 grandes et 11 petites. Exemplaire réglé dans une curieuse et riche reliure mosaïquée exécutée au xixe siècle à l'imitation des reliures faites pour Diane de Poitiers.

246. **Molière.** Œuvres. Nouvelle édition, revue, corrigée et augmentée, enrichie de figures en taille-douce. *Paris, Compagnie des Libraires,* 1718; 8 vol. in-12, veau brun, dos à nerfs, ornés, tr. mouch. (*Rel. de l'époque.*)

Excellente édition, ornée des 30 figures par Brissart, gravées par J. Sauvé, qui représentent les scènes avec les acteurs en costumes du temps, telles qu'elles furent jouées par la troupe de Molière.
Elle contient la vie de Grimarest, et sa critique. Dans le tome VIII, « l'Ombre

de Molière » et des extraits du P. Rapin, Moreri, Perrault, Bayle, etc., relatifs à
Molière, un recueil d'épigrammes, épitaphes et autres pièces en vers sur
Molière et sur sa mort.
Légères éraflures aux reliures, quelques rousseurs.

247. Montaigne. Les Essais de Michel, seigneur de Montaigne. Edition
nouvelle exactement corrigée selon le vray exemplaire, enrichie à la
marge du nom des autheurs cités et de la version de leurs passages,
mise à la fin de chaque chapitre. Avecque la vie de l'autheur. *Paris,
Toussainct du Bray et Pierre Rocolet*, 1635; in-fol., veau brun, fil.
sur les plats, dos à nerfs orné de comp. de fil. et de fleurons au pointillé. (*Rel. de l'époque.*)

Belle édition, dédiée au cardinal de Richelieu; elle est plus complète que celle de
l'Angelier 1595, donne la traduction des citations de l'auteur et contient la
grande *préface de Mlle de Gournay*, remaniée et augmentée par l'illustre préfa-
cière « fille d'alliance de Montaigne »; elle est, en outre, illustrée d'un superbe
portrait de Montaigne en frontispice, compris dans un bel encadrement historié.
Exemplaire dans sa première reliure un peu fatiguée et par endroits, un peu
réparée. Les gardes sont mod. Petits trous de vers en marge, légère déchirure
dans le portrait-frontispice.

248. Montesquieu. Lettres Persanes. *Cologne, Marteau*, 1744; 2 t. en
1 vol. in-12, veau mouch., dos à nerfs, orné, tr. rouges. (*Rel. de l'époque.*)
Excellente édition. Quelques rousseurs. Éraflures à la reliure.

249. Montesquieu. Lettres Persanes. — Considérations sur la cause et
la grandeur des Romains et de leur décadence. Edition revue et
annotée d'après les manuscrits du Château de la Brède, avec un avant-
propos et un index par M. H. Barckhausen. *Paris, Imprimerie
Nationale*, 1897-1900; 2 vol. in-fol., brochés.
Orné de deux beaux frontispices. Excellente édition critique, très bien imprimée

250. Morisot (Claude-Barth.). Orbis maritimi sive rerum in mari et
littoribus gestarum generalis Historia. Authore Claudio Barthol.
Morisoto Divionensi. *Divione, Petrus Palliot*, 1643; in-fol., vélin blanc.
(*Rel. de l'époque*, usag.)

Célèbre ouvrage de cet érudit dijonnais, l'un des premiers dont l'histoire
navale ait été l'objet et contenant de nombreux documents du plus grand
intérêt pour l'histoire générale de la navigation.
ÉDITION PRINCEPS, très rare ; elle est divisée en deux livres comprenant
12 feuillet prél. dont l'épître dédicatoire au roi Louis XIII, 726 pp. avec l'erra-
tum et 9 ff. non chiffr. pour l'index; et décorée de nombreuses figures gravées
sur bois et sur cuivre dans le texte : reproductions de monuments anciens et
cartes des diverses parties du monde, y compris l'Amérique, avec cartouches-
légendes, vues de navires, et une grande planche sur cuivre, repliée, représentant
une joute navale dans un amphithéâtre antique.
Mouillures à la partie sup. de plusieurs ff.
Ex-libris manuscrit ancien sur le titre.

251. Nicole (Pierre). Les Imaginaires et les Visionnaires, ou Lettres
sur l'hérésie imaginaire par le sieur de Damvilliers (P. Nicole). *A
Liége, chez Adolphe Beyers, (Amsterdam, Elzevier)*, 1667; 2 vol. pet.
in-12, veau brun, dos à nerfs orné à petits fers et au pointillé, tr. jas.
(*Rel. de l'époque*, un peu usag.)

Jolie édition imprimée par Daniel Elzévier d'Amsterdam; la table de chaque
volume, qui manque généralement ,a été rétablie à la main.

252. Office de la Semaine Sainte en latin et en français, à l'usage de Rome et de Paris. Avec des réflexions et méditations, prières et instructions pour la Confession et Communion. Dédié à la Reine pour l'usage de sa maison. *Paris, veuve Mazières, 1728*; in-8, mar. rouge, plats et dos couverts d'ornements à petits fers et au pointillé, armes au centre, doublé et gardes de papier peint à ramages, tr. dor. (*Rel. anc.*)

> Orné d'un titre-frontispice, d'une vignette en tête de la dédicace à la Reine et de 3 figures hors texte gravées par *Scotin.*
> Exemplaire dans une riche reliure au pointillé, aux armes de la Reine MARIE LECZINSKA.
> Les mors et les angles de la reliure sont un peu usagés.

253. Office de la Quinzaine de Pasque, latin-français... *Paris, J.-B. Coignard, 1750*; in-8, mar. rouge, encadr. de dent. dor., armes frappées en or au centre des plats, dos à nerfs orné d'encadr. de fil. dor., fleurons et pièces d'armes, dent. int. dor., tr. dor. (*Rel. anc.*)

> Très beau maroquin *aux armes de Philippe-Egalité, duc d'Orléans*, très frais et bien conservé.
> Petit trou dans le titre qui est remonté.

254. Ovide. Les Métamorphoses d'Ovide, en latin, traduites en françois avec des remarques et des explications historiques. Par M. l'Abbé Banier. Ouvrage enrichi de figures en taille-douce, gravées par B. Picart. *Amsterdam, Wetstein, 1732*; 2 vol. in-fol., veau brun, dos à nerfs ornés de fleur. dor., tr. marb., dent. int. dor. (*Rel. anc.*)

> *Premier tirage* de ce bel illustré du XVIIIe siècle, orné d'un frontispice, de fleurons et vignettes, 124 figures dans le texte et trois superbes planches à part, au tome II, gravées d'après Bernard Picart.
> Légères rousseurs. Les reliures sont un peu usagées et noircies.

255. Palissot. Œuvres de M. Palissot, lecteur de S. A. S. Mgr le duc d'Orléans. *A Paris, de l'Imprimerie de Monsieur, 1788*; 4 vol. gr. in-8, mar. vert, dentelle sur les plats, dos ornés de dentelles, volutes de feuillage, semis d'étoiles, urnes, amphores, soleils et fleurons dor., av. pièces de mar. rouge pour les titres et tomaisons, dent. int., tr. dor. (*Rel. anc.*)

> Très belle édition illustrée de 1 portrait par Monnet, gravé par Choffard et de 18 figures dont 8 par Méon, gravées par Thérèse Martinet et 10 par Monnet, sans nom de graveur.
> Superbe exemplaire en GRAND PAPIER VÉLIN dans une très jolie reliure de l'époque, ornée à la grecque.

256. Pascal. Pensées sur la Religion et sur quelques autres sujets... Nouvelle édition, augmentée de plusieurs pensées du même autheur. *Paris, Desprez, 1678*; in-12, veau brun, dos à nerfs, orné, tr. mouch. (*Rel. de l'époque.*)

> Cette édition contient, indépendamment des nouvelles *Pensées*, annoncées sur le titre, les deux discours de Filleau de La Chaise, et, à la fin, un petit ouvrage de Pascal, en édition originale : *Qu'il y a des démonstrations d'une autre espèce, et aussi certaines que celles de la Géométrie, et qu'on en peut donner de telles pour la religion chrestienne.*

257. **Pascal.** Pensées sur la Religion et sur quelques autres sujets. Nouvelle édition, augmentée de plusieurs pensées, de sa vie et de quelques discours. *Paris, Desprez*, 1734; in-12, veau brun, dos à nerfs, orné, dent. int., tr. rouges. (*Rel. de l'époque.*)

Excellente édition.
Coiffes et coins usagés.

258. **Passe-partout galant** (Le), par Monsieur ***, Chevalier de l'Ordre de l'Industrie et de la Gibecière. *Constantinople, Impr. de Sa Hautesse*, 1710; in-16, vélin, tr. jasp. (*Rel. anc.*)

Édition ornée d'un frontispice. Mouillures.

259. **Pérelle.** Le Royaume de France, représenté en cartes géographiques et en taille-douce. Où on voit ses principales villes, à plain ou de profil; leur situation et ce qu'ils ont de plus remarquable ; avec une courte explication sous chaque planche; les estampes ayant été dessinées sur les lieux et gravées exactement. Présenté à Sa Majesté très chrétienne Louis XIV, roi de France et de Navarre. *Leide, van der Aa*, (1717); gr. in-4, dos et coins mar. vert, dos et plats ornés de fil. dor., tr. dor.

Précieux recueil comprenant un titre rubriqué, encadré, 5 *cartes et plans* dont 4 avec cartouches historiés et 76 superbes *planches*, les unes signées *Perelle*, les autres non signées, avec *encadrements variés*, représentant des vues de Paris et des environs tels que Versailles, Saint-Germain-en-Laye, Saint-Denis, Fontainebleau, Senlis, Corbeil, etc.

260. **Pérelle.** Recueil de cent quatre-vingt-deux paysages et marines ornés de figures et ruines composés, dessinés et gravés par Pérelle. *A Paris, chez Jean, rue de Beauvais, n° 32, s. d.*, (fin du XVIIIe s.), in-fol., cart. d'époque.

Très bel album contenant une grande partie des estampes sous la forme de médaillons (les pl. 1-6, 22, 23, 29-32, 61-63, 67, 68, 108-112, 121, 122, 153 à la fin manquent.

261. **Pièces échappées du feu** (par Malezieu, Sallengre et autres). *Plaisance* (Hollande), 1717; in-8, veau marb., dos à nerfs orné, av. pièce de titre rouge. (*Rel. de l'époque*, un peu usag.)

Recueil peu commun des diverses pièces suivantes en prose et en vers : *Polichinelle* demandant une place à l'Académie (attribué à Malézieu), des *Remarques sur l'Angleterre* faites en 1713 (attribuées à Dubois de Saint-Gelais); l'*Histoire de Léonice et de Mendosa* par M. de S. (Sallengre); des *Lettres, Contes et Poésies diverses* (recueillies par A.-H. de Sallengre).
Édition originale, plus complète que la réimpression faite en 1721, sous le titre « Recueil de pièces sérieuses, comiques et burlesques » laquelle ne contient ni *Polichinelle* ni la double préface.
Jaunissures.

262. **Pine** (Jean). La Procession et les cérémonies qui s'observèrent le jeudi 17 jour de juin 1725 à l'installation des chevaliers de l'illustre ordre militaire du Bain; avec les armes, les noms, les titres, etc. des chevaliers et de leurs écuiers, tels qu'ils sont placés dans la chapelle

de Henri VII dans l'abbaye de Westminster. *A Londres, imprimée par S. Palmer et J. Huggonson pour Jean Pine, 1730*; in-fol., bas. rac. (*Rel. de l'époque, usag.*).

Deux titres (anglais et français) ornés d'une vignette différente, 1 f. pour la dédicace au Roi d'Angleterre, la liste des souscripteurs, 20 ff. de texte en anglais et en français ornés de vignettes, culs-de-lampe et d'initiales historiées et 20 *planches* dont 3 plans relatifs aux cérémonies et 17 superbes planches doubles finement gravées par Pine, représentant l'ordre de la procession, les armes des chevaliers et les détails des fêtes; ces compositions sont remarquables par les portraits qu'elles présentent des divers personnages .
Petite déchirure au bas d'une planche.

263. **Piron.** Œuvres choisies d'Alexis Piron. *Londres (Paris, Cazin)*, 1782; 3 vol. in-18, veau rac., fil., dos ornés, tr. dor. (*Rel. de l'époque.*)

Épitres, odes, poèmes, contes, épigrammes, inscriptions, épitaphes, etc. Les meilleures poésies du célèbre poète, le rival de Voltaire, en verve humoristique.
Charmante édition. Bel exemplaire dans sa reliure originale (le portrait manque).

264. **Plutarque.** Plutarchi Cheronei graecorum romanorumque illustrium Vitae. *Basileae, apud Mich. Isingrinium*, 1553; in-fol., peau de truie, comp. de dentelles à froid formées de portraits en médaillons et de figures allégoriques. (*Rel. du XVIe s.*).

Très belle impression en lettres rondes d'Isingrinius de Bâle, avec sa marque au titre et au verso du dernier feuillet; le volume débute par un copieux index; le texte de Plutarque est orné de jolies initiales historiées, gravées sur bois.
Déchirure à un f. de l'index; mouillures à la partie supérieure de quelques ff. Légers trous de vers.
PRÉCIEUSE RELIURE DU TEMPS, décorée des portraits en médaillons de *Luther*, de *Melanchton*, de *Jean Huss* et d'*Erasme* et de charmants sujets allégoriques « les *Vertus théologales* » dont plusieurs accompagnés des *initiales du relieur*. W. E.

265. **Poisson.** Œuvres. *Paris, Ribou*, 1679; in-12, veau brun, dos à nerfs orné, tr. mouch. (*Rel. de l'époque.*)

Première édition collective.
Coiffe inférieure et coins endommagés.

266. **Pradon.** Recueil de tragédies, comprenant Pirame et Thisbé. *Paris, Loyson*, 1674. — La Troade. *Paris, Ribou*, 1679. — Statira. *Paris, Ribou*, 1680. — Regulus. *Paris, Guillain*, 1688. Ens. 4 vol. in-12, demi-veau fauve, dos à nerfs, ornés, tr. rouges. (*Rel. mod.*)

Éditions originales. Exemplaire très frais.

267. **Quakers** (Secte des). — **Tomkins** (John). Préty promoted, in a collection of Dying Sayings of many of the people called *quakers*, with a brief account of some of their labours in the Gospel and sufferings for the same. *London, Sowle*, 1701-1711; 4 vol. — **Feild** (John) and **Bell** (John). Piety promoted with some memorial of their virtuous lives. *Ib.*, 1717-1740; 3 vol. Ens. 7 vol. dont 6 in-12 et 1 in-8, veau brun, comp. de dent. à fr., dos ornés. (*Rel. de la fin du XVIIIe s.*, usag, 2 plats détachés).

Ce recueil peu commun contient de très intéressants documents pour l'histoire des Quakers et de la Pensylvanie. Le titre de la 4e partie est abîmé et détaché du volume. Petiit trous de vers.

268. Quinte-Curce. Q. Curtii Rufi Historia Alexandri Magni cum notis selectiss. variorum Raderi, Freinshemii Loccenii Blancardi, etc. Editio accuratissima. Accurante C. S. M. D. *Lugduni Batavorum, apud Johannem Elzevirium, Acad. typogr.*, 1658; in-8, mar. brun, fil. dor., droits et courbes et décors au pointillé, semis de médaillons variés (les uns à forme fleurdelysés), incrustés dans chaque plat, décorés de fleurs de lys et de couronnes, un plus grand médaillon incrusté au centre, orné de l'initiale A redoublée en sens contraire et couronnée, comprise dans une guirlande de· feuillage, dos orné et fleurdelysé, dos à nerfs orné de fil., de fers courbes au pointillé et de fleurons. (*Rel. mod. dans le style du* XVIIe *s.*)

Excellente édition critique et jolie impression de *Jean Elzevier*, de Leyde, ornée de figures en taille-douce. Le volume se compose d'un titre-frontispice, d'un feuillet de dédicace à J.-A. de Thou et de 751 pp. Le supplément de Freinshemius, 93 pp. et l'index, 46 pp. manquent.

Très remarquable reliure moderne faite à l'IMITATION des rarissimes reliures en mosaïque de peau découpée (à incrustations) exécutées pour la reine ANNE D'AUTRICHE.

269. Racine (Jean). Œuvres de Racine. *A Amsterdam, chez Abraham Wolfgang*, 1690; 2 vol. pet. in-12, chag. viol., dos et plats ornés de fil. or. et à fr., tr. dor. (*Rel. mod.*)

Réimpression de l'édition de 1678, s'annexant aux Elzévirs; chaque pièce comporte une pagination et un titre particulier (Willems n° 2888). A la suite du premier volume : *Athalie*, tragédie tirée de l'Escriture Sainte, *suivant la copie imprimée à Paris* (*Amst., Wolfgang*), 1691. *Premier tirage* (Willems, n° 2899). A la suite du second volume : *Esther*, tragédie tirée de l'Escriture Sainte, *Ib. id.*, 1692 (Willems n° 2912).

Cet exemplaire, en outre, est orné de 2 *frontispices* et de 12 *jolies figures* (une en tête de chaque pièce) *non signés.*

270. Raguenet (Abbé). Syroes et Mirance. Histoire persane. *Paris. Cl. Barbin*, 1692; 2 vol. in-12, veau brun, dos à nerfs, orné, tr. marb. (*Rel. anc.*)

Ex-libris de la Bibliothèque de Spitz.
Petits trous de vers aux coiffes. Taches sur les tranches.

271. Ramus (Pierre) ou **La Ramée.** Liber de moribus veterum Gallorum, ad Carolum Lotharingum Cardinalem. Beotio de professione liberalium actiam. *Paris, apud Andream Wechelum*, 1562-63; 2 op. en 1 vol. in-12, vel. bl. (*Rel. anc.*)

Deux opuscules du célèbre humaniste français qui, un des premiers, combattit Aristote.
Petit trou au titre du second opuscule.
Ex-libris manuscrits anciens sur les titres et ex-libris *Pierre Gauthiez* sur la garde.

272. Recueil d'estampes relatives aux guerres de religion, exécutées à la manière de Tortorel et Perissin. Ens. 352 pièces s'étendant de l'année 1555 à l'année 1612 (avec légendes en vers allemands) en 1 vol. in-4 oblong, vélin. (*Rel. anc.*)

Précieuse iconologie historique s'annexant à la catégorie des recueils factices, composés de suites plus ou moins complètes, formés après la publication des estampes de Tortorel et Perissin.
On relève, parmi ces nombreuses scènes de guerres et de massacres et de vues

de villes assiégées, quelques portraits de rois et d'empereurs tels que celui de
Charles-Quint (accompagné d'un feuillet de texte relatif à son expédition de
Tunis, portant la date de 1535), ceux de Philippe II, Henri III, etc.

273. **Recueil** des pièces les plus curieuses qui ont esté faites pendant le
règne du connestable M. de Luyne. Troisiesme édition reveue, corrigée
et augmentée. (*Paris*), 1625; in-8, de 19 ff. lim., 1 f. blanc et 536 pp.,
mar. citron, 2 fil. dor., fleur. d'angles, dos à nerfs, orné, tr. mouch.
(*Rel. de l'époque.*)

> Édition rare de ce très intéressant recueil.
> A la page 528, on trouve le quatrain contre les jésuites, attribué au cardinal
> de Richelieu :
>
> > Tant que l'on verra dans le Louvre,
> > Un jésuite pour Confesseur :
> > L'Estat ne sera jamais seur,
> > Le temps passé nous le descouvre.
>
> Belle reliure de maroquin ancien.
> Ex-libris gravé.

274. **Recueil** de diverses pièces curieuses pour servir àl'histoire. *Cologne,
du Castel*, 1664; pet. in-12, veau marb., 3 fil. dor., dos à nerfs orné,
tr. dor. (*Rel. anc.*)

> Ce recueil intéressant contient les ouvrages suivants :
> 1º Response faite aux mémoires du Comte de la Chastre, par le Comte de
> Brienne.
> 2º Conjuration de la Donna Hyppolite d'Arragon, baronne d'Alby, sur la
> ville de Barcelone, en faveur du roy catholique.
> 3º Relation de la mort du marquis de Monaldeschi, grand escuyer de la Reyne
> Christine de Suède, fait par le R. P. Le Bel.
> 4º Motifs de la France, pour la guerre d'Allemagne, et quelle y a esté sa
> conduite.
> 5º Lettre au nom d'un estranger, au sujet de la paix entre la France et l'Es-
> pagne.
> Exemplaire en bonne condition ,dans une jolie reliure.

275. **Redouté** et **Duhamel du Monceau**. Traité des arbres et arbustes
que l'on cultive en France en pleine terre. Seconde édition, considérablement augmentée, contenant la description des arbres et
arbustes d'agrément, des arbres fruitiers et forestiers, etc., etc. Ouvrage
orné de cinq cents planches d'après les dessins de Redouté et Bessa.
Paris, Didot et Bertrand, 1800-1819; 7 vol. in-fol., cart. de l'époque,
non rog.

> Ouvrage recherché, devenu rare, orné de très belles planches FINEMENT
> COLORIÉES A L'ÉPOQUE.
> Exemplaire bien complet des 500 planches.
> Cartonnages fatigués, quelques plats et feuillets sont détachés des reliures,
> mais bel état intérieur malgré de légères mouillures. Exemplaire entièrement non
> rogné.

276. **Relation** en forme de journal, du *voyage* pour la rédemption des
captifs aux *Royaume de Maroc et d'Alger* pendant les années 1723,
1724 et 1725, par les PP. Jean de La Faye, Denis Mackar, Aug. d'Arci-
sas, Henry le Roy. Dédiés à la Reine. *Paris, Sevestre et Giffart*, 1726;
in-12, veau brun, dos à nerfs orné à petits fers et de petits soleils.
(*Rel. de l'époque*, coiffe sup. un peu usag.)

> Très intéressant journal de voyage, contenant en appendice la liste des
> captifs français rachetés aux royaumes de Maroc et d'Alger, en 1725; il est illustré

d'un beau portrait de la reine *Marie Leczinska* non signé et d'une *planche repliée*,
hors texte, gravée par *Giffart,* représentant un épisode remarquable du voyage.
Bon exemplaire.

277. Reliure du XVIe siècle.— Horae. Manuscrit sur vélin de la fin
du XVe siècle, in-8, mar. brun, comp. de bandes de mar. noir et de
fil. dor., droits et courbes à motifs d'entrelacs et volutes couvrant les
plats, dos orné de petites pièces de mar. noir losangées et de fil. dor.
en losanges, dent. sur coupes, tr. dor. (*Rel. du temps.*)

> Ces Heures calligraphiées en belles lettres gothiques, rouge et noir, sont
> précédées d'un calendrier rubriqué et décorées de 8 grandes miniatures, entourées
> de bordures à fond d'or pâle, à motifs de portiques ou de volutes de fleurs et feuil-
> lage.
> Ces miniatures ont pour sujets : 1° *Saint Jean à Pathmos*; 2° *L'Annonciation
> à la Vierge*; 3° *La Visitation*; 4° *La Crucifixion*; 5° *La Vierge au milieu des
> Apôtres*; 6° *David implorant l'Eternel*; 7° *La Vierge et l'Enfant*; 8° *La Trinité*.
> Le texte de ces Heures, en outre, est décoré de quantité de grandes et petites
> initiales et de tirets en *or vif* et en couleurs variées.
> Ce précieux manuscrit est recouvert d'une BELLE RELIURE MOSAÏQUÉE
> GENRE GROLIER, de grand caractère, (les plats sont légèrement frottés et
> les charnières un peu fendues).
> (*Voir la reproduction*).

278. Reliure à la sphère. Album de papier blanc. *Jolie reliure du* XVIIe
siècle; in-fol., mar. brun, comp. de dentelles à petits fers, larges encadr.
au milieu des plats formés d'entrelacs et de volutes de feuillage dor.
entourant une sphère surmontée d'un aigle, dos à nerfs orné de la
sphère huit fois répétée, de semis de rosaces et de motifs de feuillage, tr. dor.

> Curieux spécimen de reliure-atlas.

279. Reliure du XVIIIe siècle. — **Pock** (P. Edm.), ord. S. P. Benedicti.
Historisch-Chronologisch-Geographische Tabellen von Anfang der
Welt bis auf das jetzt lauffende Jahr, welche nicht nur die Judische
und deren vier Monarchien nebst der Kayser und damit verknupfften
Kirchen-Historie in sieh begreiffen, sondern auch in dem neben
gesetzten Synchronismo die merckionrdigste Begebenheiten aller
Konige, Herzogen, etc... *Augspurg und Ynsprugg, Wolff,* 1750; pet.
in-fol., bas. brune, plats couverts de volutes argentées à motifs de
feuillage, trophées et pots de fleurs, milieux armoriés, dos orné,
tr. dor. (*Rel. allemande de l'époque.*)

> Jolie reliure allemande armoriée. Le premier plat porte au centre un *blason*
> or et argent, entouré de la légende « ERENBERTUS III, ABBAS CREMIFANENSIS,
> 1771 » le second plat, une composition allégorique, également frappée en or
> et argent avec l'inscription suivante : *Illustrissima Academia* Cremifanensis
> *S. Acapitus M Praenestin* 1744. »

280. Reliure du XVIIIe siècle. Etrennes de la Vertu, pour l'année
1789. *Paris, Savoye,* 1789; in-12, mar. rouge, large dent. dor., dos
lisse, orné, pièces de mar. olive, dent. int., tr. dor. (*Rel. de l'époque.*)

> Belle reliure de maroquin rouge, finement ornée.

281. **Reliure** du xviiie siècle. Testament Politique du Maréchal, duc de Belle-Isle. *Amsterdam, aux dépens des libraires associés*, 1761; in-12, mar. rouge, large dent. dor., dos plat, orné d'une fine décoration de grappes de raisin et vrilles, dent. int., tr. dor. (*Rel. de l'époque.*)

Petites taches sur le premier plat. Raccommodages au titre.

282. **Reliure italienne** du xviiie siècle; in-fol., veau brun, comp. de fil. et bord. d'orn. variés couvrant entièrement les plats.

A l'intérieur du second plat est encastrée une médaille à l'effigie de Ferdinand IV, roi des Deux-Siciles. Cette reliure renferme un document sur parchemin, formant 6 feuillets, daté du 16 avril 1792, encadré à chaque page d'une bordure dorée et peinte.

283. **Restif de La Bretonne.** L'Ecole des Pères... *En France et à Paris, chès la veuve Duchene*, 1776; 3 t. en 2 vol. in-8, veau porphyre, dos à nerfs, ornés, pièce de mar. rouge, dent. int., tr. jasp. (*Rel. de l'époque.*)

Édition originale sous ce titre d'un des ouvrages les plus curieux et les plus rares de Restif, préparé dès 1770 sous le titre du *Nouvel Emile ou l'Education pratique*, mais dont, à cette époque, la censure avait empêché la publication. L'ouvrage subit d'importants remaniements, en dépit desquels la police imposa encore des changements à l'auteur. (Cf. Paul Lacroix, *Bibliogr. de tous les ouvr. de la R. de La B.*, pp. 138-143).
Très rare. Bel exemplaire.

284. **Richelieu** (Cardinal de). Traité de la perfection du chrestien. *Paris, Vitrey*, 1651; in-12, de 6 ff. lim., y compris le titre, 474 pp. et 3 ff., bas. brune, dos à nerfs, orné, tr. mouch. (*Rel. de l'époque.*)

Édition rare. Reliure fatiguée.
Nombreuses annotations marginales d'une écriture ancienne.

285. **Romant** (Le) **d'Anacrine**, ou sont representez plusieurs combats, histoires véritables et amoureuses. De l'invention d'un des beaux esprits de ce temps. *Paris, Toussaints du Bray*, (1611); in-12, mar. olive, 3 fil., dos orné de pet. dent., fleurons et rosaces dor., tr. dor. (*Rel. anc.*)

Très curieux roman à clefs, anonyme, composé à l'imitation des romans de chevalerie, inconnu de Brunet et de Barbier. Dans sa préface au lecteur, l'auteur malmène certains écrivains de son temps « ... Mais je ne veux pas disputer contre des faquins.... Ne vous amusez à ouyr ces buses, qui se couvrent du manteau des muses... ». Le titre, auquel une déchirure a emporté la date, est doublé.

286. **Rondeaux d'Amour** publiés d'après un manuscrit du commencement du xvie siècle, par Edwin Tross. *Paris, Tross*, 1863; in-8, vélin blanc à recouvrements. (*Rel. de l'époque.*)

Édition tirée à 250 exemplaires. *Un des quatre exemplaires sur peau de vélin.*
Marque d'imprimeur et reproduction de la première page du manuscrit.

287. **Ronsard.** Discours des Misères de ce temps. — Les Epitaphes de divers sujets de P. de Ronsard, gentilhomme vendômois. Ensemble

les derniers vers du mesme autheur, avec sa vie et son tombeau. *Paris, Buon*, 1597; 2 ouv. en 1 vol. in-12, bas. marb., 3 fil. dor., dos orné, tr. marb. (*Rel. anc.*)

<blockquote>
Ces deux ouvrages sont les deux derniers tomes de la neuvième édition collective (10 vol.), imprimée par Léger-Delas. Rare.

Collation : Tome IX, 127 pp. Portrait de Ronsard par J. Cousin au verso du titre. — Tome X, 325 pp., 1 f. de table, et 12 ff. contenant l'*Art poétique.* — Léger grattage sur le titre.

Reliure légèrement usagée.
</blockquote>

288. Rousseau (Jean-Jacques). La Nouvelle Héloïse, ou Lettres de deux amans, habitans d'une petite ville au pied des Alpes. *Londres*, 1781; 7 vol. in-18, veau marb., 3 fil. dor., dos à nerfs, ornés, dent. int., tr. dor. (*Rel. de la collection.*)

<blockquote>
De la collection *Cazin*.

Douze charmantes figures par *Moreau*, gravées par Delvaux.

Reliures légèrement usagées.
</blockquote>

289. Rousseau (J.-J.). Œuvres complètes (publiées par Du Peyron). *Genève*, 1782-89; 17 vol. in-4, veau rac., encad. sur les plats, dos ornés d'urnes, lyres et trophées, av. pièces de titre rouges et vertes, dent. int., tr. dor. (*Rel. anc.*, les dos sont un peu frottés.)

<blockquote>
Cette édition de Genève, a été faite d'après la copie préparée par Rousseau lui-même; elle présente d'importantes additions, et, sous forme de supplément, les œuvres posthumes de l'auteur.

Elle est ainsi répartie : Tomes I. Politique; II et III. Nouvelle Héloïse; IV-V. Émile; VI- et VII. Mélanges; VIII. Théâtre et poésie; IX. Dictionnaire de musique; X-XI. Mémoires (Confessions, etc.); XII. Pièces diverses; XIII-XIV. Supplément.

Cet exemplaire contient la suite de 34 figures par *Moreau* et *Le Barbier* (sur 37), dont 6 pour le *Théâtre* (y compris Iphis, tragédie, placée au vol. 1 du supplément), 13 pour la *Nouvelle Héloïse*, 9 figures pour l'*Émile* et 6 pour les *Confessions* et les *Rêveries.*

Jaunissures à plusieurs planches.
</blockquote>

290. Sabellicus (M.-Ant. Coccius). Opera omnia, ab infinitis quibus scatebant mendis, repurgata et castigata, cum supplemento Rapsodiae historiarum ab Orbe condito, ad haec usque tempora, pulcherrimo ac diligentissimo, in tomos quatuor digesta : qui, quid contineant adversa pagina indicabit, atque haec omnia per caelium secundum curionem, non sine labore judicioque confecta. *Basileae, J. Hervaguis*, 1560; in-fol., peau de truie, comp. de dent. à fr., formées de portraits d'apôtres et de saints, un fermoir entier et attaches de fermoir, en cuivre ciselé. (*Rel. de l'époque.*)

<blockquote>
ÉDITION PRINCEPS des œuvres de ce célèbre érudit italien (mort en 1506) dûe aux soins de Curion. Tome I comprenant « Rapsodiae historiarum ab urbe condito Enneades quinque ».

Très intéressant specimen de reliure du xvi⁰ siècle; on y remarque, parmi les décors, des figures d'apôtres, des sujets allégoriques, un blason plusieurs fois répété et les initiales C. H.; l'un des deux fermoirs en cuivre ciselé est très bien conservé.

Bel exemplaire, malgré de légères mouillures.
</blockquote>

291. Salluste. La conjuracion de Catilina y la guerra de Jugurta, por cayo Salustio crispo. *En Madrid, por Joachin Ibarra*, 1772; in-fol., mar. vert, dentelle sur les plats, dos orné de rosaces et de motifs de feuillage, dent. int., double et gardes de moire rose, tr. dor. (*Rel. anc.*)

Cette édition de la traduction de Salluste, faite par l'infant don Gabriel, sous la direction de Fr. Perez Bayer, son précepteur, est un véritable chef-d'œuvre typographique; elle est illustrée d'un titre-frontispice par *E. Monfort*, d'un portrait de Salluste en médaillon (hors texte), de 2 belles compositions hors texte par *Macilla*, gravées par *Carmona*, d'une carte (hors texte) de l'Afrique et de la Numidie ancienne, de 6 planches représentant des scènes stratégiques, des armures espagnoles, des médailles, des inscriptions, etc., avec vignettes et reproductions de médailles dans le texte.

La plupart des exemplaires furent distribués en présent. Exemplaire sur beau papier vélin dans une jolie reliure de l'époque.

Le premier plat est un peu passé.

292. Salmon (Th.). Hedendaagsche Historie of tegenwoordige staat van alle volkeren. Eerst in english beschreven door Th. Salmon, nu vertaald en merkelyk vermeerderd door M. van Goch. *Amsterdam, Isaak Tirion*, 1730-1737; 9 vol, in-8, vélin, tr. mouch. (*Rel. de l'époque.*)

Traduction hollandaise peu commune de l'Histoire géographique universelle du célèbre historien anglais Thomas Salmon; elle est illustrée de quantité de planches hors texte dont plusieurs doubles : portraits, vues, scènes de mœurs, costumes, sujets de flore et de faune, cartes de toutes les régions du globe, etc.

Le reliure du tome I est détachée.

293. Scudery (Madeleine de). Clélie, histoire romaine, dédiée à Mademoiselle de Longueville. *Paris, Louis Billaine*, 1658-1668; 5 parties en 10 vol. in-8, veau brun, dos ornés, tr. mouch. (*Rel. anc.*)

Les diverses parties de ce roman précieux sont irrégulièrement datées : plusieurs tomes sont en ÉDITION ORIGINALE.

Orné de cinq titres-frontispices, d'un portrait de Mlle de Longueville, de quinze jolies figures gravées en taille-douce. Enfin, c'est au tome I de ce roman que figure la célèbre et si curieuse *carte du Tendre* (planche repliée) dont la vogue fut si grande parmi les précieuses de l'Hôtel Rambouillet (Petite déchirure à cette planche).

Les exemplaires bien complets des planches sont très rares.

Quelques mouillures et taches. Certaines marges sont un peu endommagées par l'humidité. Les reliures, usagées, sont à restaurer.

294. Sebon ou **Sebonde** (Raimond). De Natura hominis, dialogi. Hi et christi et sui ipsius cognitionem exhibent, nunc demum aucti, summaque fide recogniti. *Lugduni, apud Th. Paganum*, 1568; pet. in-12, de 411 pp. chiff., non compris les ff. blancs, veau brun, dos à nerfs orné. (*Rel. anc., usag.*)

Abrégé de la *Théologie naturelle*, de Sebon, traduite par Montaigne et à laquelle celui-ci a consacré le chapitre XII du livre II des Essais. *Édition rare.*

Petites mouillures à quelques feuillets.

295. Segrais (Jean-Renaud de). Œuvres diverses. *Amsterdam, Changuion*, 1723; 2 part. en 1 vol. in-12, bas. marb., dos à nerfs, orné, tr. mouch. (*Rel. de l'époque.*)

Première édition collective.

La première partie contient les mémoires anecdotes de Segrais, où l'on trouve « quantité de particularitez remarquables touchant les personnes de la Cour, et les gens de lettres de son tems »; la seconde partie contient : *L'Amour*

guéri par le tems, opéra ; l'*Histoire de la princesse de Paphlagonie* et l'*Histoire de l'Isle imaginaire.*
Reliure usagée, mais l'intérieur en excellente condition.
Bel ex-libris gravé de l'époque.
(*Voir la reproduction du titre.*)

296. Semaine Sainte. L'office de la quinzaine de Pasques, latin-françois, à l'usage de Rome et de Paris. *Paris, d'Houry,* 1740 ; in-8, mar. rouge, encadr. de dent. dor., armes au centre, dos à nerfs orné d'encadr. de fil. et fleur. dor. et pièces d'armes au centre, dent. int. dor., tr. dor. (*Rel. anc.*)

Joli frontispice gravé.
Beau maroquin ancien, aux *armes du Régent Philippe d'Orléans.* (Légères éraflures).
Inscriptions manuscrites anciennes en plusieurs endroits.

297. Seyssel (Claude de). L'Histoire ecclésiastique translatée de latin en françois, par Messire Claude de Seyssel. Nouvellement revueëu et corrigée. *A Paris, par Jehan Ruelle,* 1572 ; fort vol. in-18, vél. bl. à recouvrements. (*Rel. anc.*)

Bonne traduction de cette histoire ecclésiastique célèbre, la première qui narre les luttes des idées sans trop s'attacher aux faits.
Marque d'imprimeur et lettres ornées gravées sur bois.
Légère déchirure à la page de titre.

298. Signes (Les), Prodiges, monstres et constellations célestes apparues nouvellement tant à la cité de Rome que au royaulme de Naples et Lombardie, au moys de Aoust Mil CCCCCXXXI. *S. l., (Rome)* ; 1531 ; pet. in-4 de 8 feuillets non ch., caractères gothiques ; demi-mar. grenat. (*Rel. mod.*)

Ouvrage curieux et de la plus grande rareté, non cité par les bibliographes.
Il est orné de CINQ GRAVURES SUR BOIS à mi-page dont une sur le titre, véritable précurseur de l'art cubiste, représente l'effondrement d'une ville et dont les autres, très naïves, portent d'amusantes légendes : *De la Pucelle de Rome en leage de neuf ans de laquelle est sortie une fontaine deaue clere de son estomach entre les deux mammelles…. Du Pain biscuyct tombé du Ciel en la Pouille au royaume de Naples,* etc….
Légères rousseurs, petit trou sur le titre, et petite fente dans la marge du feuillet 4.

299. Somaize. Le Grand Dictionaire (*sic*) des Prétieuses, historique, poétique, géographique, cosmographique, cronologique et armoirique, où l'on verra leur antiquité, coustumes, devises, éloges, études, guerres, hérésies, jeux… mariages… noblesse. Comme aussi les noms de ceux et de celles qui ont jusques icy inventé des mots prétieux. Dédié à Monseigneur le Duc de Guise. Par le sieur de Somaize, secrétaire de Mme la Conestable Colonne. *A Paris, chez Jean Ribou,* 1661 ; 2 part. — La Clef du Grand Dictionnaire historique des Prétieuses. *A Paris,* 1661 ; ens. 3 parties en 1 vol. in-12, veau fauve, 3 fil., dos à nerfs couvert de petits fers courbes, av. pièce de titre rouge, dent. int., tr. dor.

Édition princeps devenue très rare.
Ce curieux ouvrage, d'un grand intérêt littéraire, est, en réalité, le répertoire des Précieuses elles-mêmes qui y figurent toutes à leur ordre alphabétique.

L'auteur indique avec soin les mots nouveaux dont la langue galante est rede-
vable aux Précieuses.
Précieux exemplaire, avec la *Clef* des noms propres, laquelle forme un opus-
cule à part (sans le frontispice qui manque presque toujours).
Exemplaire lavé. Jolie reliure moderne.
(*Voir la reproduction du titre.*)

300. **Squire** (Samuel). An enquiry in to the foundation of the english
Constitution ; or, an historical essay upon the anglo-saxon government
both in Germany and England. To which is added an appendix contai-
ning : an essay on the balance of civil Power in England and a list of
all such cities, towns, and burrows, as have ever been summoned to
Parliament with the date of the « First Returns ». *London, Bathurst,*
1753 ; in-8, chag. rouge, dent., larges fleurons à petits fers et au
pointillé aux angles, dos à nerfs orné, dent. int., tr. dor. (*Rel. angl.
à l'imitation du* XVIIIe *s.*)

L'édition la plus complète de ce savant ouvrage historique ; elle contient les
additions de l'auteur.

301. **Straparole.** Les Facétieuses Nuits, traduites par Jean Louveau
et Pierre de Larivey. *Paris, Jannet,* 1857 ; 2 vol. in-12, demi-chag.
olive, coins, dos à nerfs, ornés de fil. à fr., têtes dor., non rog.

302. **Tasse.** L'Aminte, pastorale. Traduite de l'italien en vers françois
(par l'abbé de Torche). *Paris, Cl. Barbin,* 1676 ; in-12, veau brun, dos
à nerfs orné, tr. mouch. (*Rel. anc.*)

Traduction en vers précieux, accompagnée du texte italien en regard.
Légère fente au deuxième plat de la reliure.

303. **Tasse.** La Gerusalemme liberata di Torquato Tasso. *In Parigi,*
1771 ; appresso A. Delalain, P. Durand, Giov. Claudio et Molini,
(*da 'torchi di Francesco Agostino Quillau*), 2 vol. gr. in-8, papier de
Hollande, veau rac., 3 fil. et petites rosaces aux angles, dos en mar.
vert orné de comp. de fil. , petit. dent. et petits fers en étoiles dor.,
dent. int., tr. dor. (*Rel. du* XVIIIe *s.*)

Édition illustrée de 2 *frontispices* avec le portrait du Tasse et de Gravelot,
2 *titres gravés* avec fleurons par Drouët, une dédicace avec vignette par Le
Roy, 20 *figures,* 9 *grands culs-de-lampe* et 14 *petits* à la fin des chants, et 20 *vignettes en-tête,* avec portraits, le tout par *Gravelot,* gravés par *Baquoy, Duclos,
Lingée, Le Roy, Massard, Née, Patas, Ponce, Rousseau, Simonet,* etc.
Exemplaire de PREMIER TIRAGE, dans une jolie reliure de l'époque (les coins et
les coiffes du tome I sont un peu usagées ; une inscription mss a été effacée
aux titres).

304. **Térence.** Publii Terentii Afri Comœdiae. *Birminghamiae, typis
Johannis Baskerville,* 1772 ; gr. in-4, veau brun, dentelle sur les plats,
dos orné de petits fers géométriques, tr. dor. (*Rel. angl. de l'époque,*
les plats sont un peu frottés, la pièce du titre au dos manque.)

Belle édition de Jean Baskerville, recherchée pour la correction du texte
de Térence.
Cet exemplaire porte les deux mentions manuscrites suivantes au feuillet
de garde :
1° La signature de Wilhelm Radzivill, datée de 1811 ;
2° L'ex-dono | crc mihi dedit illustrissimus Princeps olim praeceptori suo
pridie Kal. aprilis 1817. *G. Tim. Zumpt.*

305. Théophile de Viau. Les Œuvres de Théophile, divisées en trois parties. Première partie contenant l'immortalité de l'âme avec plusieurs autres pièces. La seconde, la tragédie de Pirame et Thisbé et autres meslanges; la troisième les pièces qu'il a faites pendant sa prison... *Paris, Nic. Pepingué,* 1662; in-12, de 239 et 250 pp. ch.; mar. vert, encadr. de fil. dor., dos à nerfs orné, dent. int., tr. dor. (*Rel. du* XVIIIe.)

Portrait-frontispice détaché du volume.

306. Tite-Live. T. Livii Patavini Historiarum ab urbe condita, libri qui exstant XXXV, cum universae historiae epitomis Caroli Sigonii scholia, quibus iisdem libri, atque epitomae partim emendantur, partim etram explanantur, ab auctore multis in partibus aucta. *Veneliis, in aedibus Manutianis,* 1572; in-4, vélin, tr. jasp. (*Rel. anc.*)

Édition critique recherchée pour les savants commentaires du célèbre érudit italien Carlo Sigonio, lesquels comportent deux parties distinctes, à la suite du texte de Tite Live, avec pagination et titres particuliers .

Belle impression aldine, avec l'ancre des Alde, aux trois titres; le volume est précédé d'une très copieuse table des matières et des noms cités dans Tite Live .

Le feuillet du titre général est remonté, on a calqué au verso, à l'encre, une partie de la marque aldine; le cahier Gg de Tite Live est bien complet, avec erreur de pagination dans ses feuillets; jaunissures au feuillet L 3 de la 1re partie des commentaires de Sigonio.

Petits trous de vers.

307. Tite-Live. Titi Livii historiarum quod extat ex recensione I. F. Gronovii. *Amstelodami, apud Danielem Elzevirium,* 1678; in-12, mar, olive, dos à nerfs, orné de fil. à fr., dent. int., tr. dor. (*Lortic.*)

Cette édition qui renferme en un seul volume, toute l'histoire de Tite Live, est imprimée sur deux colonnes, avec des caractères d'une extrême finesse et d'une grande netteté. Titre-frontispice gravé. Recherché.

Ex-libris A. Gaignière.

308. Titon du Tillet. Le Parnasse françois. Dédié au Roi, par M. Titon du Tillet, commissaire provincial des guerres, ci-devant capitaine de dragons et maître d'hôtel de feue (*sic*) Madame la Dauphine, mère du Roi. *Paris, J.-B. Coignard fils, imprimeur du Roi,* 1732; in-fol., bas. racine, dos à nerfs orné, tr. rouges. (*Rel. anc.*)

Très curieux ouvrage composé à la mémoire du règne de Louis XIV et des grands hommes qui l'illustrèrent. Avec la *Suite du Parnasse francois jusqu'en* 1743..., les *Remarques sur la poésie et la musique... accompagnées d'observations particulières sur la poésie et la musique francoise et sur nos spectacles,* et quelques autres pièces en vers et en prose. La « Description » du Parnasse françois est illustrée de 12 belles *planches de médailles* gravées en taille-douce par *Crépy;* le titre est orné d'une vignette par *Humblot,* gravée par *Baquoy,* la dédicace au roi d'une figure allégorique, gravée par *Crépy;* un beau frontispice gravé par *Tardieu* représente le « Monument du Parnasse français ». Superbe portrait de l'auteur avec encadrement historié, par *Largillière,* ajouté.

Précieux exemplaire portant sur le faux-titre *ces deux mentions manuscrites autographes :*

Donné à M. Sarrau, secrétaire de l'Académie de Bordeaux, par l'auteur et son très humble et très obéissant serviteur.   *Titon du Tillet.*

et au-dessous, de la même main : les fautes *sont corrigées par l'auteur,* une autre note autographe de l'auteur se trouve au bas de la page 660; deserrata (imprimés) ajoutés au feuillet d'errata par Titon du Tillet, portent une rature de sa main.

309. Vénerie. — Poetae latini. Rei venaticae scriptores et bucolici antiqui antiqui, videlicet Gratii Talisci, atque M. Aurelii Olympie Nemeriani, Cynegeticon Halieuticon et de Aucupio. Cum notis diversorum auctorum; quibus accedunt Gerardi kempheri observationes in tres priores Calphurnii eclogas. *Lugduni, Batavorum*, 1728; fort. vol in-4, vélin, comp. de dent, *angles et milieux armoriés*, dos orné. (*Rel. de l'époque.*)

Recueil très estimé de poètes sur la vénerie publié par Bruce et Havercamp; il est décoré d'un beau frontispice à sujets champêtres et de chasse, d'une vignette armoriée en tête de la dédicace à van der Dreyn et de nombreux culs-de-lampe et vignettes de charmante composition, à sujets également champêtres.
Bel exemplaire aux armes de la VILLE DE LEYDE.

310. Villars (Duc de). Mémoires (depuis 1670 jusqu'en 1700). *La Haye*, 1734; in-12, de 363 pp., veau brun, dos à nerfs, tr. mouch. (*Rel. de l'époque.*)

Édition originale.
Sur le titre, cachet ex-libris. Un coin de la reliure est légèrement endommagé.

311. Villedieu (Mme de). Nouveau recueil de quelques pièces galantes. *Paris, Barbin*, 1669; in-12 de 162 pp. y compris le titre, vélin blanc mod., tr. dor.

Édition originale, rare.

312. Villedieu (Mme Desjardins de). Les Amours des grands hommes. *Paris, Claude Barbin*, 1671; 2 t. en 1 vol. in-16, mar. rouge à longs grains, encadr. de fil. dor. et à froids, dos plats orné, fil. int., tr. dor. (*Rel. romantique.*)

La meilleure édition de ce petit ouvrage galant, rare et recherché.

313. Villedieu (Hortense des Jardins, Mme de). Les Amours des grands hommes. *Amsterdam, Mortier*, 1688; 2 t. en 1 vol. pet. in-12, vélin blanc de l'époque, tr. mouch.

Manque un feuillet blanc liminaire.

314. Virgile. Opera Vergiliana cum Bert. Honorati commentariis : cū Philippi Beroaldi in eosdem annotationibus suis locis positis. Cum Donati argutissimis subinde sententiarum prœsertim enodationibus. Cum Augustini Dathi introductione. Cumq. familiarissima Jodoci Badii Ascensii elucidatione atq. ordinis contextu. Accessit hoc Mapphei Veggeri liber additu : cum Ascensianis aunotationibus... *Quae omnia rursus opera Joannis Barbier coimpressa : venūdantur Parrhisiis ab optimo Francisco Regnault sub divo Claudio : regidis divi Jacobi*, (1515); 2 part. en 1 vol. in-4, veau brun, comp. de fil et fleurons à fr. (*Rel. anc., usag.*)

Belle impression de Virgile, en lettres rondes, de *Francois Regnault*, avec titres en rouge et noir, ornés de la marque « à l'éléphant », compris dans de jolis encadrements gravés sur bois à portiques et volutes historiées. La première partie comprend 206 pages (le f. n 5 est paginé par erreur 100 au lieu de 101); la seconde partie 290 pages (le titre est déchiré, texte en partie enlevé).
Exemplaire usagé, plusieurs feuillets sont remontés.

315. Voltaire. La Ligue ou Henry Le Grand, poème épique. *Genève, Mokpap, (Rouen, Viret)*, 1723; in-8, de VIII-231 pp., veau brun, dos à nerfs, orné. (*Rel. de l'époque.*)

> Véritable édition originale du célèbre poème de Voltaire « La Henriade ».
> Très rare. Reliure légèrement fatiguée.
> Ex-libris manuscrit ancien sur le titre. Légères rousseurs.

316. (Voltaire). Lettres philosophiques. Par M. de V. *A Rouen, chez Jore, libraire*, 1734; in-12, de 2 ff. n. ch. pour le Titre et la Table; et 190 pp. ch.; veau marb., encadr. de fil. dor., dos plat orné de fleur. dor., tr. rouges. (*Rel. anc.*)

> Une des éditions imprimées la même année que l'originale. Elle est particulièrement intéressante étant la PREMIÈRE ÉDITION COMPLÈTE, EN VINGT-SIX LETTRES, c'est-à-dire contenant : 1° les vingt-quatre lettres aux Anglais; 2° la *Lettre sur Pascal* parue pour la première fois dans l'édition de F. et R. Josse, (qui ne contenait pas la lettre sur Altena) et 3° *la Lettre sur l'incendie d'Altena*, parue pour la première fois en anglais dans l'édition de 1733, en français dans l'édition de Basles (Londres, 1734) (ces deux éditions ne contenaient pas la lettre sur Pascal, écrite plus tard par Voltaire.)
> Cette édition, au texte très correct, imprimé en petits caractères, passe pour avoir été faite à]Amsterdam, par Ledet.
> Très légères rousseurs.
> Ex-libris manuscrit sur le titre.

317. Voltaire. Elémens de la Philosophie de Neuton, mis à la portée de tout le monde. *Amsterdam, Desbordes*, 1738; in-8 d'un ff. lim. pour le frontispice et 400 pp.; veau marb., dos à nerfs, orné, dent. int., tr. dor. (*Rel. de l'époque.*)

> Édition originale, ornée de 1 frontispice dessiné par J. Dubourg, gravé par Folkema, 1 portrait par Folkema, 25 vignettes et 25 culs-de-lampe par Dubourg, B. Picart et Schley, 1 joli fleuron sur le titre par Debrie, gravó par Duflos et un grand nombre de figures géométriques dans le texte, et tirées à part.
> Coins de la reliure fatigués.

318. Voltaire. Le Siècle de Louis XIV, publié par M. de Francheville. *Berlin, Henning*, 1751; 2 vol. in-12, bas. marb., dos à nerfs, ornés, tr. jasp. (*Rel. de l'époque.*)

> Édition originale.
> C'est le premiér livre imprimé tout entier avec l'orthographe de Voltaire. les a remplacent les o non seulement aux imparfaits mais encore dans le mot faible. Notre exemplaire n'a pas d'errata à la fin du premier tome, le second tome renferme à la fin le second errata du premier tome et l'errata du second.
> Reliure légèrement défraîchie. Quelques rousseurs. Signatures manuscrites sur les titres.

319. Voltaire. Candide ou l'Optimisme, traduit de l'allemand de M. le Docteur Ralph. *S. l. (Genève, Cramer)*, 1759; in-12, de 237 pp., et 3 pp. n. ch. pour la table, bas. mar. havane, 3 fil. dor., dos à nerfs, orné, tr. rouges. (*Rel. de l'époque.*)

> Édition publiée la même année que l'originale.
> Légères restaurations à la reliure. Quelques rousseurs.

320. Voltaire. Traité sur la Tolérance. *S. l.*, 1763; in-8 de 2 ff. lim., et 211 pp., veau brun, dos orné, tr. rouges. (*Rel. de l'époque.*)

Édition originale.

Ce traité fut condamné par la Cour de Rome, en 1766. La seconde page porte, en plus du titre « A l'occasion de la mort de Jean Calas ».

Reliure légèrement défraichie et restaurée, mais bel état intérieur.

321. (Voltaire). Contes de Guillaume Vadé. *S. l.*, (*Genève*); 1764; in-8 de XVI pages prel. n. ch., 386 pp. ch. et 2 pp. n. ch. de Tables, veau marb., dos à nerfs, orné, tr. rouges. (*Rel. de l'époque.*)

PREMIÈRE ÉDITION COLLECTIVE des contes de Voltaire qui contient vingt-trois morceaux et, parmi eux, deux des plus agréables et des plus célèbres contes de Voltaire en ÉDITIONS ORIGINALES : *Jeannot et Colin* (pages 86 à 102) et *Le Blanc et le Noir* (pages 62 à 85).

Le volume débute par une *Préface de Catherine Vadé*, fort spirituelle, où il est expliqué par suite de quelles réflexions Guill. Vadé se décida le jour de sa mort, à laisser publier ces Contes. Il contient encore l'édition originale du *Chant détaché d'un Poème épique de la composition de Jérôme Carré...*, chant que Voltaire nommait la « Capilotade » et qui fut réuni en 1771 à la *Pucelle* dont il forme le XVIIIe chant; le *Discours aux Welches*; la Vie de *Molière avec de petits sommaires de ses pièces*, une de ses meilleures biographies écrite par Voltaire pour être placée en tête de l'édition de Molière, illustrée par Boucher, et qui fut refusée; la *Lettre d'un quaker à J.-G. Le Franc de Pompignan*, diverses poésies et des pièces historiques, etc....

Bel exemplaire.

322. Voltaire. La défense de mon oncle contre ses infâmes persécuteurs par A. T. de V... (Arouet de Voltaire). *A Genève*, 1767; pet. in-4, cartonn. vélin blanc, non rog. (*Rel. mod.*)

ÉDITION ORIGINALE de cette réponse ironique au libellé injurieux du professeur Larcher contre la *Philosophie de l'Histoire*.

Très bel exemplaire entièrement non rogné.

323. Voltaire. La Guerre civile de Genève, ou les amours de Robert Covelle. Poème héroïque avec des notes instructives. *A Bezançon, chez Nicolas Grandvel*, 1768; in-8 de XVI et 68 pp. ch., relié avec cinq autres pièces dont description ci-dessous en 1 vol. in-8, bas. marb., dos plat orné de fleur. dor., tr. rouges. (*Rel. anc.*)

ÉDITION ORIGINALE de ce poème fort ironique, inspiré à Voltaire par sa haine pour Rousseau et pour les Genevois. Le sujet en est la rébellion d'un genevois qui ayant été condamné pour crime de séduction à *demander pardon à Dieu genoux en terre*, avait demandé « *huit jours pour se réfléchir s'il se mettrait à genoux* », incident qui, envenimé par brochures et chansons, avait porté le dernier coup à la vieille discipline de la justice.

A la suite sont reliées cinq autres pièces.

1° Traité des Trois imposteurs. *S. L.*, 1775; 152 pp. ch. C'est une réimpression augmentée de « *la Vie et l'Esprit de M. Benoît Spinoza* », donnant de très intéressants détails sur les idées et la vie de ce grand philosophe.

2° Acidalie ou la Fontaine de Montpellier. Poème. Impression de Montpellier au XVIIIe siècle.

3° Essai historique et critique sur les dissensions des églises de Pologne. Par *Joseph Bourdillon*. Basle, 1777; 54 pp. *Edition originale.*

4° Mon pucelage. Par *Le Febure*, baron de St-Ildephont, chevau-léger de la garde ordinaire du roi. Au Parnasse, 1771; 28 pp. Ce recueil de vers légers est précédé d'une épître à Mlle Dubois, de la Comédie-française.

5° Discours prononcés dans l'Académie Française, le jeudi seize février 1775, à la réception de M. de LAMOIGNON DE MALESHERBES. Nismes, Beaume, 1775; 25 pp. *Edition originale* de ce discours de Malesherbes qui succédait à l'Académie, à M. Dupré de Saint-Maur. Il est suivi de la Réponse de l'abbé de Radonvilliers.

Déchirure au feuillet 17-18. Eraflures à la reliure.

324. Voltaire. Les Singularités de la Nature par un académicien de Londres, de Boulogne, etc. *Basle, (Genève),* 1768; in-8 de VII et 131 pp., demi-veau brun, dos orné, tr. mouch. (*Rel. de l'époque.*)

> *Véritable édition originale, rare.*
> Cachet imprimé, sur le f. V. Reliure légèrement défraîchie.

325. Voltaire. Voyages et aventures d'une princesse babylonienne, pour servir de suite à ceux de Scarmentado. Par un vieux philosophe qui ne radote pas toujours. *Genève,* 1768; in-8, de 156 pp., bas. marb., dos à nerfs orné, tr. rouges. (*Rel. de l'époque.*)

> Édition rare de la Princesse de Babylone, parue la même année que l'originale et que beaucoup considèrent comme l'originale.
> Reliure légèrement défraîchie, mais bel état intérieur.

326. Voltaire. L'Homme aux quarante écus. *S. l. (Genève),* 1768; in-8, de 2 ff. lim. non ch., et 119 pp., veau fauve, 3 fil. dor., dos à nerfs, dent. int., tr. dor. (*Rel. mod.*)

> Édition originale, second tirage, avec les fautes corrigées et dans lequel on a supprimé l'errata.
> Exemplaire provenant de la bilbiothèque de H. de Backer.
> On a ajouté trois figures de Marillier.

327. Voltaire. Le Taureau Blanc, traduit du siriaque, par M. Mamaki, interprète du roi d'Angleterre pour les langues orientales. *Londres, (Genève),* 1774; in-8, de 2 ff. n. ch., et 68 pp., veau fauve, 2 fil. dor., dos à nerfs, orné, dent. int., tr. rouges. (*Rel. mod.*)

> Seconde édition, donnée par Voltaire; avec sommaires : le passage sur *Mambrès : l'âge affaiblit cette tête si supérieure aux autres têtes, etc...*, a été supprimé; de nouvelles notes ont été ajoutées.
> Bel exemplaire. Ex-libris Robert Hoe.

328. Voltaire. Romans et Contes. *Bouillon, aux dépens de la Société Typographique,* 1778; 3 vol. in-8, veau marb., dent. dor., dos lisses, ornés, tr. dor. (*Rel. de l'époque.*)

> Premier tirage.
> Fleuron sur les titres, portrait gravé par Cathelin, d'après La Tour, 13 vignettes par Monnet, gravées par Deny, 57 figures par Marillier, Martini, Monnet et Moreau, gravées par Baquoy, Dambrun, Patas, etc.
> Quelques rousseurs. Coiffes des reliures frottées.

329. Voltaire. Supplément au recueil des lettres de M. de Voltaire. *Paris, Xhrouet, Déterville et Petit,* 1808 ; 2 vol. in-8, demi-mar. rouge à long grain, coins, dos lisses, ornés de fleur. et dent. dor., tr. jaunes. (*Rel. de l'époque.*)

> Édition originale.
> Bel exemplaire, malgré de légères éraflures au dos des reliures.

330. Voltaire. — Bailly. Lettres sur l'Atlantide de Platon, et sur l'ancienne histoire de l'Asie, pour servir de suite aux Lettres sur l'origine des sciences, adressées à M. de Voltaire, par M. Bailly. *Londres,*

Elmesly et Paris, de Bure, 1779; in-8, de 2 ff. lim. pour le titre et l'avertissement, et 480 pp., bas. marb., dos à nerfs, orné, tr. rouges. (*Rel.
de l'époque.*)

> Édition originale, ornée d'une grande carte repliée.
> Reliure légèrement fatiguée. Quelques rousseurs.

331. Voragine. The golden Legend. (*Fynyshed at Westmestre* in 1493
By me Wyllyam Caxton), in-fol., ais recouverts de veau brun. (*Rel.
anc.*, restaurée, les gardes sont mod.)

> Cette célèbre traduction anglaise de la Légende dorée, imprimée en beaux
> caractères gothiques à deux colonnes, est illustrée de curieuses *figures sur bois*.
> Incunable rare. Cet exemplaire incomplet est paginé 113 (vie de sainte
> Marthe) — 295 (vie de saint Bernard, début).
> Les feuillets 213-216, plus courts sont rongés dans les marges supérieures
> où quelques mots du texte manquent.
> Déchirure de texte au feuillet 203.

332. Voyage d'Espagne, contenant entre plusieurs particularités de
ce royaume trois discours politiques sur les affaires du Protecteur
d'Angleterre, la reine de Suède et du duc de Lorraine (PAR AARSENS DE
SOMMERDYCK); reveu, corrigé et augmenté sur le manuscrit, avec
une relation de l'estat et gouvernement de cette monarchie (par
de Saint-Maurice); et une relation particulière de Madrid (par R. A.
de Bonnecase). *A Cologne, chez Pierre Marteau, (Hollande, A la
Sphère)*, 1666; pet. in-12, mar. rouge, fil. dor. et double dent. à fr. sur
les plats, dos à nerfs orné de fil. dor., dent. int., tr. dor. (*Rel. du début
du* XIXᵉ *s.*)

> Cette édition du « Voyage d'Espagne », plus complète que l'édition *s. l.*,
> (Amsterdam) parue sous la même date, se répartit ainsi: 6 ff. prél. pour le titre et la
> table, 360 pp. de texte; *Relation de l'estat et gouvernement d'Espagne*, 120 pp. y
> compris un titre particulier et une table; *Relation de Madrid*, 24 pp. « Nous
> regardons cette édition datée de Cologne, dit Brunet, comme postérieure à celle
> qui ne porte point de nom de ville, parce qu'elle a 120 pp. de plus et qu'on n'y
> trouve point d'errata » (Brunet V, col. 1375-1376).
> *Très rare.* Exemplaire dans une jolie reliure genre Bozerian.
> Légère réparation à la marge sup. du titre.

333. Vredius ou de Vrée (Olivarius). Sigilla comitum Flandriae et
inscriptiones diplomatum ab iis editorum, cum expositione historica.
Brugis Flandorum Kerchovius, 1639; fig. — Historiae Flandriae chris-
tianae ab anno Christi 500 Clodovaei I francorum regis XVI usque ad
annum 767 Pepini regis Franc. XVI. *Brugis Flandorum, P. van Pee,
s. d.* (circa 1652). Ens. 2 ouv. en 1 vol. in-fol., vélin blanc à rec.

> Les « Sigilla » sont ornés de très nombreuses reproductions gravées sur cuivre
> de sceaux avec effigies des comtes de Flandre et leurs blasons et une planche
> généalogique (recto) et d'armoiries (verso). Le second ouvrage forme la seconde
> partie de l'Histoire des comtes de Flandre; elle n'a pas été achevée, l'auteur
> étant mort pendant le cours de l'impression; sa copie fut dispersée et ce qui
> avait paru, séquestré; les exemplaires, par suite, en sont devenus *très rares*; (la
> première partie « Flandria ethnica » n'est pas jointe à ce recueil).
> Au verso du premier plat du volume, se trouve un portrait d'époque, compris
> dans un bel encadrement historié, du cardinal Ant. Perenottus. colorié, ajouté.

334. **Weitenauer** (Ign.). Lexicon Biblicum in quo explicantur Vulgatae
vocabula et phrases, quaecunque propter linguae hebraicae grae-
caeque peregrinitatem injicere moram legenti possunt. *Avenione*
Seguin, 1835. — **Introductio ad sacram Scripturam**, et compendium historiae ecclesiasticae *usque ad annum* 1836, cum indice copio-
sissimo. Accesserunt notitia librorum juris utriusque, et positiones et
universa theologia dogmatico-scholastica selectae. *Avenione, Fr.
Seguin*, 1836 ; ens. 2 ouv. en 1 vol. in-8, demi-rel. veau fauvé, dos à
nerfs, orné de fil. or et à fr., av. pièce de titre verte. (*Rel. de
l'époque.*)

> Réunion de deux excellents ouvrages d'érudition biblique.

335. **Xénophon.** Œuvres complètes, traduites en français et accompagnées du texte grec, de la version latine (de Leunclavius) et de notes
critiques, par J.-B. Gail... *Paris, Imprimerie Royale*, an VI (1798) à
1821 ; 11 vol. in-4, dont l'atlas, veau rac., dos plats ornés, pièces de
mar. olive et rouge, tr. jasp. (*Rel. anc.*)

> Orné de trente-huit figures gravées d'après Le Barbier et 38 planches de
> spécimens d'anciens manuscrits. L'atlas contient 103 cartes, la plupart repliées,
> quelques-unes coloriées. (Manquent quatre cartes).
> *Un des 45 exemplaires en grand papier vélin, coneenant les figures de Le
> Barbier avant ia lettre.*
> Quelques rousseurs, éraflures aux reliures. Sur plusieurs feuillets des t. IV et
> V, taches de vernis dans les marges supérieures de quelques feuillets.

336. **Zwicker** (Christoff). Compendium horologico-sciotericum et geome-
tricum. *Dantzigk*, 1647 ; pet. in-8 de 8 ff. prél. y compris le titre orné
.et 158 pp., cart. (mod.)

> Très curieux ouvrage technique sur les « horloges » ; il est illustré d'un titre-
> frontispice et de 30 planches dont plusieurs repliées, en tirage à part.

GRAVURES ANCIENNES

337. **Gravures anciennes.** 72 figures dont plusieurs planches et portraits gravés par Th. de Leu, Goltzius, Collaert, Bartsch (sujets religieux). Vignettes par J. Le Clerc, Cochin, Martini, etc., dans un album formé d'une belle reliure du xvıᵉ siècle, pet. in-fol., peau de truie, les plats couv. d'encad. de dent. à fr.

338. **Romain de Hooghe.** Suite bien complète des 63 planches pour illustrer Hieroglyphica of Morkbeelden der oude Volkeren namentlyk Egyptenaren, Chaldeeuwen, feniciers, Joden, Grieken, Romeynen... *Amsterdam, Joris ven der woude,* 1735; 63 planches en ff.

> Ces figures se décomposent comme suit : Frontispice, titre avec vignette gravée, feuillet de dédicace, gravé avec armoiries en tête, et 63 planches gravées à l'eau-forte.
> Très belles épreuves en parfait état.
> On a ajouté deux figures de Romain de Hooghe.

339. **Gravures** anciennes et romantiques. 70 vignettes d'après Callot, Queverdo, Desenne, etc.; dans un album in-12, cart. étoffe avec fleurs.

340. **Gravures** anciennes et romantiques. 62 vignettes d'après Moreau, Monnet, Regnault, Choquet, T. Johannot, etc., dans un album in-12, cart. d'étoffe à fleurs.

341. **Gravures** du xvıııᵉ siècle. 32 figures avant la lettre, par Desenne, Adam, Pourvoyeur, etc., pour illustrer les Contes de La Fontaine.]

342. **Gravures** du xvıııᵉ siècle. Quarante-huit figures et vignettes en premier tirage par Marillier et Eisen, pour illustrer les œuvres de Dorat.

343. **Gravures** du xvıııᵉ siècle. Quatre petites gravures d'après Marillier. Deux sont datées de 1775.

> Ravissante petites gravures galantes, gravées par Nee, Lingée, Halbou, etc..., d'après *Marillier.*

344. **Gravures** du xviiie siècle. Deux cent trente-cinq figures par
Marillier, la plupart en premier tirage, et 21 figures par Moreau,
Gravelot, Cochin, Eisen, de Sève, etc.; album in-4, cart. mod.

345. **Gravures** du xviiie siècle. Cinquante figures par Moreau, Gravelot,
Binet, Goltrius, pour illustrer Restif de La Bretonne; album in-8,
demi-veau marb., dos orné. (*Rel. imit. l'anc.*)

346. **Gravures** du xviiie siècle. Quarante figures par Gravelot, Moreau,
Eisen, Cochin, etc., pour illustrer Boccace, Marmontel, Gessner, etc.;
album in-8, demi-veau marb., dos orné, imitant les rel. anc.

> Quelques figures sont collées sur les feuillets blancs de l'album, d'autres,
> simplement intercalées.

347. **Gravures** du xviiie siècle. Suite de 149 figures par Bonnard,
Clouzier, etc., pour illustrer Don Quichotte, Guzman d'Alfarache,
Gil Blas et Robinson Crusoé; collées sur feuillets d'un album in-8,
bas. anc.

348. **Gravures** des xviie et xviiie siècles. Cent trente-sept figures par
Scotin, Le Clerc, Audran, Gravelot, Eisen, etc.; pour illustrer les
œuvres de Corneille, Racine, Molière, etc.; dans un album in-8, demi-
bas., anc.

349. **Gravures** des xviie, xviiie siècles et romantiques. Cent soixante-
seize figures (la plupart en premier tirage), par Moreau, Eisen, Cochin,
Folkema, Le Barbier, A. Johannot, etc., etc.; dans un album romant.,
pet. in-fol. oblong., dos et coins de mar. olive.

350. **La Fontaine. — Oudry.** Suite de 88 figures d'Oudry, gravées par
Cochin, Fessard, Flipart, Tardieu, etc.; pour illustrer les *Fables de
La Fontaine*. (Ces planches sont courtes de marges).

351. **Portraits de Voltaire et de J.-J. Rousseau.** Deux très beaux
portraits en médaillon, du xviiie siècle, gravés en couleurs par Alix,
d'après Garnerey (sans marges). Haut. 28 cm.

352. **Ex-libris** anciens gravés : 7 pièces.

> Sept beaux ex-libris anciens gravés, rares: ex-libris de Tralage (3 pièces
> différentes); Fr. Perrault (1764); Clément IV, Jean Armand Tronchin (1779);
> Lorentz Riter (1607).

353. **Ex-libris** révolutionnaires. Huit ex-libris gravés, en taille-
douce, de l'époque révolutionnaire, dont un colorié.

> Très curieux ex-libris. Deux d'entr'eux sont en trois états, l'ex-libris pré-
> révolutionnaire avec la couronne de noble, et le même ex-libris de la période révo-
> lutionnaire où la couronne a été remplacée par le bonnet de carmagnole.

354. Le Clerc (Sébastien). Frontispice gravé en taille-douce par Séb. Le Clerc, d'après C. Le Brun pour l'édition originale d'*Esther* de Racine.

> Jolie gravure en double état dont le premier tirage, très rare, avec le soleil de Louis XIV sur le dossier du trône.
> Belle pièce, très rare.

355. Saint-Aubin (Aug. de). Etiquette du libraire Jacques François Quillau, dessinée et gravée en taille-douce par A. de Saint-Aubin (1761).

> Très belle épreuve de cette charmante vignette encadrant l'adresse du libraire Quillau, éditeur du célèbre Daphnis et Chloé « du Régent ».

355 bis. — Sous ce numéro seront vendues, non cataloguées, des gravures et des cartes anciennes relatives à l'Amérique, aux voyages, aux Indes, et de nombreuses et charmantes gravures diverses.

Ce numéro important sera divisé au gré des acquéreurs.

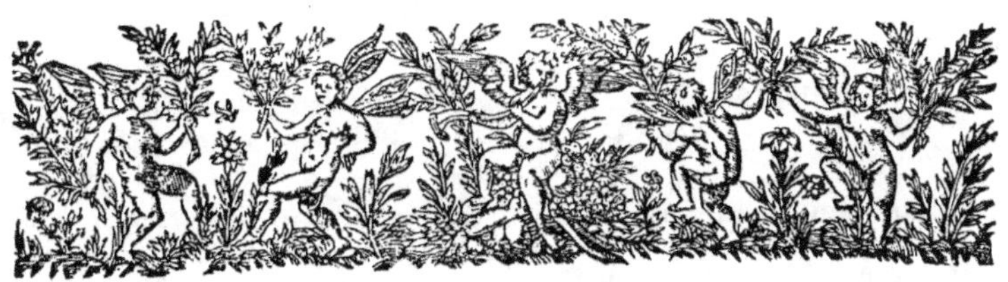

Troisième Vacation

———

BEAUX-ARTS – BIBLIOGRAPHIE

DOCUMENTATION

———

356. **Album** (L'). Les Maîtres de la Caricature. Aquarelles et dessins inédits de A. Guillaume, F. Bac, Caran d'Ache, Job, B. Rabier, Robida, Steinlen, Forain, etc., etc. Préface de Roger-Milès. *Paris, Tallandier*, (1902); in-4, cart. toile de l'édit., décors spéc., tête dor., non rog., couv. cons.

> Ouvrage recherché, abondamment illustré de reproductions en noir et en couleurs, hors et dans le texte.

Amérique. — Voir les ouvrages documentaires sur l'Amérique aux Nᵒˢ 5 à 28, de la catégorie *Livres Anciens*.

357. **Arnaud d'Agnel** et Léopold **Dor.** Noël en Provence. Usages, crèches, santons, noëls, pastorales. Ouvrage enrichi de 48 planches hors texte et de 4 aquarelles de Dellepiane. *Paris, Occitania*, 1927; fort vol. in-4, broché.

> Exemplaire de presse, sur vélin blanc.

358. **Arts bibliographiques** (Les). L'Œuvre et l'Image. Revue trimestrielle consacrée à la Littérature contemporaine, à la Technique et aux arts du Livre. *Paris, Maison du Livre*, 1904-1907; 1 vol. in-4, demi-veau marb. à coins, étiquettes mar. olive, couv. des livraisons cons.

> *Un des dix exemplaires tirés sur Chine.*
> Collection complète (avec les couvertures) des années 1904 à 1907 de cette belle revue particulièrement destinée aux bibliophiles.
> Nombreuses reproductions hors texte de reliures et lithographie en couleurs d'après Louis Huvey.

359. **Art ornemental** (L'). Revue hebdomadaire illustrée. Première
année. *Paris, Rouam,* 1883; in-4, cart. toile brune ornée, tr. rouges.
(*Cart. de l'édit.*)

360. **Babelon** (Jean). Les Trésors du Cabinet des Antiques. — Le Cabinet
du Roi ou le Salon Louis XV de la Bibliothèque Nationale. — Choix
de bronzes dela collection Caylus, donnée au roi en 1762. — Choix
de bronzes et de terres cuites des collections de Janzé et Oppermann.
Paris et Bruxelles, Van Oest, 1929; 3 vol. in-4, brochés.
    Orné de 72 belles planches.

361. **Bachhofer** (Ludwig). Die Kunst der Japonischen Holzschnitt-
meister. Mit 69 bildbeigaben. *Munchen, Wolff,* (1922); in-4, cart.
toile jaune de l'édit., étui.
    Belles reproductions hors texte en couleurs et en noir.

362. **Bapst** (Germain). Etudes sur l'Orfèvrerie française au XVIIIe
siècle. — Les Germain, orfèvres-sculpteurs du Roy. *Paris, Rouam,*
1887; in-8, broché, couv. lég. salie.
    Orné de nombreuses reproductions.

363. **Bertaux** (Emile). L'Art dans l'Italie méridionale, de la fin de
l'Empire Romain à la conquête de Charles d'Anjou. Ouvrage accompagné de 402 figures dans le texte, 38 planches hors texte en phototypie et deux tableaux synoptiques. Dessins et photographies de
l'auteur. *Paris, Fontemoing,* 1903; fort vol. in-4, broché; (couv.
endommagée), plus l'Iconographie comparée des Rouleaux de
l'Exultet, dans un portefeuille cart.

364. **Blondel** (Spire). Le Tabac. — Le Livre des Fumeurs et des Priseurs.
Préface du baron de Watteville, 113 illustrations de G. Fraipont,
dont 16 hors texte en couleurs. *Paris, Laurens,* 1891; gr. in-8, demi-
chag. brun, dos à nerfs, orné, tête dor., non rog., couv. ill.

365. **Brivois** (Jules). Bibliographie des ouvrages illustrés au XIXe siècle,
principalement des livres à gravures sur bois. *Paris, Conquet,* 1883;
in-8, demi-mar. rouge, coins, dos à nerfs, encad. de fil. à fr., tête dor.,
non rog.
    Bel exemplaire sur papier vergé.

366. **Brunet** (J.-Ch.). Manuel du Libraire et de l'Amateur de Livres...
Cinquième édition originale entièrement refondue et augmentée d'un
tiers par l'auteur, 6 vol. *Berlin, Altmann,* 1922; — Supplément,
2 vol. *Paris, Dorbon aîné, s. d.*; ens. 8 vol. in-8, brochés.

367. **Capon** (Gaston). Les Maisons Closes au XVIIIe siècle. Rapports
de police, documents secrets, notes personnelles des tenancières. *Paris,
Daragon,* 1903; in-8, brad. demi-toile brune, coins, non rog., couv.
et dos cons.
    Orné de deux eaux-fortes par Robida.

368. **Champion** (Pierre). François Villon, sa vie et son temps. *Paris, Champion*, 1913; 2 vol. in-8, brochés.

> Épuisé et recherché.
> Orné de 49 planches hors texte.

369. **Champion** (Pierre). Procès de Condamnation de Jeanne d'Arc, texte, traduction et notes. *Paris, Champion*, 1920-1921; 2 vol. in-8, brochés.

> Orné de fac-similés hors texte. Envoi d'auteur, signé.

370. **Chefs-d'oeuvre** de la Galerie Nationale de Londres. *Paris, Soc. photographique, s. d.*; planches in-fol., en feuilles, sous enveloppe demi-mar. gris à coins.

> 106 superbes planches photogravées en bistre.

371. **Chefs-d'oeuvre** du Musée du Prado (Les) à Madrid. *Berlin, Paris, Soc. photographique, s. d.*; planches in-fol., en feuilles, sous couverture demi-mar. brun à coins.

> 110 superbes planches photogravées en bistre.

372. **Collections Georges Hoentschel**, acquises par M. J. Pierpont Morgan et prêtées au Métropolitan Museum de New York. Notices de André Peraté et Gaston Brière. *Paris, Lib. centrale des Beaux-Arts*, 1908; 4 forts vol. in-4, en feuilles, sous cartons.

> Un des cent exemplaires sur vergé de cuve.
> 268 superbes planches de reproductions de meubles, tableaux, objets d'art, etc.
> tirées en bistre ou en couleurs.

373. **Collections** Secrétan, A. Dreyfus, G. Rothan. Catalogues de tableaux anciens et modernes. *Paris*, 1889-1890; 3 vol. in-fol., brochés.

> Orné de belles et nombreuses reproductions. Couverture d'un catalogue
> fatiguée.

374. **Collections** Alessandro Castellani, Canessa, du Comte de la Béraudière, Ph. Burty, et Catalogues de tableaux anciens, objets d'art et vases antiques de terre cuite. *Paris*, 1884-1905; 5 vol. in-4, brochés.

> Belles reproductions. Couvertures légèrement salies.

375. **Collection du Chat Noir** « Rodolphe Salis ». Aquarelles, tableaux, lithographies, eaux-fortes par Bac, Caran d'Ache, Forain, Gandara, Gill, Pissaro, Régamey, Rops, Steinlen, etc., etc. *Paris*, 1898; in-4 broché.

> Nombreuses reproductions.

376. **Coquiot** (Gustave). H. de Toulouse-Lautrec. Nombreuses illustrations, la plupart inédites, avec des Souvenirs. *Paris, Blaizot*, 1913; in-4, broché.

> Tirage unique à trois cent exemplaires sur vélin d'Arches.
> On a ajouté plusieurs dessins de Toulouse-Lautrec, découpés dans des publications ou catalogues.

377. **Cordey** (Jean). Vaux-le-Vicomte. Préface de Pierre de Nolhac. *Paris, Morancé*, (1924); in-4, broché.

> Trente-deux planches hors texte.

378. **Cottet** (Charles). Peintures. Préface de Louis-F. Aubert. *Paris, Colin*, (1927); gr. in-4, broché.

> Soixante-deux planches en taille-douce et une en couleurs.

379. **Danis** (Robert). La première Maison Royale de Trianon, 1670-1687. Préface de Pierre de Nolhac. *Paris, Morancé, s. d.*; in-4, broché.

> Orné de 25 planches hors texte.
> Envoi autographe (nom du dédicacé découpé).

380. **Debucourt** (P.-L.). Son œuvre gravé par Maurice Fenaille. Accompagné d'une préface et de notes de Maurice Vaucaire. Avec des gravures sur bois de A. Leveillé, des photogravures en couleurs, et en noir de Goupil et des reproductions de nombreux documents. *Paris, Morgand*, 1899; in-4, broché.

> Tiré à 315 exemplaires; celui-ci est sur vélin à la forme. Rare et recherché.
> Très belles reproductions.

381. **Delaunay** (L.-A.). Etude sur les anciennes compagnies d'archers, d'arbalétriers et d'arquebusiers. *Paris, Champion*, 1879; fort vol. in-4, broché.

> Ouvrage recherché, orné de belles et nombreuses planches hors texte.
> Couverture légèrement salie.

382. **Delisle** (Léopold). Recherches sur la librairie de Charles V. *Paris, H. Champion*, 1907; 2 vol. in-8 et une suite in-fol., br., couv.

> Suite dans un album de 26 planches de reproduction.
> Édition sur beau papier vergé.

383. **Delteil** (Loys). H. de Toulouse-Lautrec. *Paris, chez l'auteur*, 1920; 2 vol. gr. in-4, brochés.

> De la collection *Le Peintre graveur Illustré.*
> Orné de nombreuses reproductions. Recherché.

384. **Delteil** (Léo). Annuaire des Ventes de Livres. Les 5 premières années. *Paris, Delteil*, 1918-1924; 5 vol. in-8, brochés.

385. **Derôme** (L.). Les Editions originales des Romantiques. *Paris, Rouveyre* (1887); 2 vol. in-8, brochés.

> Édition originale, tirée sur hollande, épuisée et recherchée.

386. **Dictionnaire Breton-Français**, de Le Gonidec, précédé de sa grammaire bretonne et enrichi d'un avant-propos, d'additions et des mots gallois et gaels correspondant au breton, par Hersart de La Villemarqué. *Saint-Brieu, Prud'homme*, 1850; in-4. Rel. demi-chag,, dos à nerfs, fil. dor., non rogné.

387. **Drumont** (Edouard). La Fin d'un Monde, étude psychologique et sociale. *Paris, Savine,* 1889; in-12, demi-chag. grenat jans., coins, dos à nerfs, tête dor., non rog., couv. cons.

> Édition originale. Un des exemplaires sur Hollande.
> On a ajouté *deux lettres autographes* signées, de Ed. Drumont (1 p. 1 /2 in-16 et 1 p. in-16).

388. **Dunoyer de Segonzac** (A.). Texte de Paul Jamot. *Paris, Floury,* 1929; in-4, broché.

> Nombreuses reproductions hors-texte en couleurs et en noir et dessins dans le texte.
> Un des 200 exemplaires sur papier du Japon, enrichi de trois eaux-fortes originales supplémentaires de Dunoyer de Segonzac et d'un tirage en noir de la couverture avant la lettre.

389. **Dunoyer de Segonzac**, par Cl. Roger-Marx. — **Renoir**, par Albert André. — **Matisse**, par E. Faure, J. Romains, Ch. Vildrac, Léon Werth. — **Signac**, par Lucie Cousturier. — **Seurat**, par Lucie Cousturier. — **Sisley**, par Gustave Geffroy. *Paris, Les Cahiers d'aujourd'hui,* 1921-1923; 6 vol. pet. in-4, brochés, ornés de nombreuses reproductions.

390. **Duplessis** (Georges). Les Emblèmes d'Alciat. *Paris, Rouam,* 1884; in-8, broché.

> Tiré à quinze exemplaires sur hollande.

391. **Dürer.** — **Velazquez.** — **Michel Ange.** — **Rembrandt.** — **Raphael.** — **Titien.** Des Meisters Gemalde, in 2000 abbildungen. Mit einer biographischen einleitung, von A. Rosenberg, V. Scherer, O. Fischel, etc. *Stuttgart und Leipzig,* 1904-1906; 7 vol. pet. in-4, brad. cart. toile rouge de l'édit., têtes dor., étui.

> Exemplaires très frais.

392. **Ebersolt** (Jean). Orient et Occident, recherches sur les influences byzantines et orientales en France, avant les Croisades. Ouvrage illustré de deux figures dans le texte et de vingt-six planches hors-texte. *Paris et Bruxelles, Van Oest,* 1928; in-4, broché.

> Orné de 26 héliotypies hors texte.

393. **Elevage** (L') du Pur Sang en France. Guide pratique de l'éleveur, donnant les performances, les pédigrees et les prix de saillie des étalons appartenant à l'Etat et aux particuliers, par S.-F. Touchstone. Avec quatre planches. *Paris, Rothschild,* 1893; gr. in-8, cart. toile bleue de l'édit., tête dor.

> Tiré à 550 exemplaires. Recherché.

394. **Escrime.** — **Londe** (Charles). Gymnastique médicale. *Paris, Croullebois,* 1821; in-8, demi-toile noire.

> Un chapitre est consacré à l'escrime ou hoplomachie.
> Ex-libris Beauvois-Devaux.

395. **Faure** (Elie). Eugène Carrière, peintre et lithographe. *Paris, Floury*, 1908; in-4, broché.

> Orné de 36 planches hors texte.

396. **Feuillet de Conches.** Histoire de l'Ecole Anglaise de peinture, jusques et y compris sir Thomas Lawrence et ses émules. *Paris, Leroux*, 1882; gr. in-8, broché.

397. **Fischer** (Otto). Chinesische Landschaftsmalerei. Mit 63 bildwiedergaben. *München, Wolff*, 1923; in-4, cart. toile citron de l'édit., étui.

> Belles reproductions hors texte.

398. **Foelckersahmb-Kroppen** (Baron de). Les Archives de la Gastronomie française. La Champagne. *Paris, Charpentier*, (1883); in-4, broché, couv. lég. salie.

> Tiré à petit nombre. Orné d'un portrait et d'un frontispice et de nombreuses vignettes.

399. **Fortsas** (Comte de). Catalogue d'une très riche mais peu nombreuse collection de livres, provenant de la bibliothèque de feu le Comte J.-N.-A. de Fortsas. *Mons, Hoyois*, 1840; plaqu. in-8, demi-bas. rouge, couv. muet., pap. jasp.

> Curieux catalogue de cette « *riche mais peu nombreuse collection de livres…* » imaginaire.

400. **Fromentin** (Eugène). Les Maîtres d'autrefois. Belgique. Hollande. *Paris, Plon*, 1876; in-8, broché.

> Édition originale.
> Envoi autographe, signé, à E. Delaunay.
> Manque le feuillet blanc précédant le faux-titre. Couverture légèrement fatiguée.

401. **Galerie du Palais-Royal**, gravée d'après les tableaux des différentes écoles qui la composent, avec un abrégé de la vie des peintres et une description historique de chaque tableau, par l'abbé de Fontenay, etc. Dédiée à S. A. S. Mgr le Duc d'Orléans, premier prince du sang, par J. Couché, graveur de son cabinet. *Paris, Couché et Laporte*, 1786-1808; 3 vol. gr. in-fol., cart. pap. marbré, pièces de titre mar. rouge. (*Rel. de l'époque.*)

> 1 titre écrit par Aubert, 1 dédicace écrite par Niquet, avec fleuron dessiné par Choffard et 274 (sur 355) superbes estampes d'après les tableaux des grands maîtres.
> Très légères rousseurs.

402. **Galerie du Musée Napoléon**, publiée par Filhol graveur et rédigée par Lavallée (Joseph). Dédiée à S. M. l'Empereur Napoléon Ier. *Paris, Filhol*, 1804-1815; 10 vol. et le Supplément de Jal, *ib.*, 1828;

1 vol. Ens. 10 vol. gr. in-8, chag. brun, plats et dos ornés de fil., fil. int., tr. dor.

Beau livre d'art contenant près de 800 reproductions de maîtres de toutes les écoles.
Ex-libris gravé Thomas Baring.

403. **Galerie des Tableaux** de l'Ermitage Impérial à Saint-Pétersbourg. *Berlin, Paris, Société photographique, s. d.*; planches in-fol., en feuilles, sous couv. demi-mar. vert à coins.

Quatre-vingt-quatre superbes planches photogravées en bistre reproduisant les plus beaux tableaux de cette galerie.

404. **Ganay** (Comte Ernest de). Chantilly au xviiie siècle. *Paris et Bruxelles, Van Oest*, 1925; in-4, broché.

Quarante planches hors texte.

405. **Gauguin**, par Charles Morice. *Paris, Floury*, 1919; in-4, broché.
Nombreuses reproductions.

406. **Geffroy** (Gustave). Claude Monet, sa vie, son temps, son œuvre. Cinquante-quatre illustrations hors texte, en noir et en couleurs. *Paris, Crès*, 1922; in-4, broché.

Exemplaire sur Lafuma.
Envoi autographe (nom du destinataire rayé à l'encre).

407. **Goncourt** (Edmond et Jules de). Gavarni, l'homme et l'Œuvre. *Paris, Charpentier*, 1879; in-12, demi-mar. olive jans., coins, dos à nerfs, tête dor., non rog., couv. et dos cons. (*Champs-Stroobants.*)

Un des 50 exemplaires sur hollande. Le dos de la reliure est légèrement passé.

408. **Goncourt** (Edmond et Jules de). Madame de Pompadour. Nouvelle édition, revue et augmentée de lettres et documents inédits, illustrée de cinquante-cinq reproductions sur cuivre, par Dujardin, et de deux planches en couleur, par Quinsac, d'après des originaux de l'époque. *Paris, Didot*, 1888; in-4, mar. grenat jans., dos à nerfs, tête dor., non rog., couv. cons.

Très bel exemplaire.

409. **Guenne** (Jacques). Portraits d'Artistes. Illustré de quarante-huit hors textes, et de neuf reproductions de dessins, eaux-fortes et lithographie inédits. *Paris, Seheur*, 1927; in-4, broché.

Envoi autographe, signé (nom du destinataire gratté).

410. **Guiffrey** (Jules). Inventaire Général du Mobilier de la Couronne sous Louis XIV (1663-1715). *Paris, Rouam*, 1886; 2 forts vol. gr. in-8, brochés.

Orné de nombreuses reproductions. Un des dix exemplaires sur japon.

411. **Haussonville** (M. G. d'). Histoire de la politique extérieure du Gouvernement français, 1830-1848, avec notes, pièces justificatives et documents diplomatiques entièrement inédits. Nouvelle édition. *Paris, Michel Lévy.* Ens. 2 vol. in-12, demi-mar. rouge, à coins, double fil. dor., dos à nerfs, orné enc. dor., tr. marb.

Bel exemplaire dans une reliure signée de *Capé.*

412. **Hautecoeur** (Louis). Le Louvre et les Tuileries de Louis XIV. *Paris et Bruxelles, Van Oest,* 1927; in-4, broché.

Orné de 48 planches hors texte.

413. **Jouin** (Henry). Les Chefs-d'œuvre. Peinture, sculpture, architecture. *Paris, Laurens, Braun,* 1896-1899; 4 vol. in-fol., demi-chag. rouge.

Très belles reproductions hors texte, photogravées, tirées en bleu, bistre et sépia.
Textes de Th. de Wyzewa, Gust. Larroumet, Roger Peyre....

414. **Kama Sutra** (Les) de Vatsyana, manuel d'érotologie hindoue, traduit sur la première version anglaise (Bénarès, 1883), par Isidore Liseux. *Paris, Imprimé pour Isidore Liseux,* 1885; in-8, demi-chag. crème, jans., dos à nerfs, tête dor., non rog.

Édition tirée à 220 exemplaires.

415. **Lacroix** (Paul). Bibliographie et Iconographie de tous les ouvrages de Restif de la Bretonne, orné d'un portrait de R. de La Bretonne, d'après l'original de L. Berthet. *Paris, Fontaine,* 1875; in-8, rel. demi-mar. brun à coins, dos à nerfs, tête dorée, non rog. (*Thévenet.*)

Envoi autographe de l'auteur.
Édition tirée à 500 exemplaires sur *hollande,* comprenant la description raisonnée des éditions originales, des réimpressions, des contrefaçons, des traductions, des imitations, etc., y compris le détail des estampes et la notice sur la vie et les ouvrages de l'auteur par son ami Cubières Palmézeaux avec des notes historiques, critiques et littéraires.

416. **Lacroix** (Paul). Bibliographie Moliéresque. Seconde édition, revue, corrigée et considérablement augmentée. *Paris, Fontaine,* 1875; in-8, demi-mar. brun jans., coins, tête dor., non rog.

Orné d'un portrait par Lalauze. Recherché.
Envoi autographe signé.

417. **Lebasque** (Henri), par Paul Vitry. *Paris, Galeries Petit, et Floury,* 1928; in-4, broché.

Nombreuses reproductions hors texte et dans le texte, en couleurs et en noir.

418. **Le Bon** (Gustave). Les Premières Civilisations. Ouvrage illustré de 443 figures, comprenant 333 reproductions, 41 restitutions, 60 pho-

togravures et 9 photographies d'après nature, ou d'après des documents authentiques. *Paris, Flammarion, s. d.*; in-4, brad., demi-toile rouge, coins, non rog., couv. cons.

Exemplaire entièrement non rogné.

419. Le Brun. Galerie des peintres flamands, hollandais et allemands. Ouvrage enrichi de 201 planches gravées d'après les meilleurs tableaux de ces maîtres, par les plus habiles artistes de France, de Hollande et d'Allemagne. *A Paris, chez l'auteur et chez Poignant, à Amsterdam, chez P. Fouquet junior*, 1792-1796; 3 vol. in-fol., mar. vert à longs grains, comp. de fil. et larges dent. dor., dent. à fr., dos à nerfs ornés, fil. int., tr. dor. (*Rel. de l'époque.*)

Très beau recueil dans le genre de la galerie de Choiseul contenant 201 pl. y compris les 3 frontispices, reproduisant les œuvres de *Breughel Bloemart, Cuyp, Decker, Dow, Ph. de Champaigne, Van der Neer, Flinck, Jordaens, Hals, Holbein, Van Loo, Metzu, Van der Meulen, Mieris, Hobbema, Netscher, Porbus, Potter, Rubens, Rembrandt, Ruysdael, Ostade, Teniers, Wouwermans*, etc., etc. *Superbe exemplaire dans une riche reliure à dentelles de l'époque.*
A la fin du tome III se trouve la Table alphabétique des peintres flamands, hollandais » avec 52 reproductions en marges de chiffres et monogrammes.
Légères éraflures sur les plats.

420. Leclercq (Paul). Autour de Toulouse-Lautrec. *Paris, Floury* 1921; in-4, broché, couv. ill.

Édition originale, ornée de reproductions.
On a ajouté plusieurs reproductions extraites de publications ou catalogues.

421. Lemonnier (Camille). Félicien Rops. *Paris, Floury*, 1908; in-4, broché.

Ouvrage recherché, orné de 26 reproductions hors texte, et 63 dans le texte.

422. Le Petit (Jules). Bibliographie des principales Editions originales d'écrivains français, du xve au xviiie siècle. Ouvrage contenant environ 300 fac-similés de titres des livres décrits. *Paris, Jeanne et Brulon*, 1927; fort. vol. gr. in-8, broché.

423. Loukomski. Mobilier et Décoration des anciens palais impériaux russes. Préface de Louis Réau. *Paris et Bruxelles, Van Oest*, 1928; in-4, broché.

84 héliotypies hors texte.

424. Loukomski, par Louis Réau. Ouvrage orné de 12 reproductions en couleurs et de plus de 50 reproductions en noir, d'après les dessins, aquarelles et gouaches de Loukomski. *Paris, Editions Occitania*, 1929; in-4 en ff.

425. Lovenjoul (Spoelberch de). Histoire des œuvres de H. de Balzac. Deuxième édition, revue, corrigée et augmentée d'un appendice. *Paris, Calmann-Lévy*, 1886; in-8, brad., demi-toile grenat, coins, non rog., couv. cons.

426. Maison de Bourbon. Généalogie, de 1256 à 1869, par L. Dussieux. *Paris, Lecoffre*, 1869; in-8, demi-chag. bleu jans., dos à nerfs.

> Tiré à 300 exemplaires.

427. Marthold (Jules de). Daniel Vierge, sa vie, son œuvre. *Paris, Floury*, 1906; in-4, broché.

> 21 planches hors texte.

428. Martin (Henry). Les joyaux de l'enluminure à la Bibliothèque Nationale. Avant propos du Comte A. de Laborde. *Paris et Bruxelles, Van Oest*, 1928; fort vol. pet. in-fol., broché.

> Cent deux planches hors texte dont deux en couleurs et cent en héliotypie.
> Exemplaire sur Lafuma.

429. Mauclair (Camille) . Louis Legrand, peintre et graveur. *Paris, Floury et Pellet*, 1910; in-4, broché.

> Treize gravures hors texte et nombreuses gravures dans le texte.
> On a joint le catalogue de l'exposition des œuvres de Louis Legrand.

430. Millar (Eric G.). La Miniature anglaise du XIVe et du XVe siècle. Ouvrage accompagné de la reproduction de 159 miniatures dont une planche en couleurs. *Paris et Bruxelles, Van Oest*, 1928; gr. in-4, broché.

> Très important ouvrage, recherché.

431. Moreau le Jeune. — (Armelhaut (J.)). L'Œuvre de Moreau le Jeune, catalogue raisonné et descriptif avec notes iconographiques et bibliographiques par J. Moherault, orné d'un portrait de l'auteur par Le Rat et précédé d'une notice biographique par Emile de Najac. *Paris, Adolphe Labitte*, 1880; in-8, demi-chag. brun, dos à nerfs orné, coins, fil. dor. sur les plats, tête dor., couv. cons.

432. Morgand et **Fatout** (Librairie). Bulletin. Les 40 premiers Nos, 1876-1897; les 36 premiers Nos formant 6 vol. in-8, brad., demi-toile verte, têtes dor., non rog.; les 4 derniers, brochés.

> Nombreuses reproductions dont plusieurs hors textes en couleurs. Recherché.

433. Morland (George), his life and works by Walter Gibbey and E. D. Cuming. *London, Black*, 1907; in-4, cart. de l'édit., toile blanche décorée, tête dor., non rog.

> Nombreuses reproductions hors texte en couleurs. Recherché.

434. Musée Français. Recueil des plus beaux tableaux, statues et bas-reliefs qui existaient au Louvre avant 1815, avec l'explication des sujets et des discours historiques sur la peinture, la sculpture et la gravure, par Duchesne ainé. *Paris, Galignani, de l'Imprimerie de Didot*, (1829-1830), 4 vol. — **Le Musée Royal**, publié par Henri Laurent, ou Recueil de gravures d'après les plus beaux tableaux,

statues et bas-reliefs de la Collection Royale, avec description des
sujets, notices littéraires et discours sur les arts. *Paris, Didot*, 1816-
1818; 2 vol. — Ens. 6 vol. gr. in-fol., mar. rouge, large encad., formé
de 4 dent. dor., dos à nerfs, ornés, pièces de mar. brun, dent. int.,
tr. dor. (*Wright.*)

> Magnifique ouvrage, imprimé sur papier vélin, orné de 505 très belles planches
> gravées. Recherché et rare.
> Bel exemplaire dans une riche reliure.
> Quelques légères éraflures, et rousseurs insignifiantes.

435. **Musée Royal de La Haye**, lithographié. *Amsterdam, Desguerrois*,
(1833); 2 vol. in-fol., veau fauve, encadr. d'une guirlande à froid,
fil. dor. (*Rel. de l'époque.*)

> Soixante superbes lithographies hors texte.
> Fente à la planche IX du tome I et à quelques feuillets.
> Les coiffes de la reliure sont un peu usagées.

436. **Nature** (La), revue des sciences, journal hebdomadaire illustré.
Série complète de 1897 à 1904, plus les deuxièmes semestres des
années 1895 et 1896; ens. 18 vol. in-4, demi-chag. rouge, dos à nerfs,
ornés. — Nouvelles Scientifiques, extraites de *La Nature*, années
1898 à 1904; 4 vol. in-4, brad., demi-toile rouge. Ens. 22 vol.

437. **Nolhac** (Pierre de). La Reine Marie-Antoinette. *Paris, Boussod
Valadon*, 1890; in-4, mar. grenat jans., dos à nerfs, large dent. int.
tête dor., non rog., couv. et dos cons.

> Très beau portrait en couleurs. et planches hors texte
> Bel exemplaire.

438. **Picot** (Emile). Bibliographie cornélienne. *Paris, Fontaine*, 1876;
in-8, demi-mar. grenat jans., coins, tête dor., non rog.

> Un des cinquante exemplaires sur papier Whatman. Portrait.
> Très légères éraflures.

439. **Pompéi.** Wandgemälde aus Pompéii. *S. l., n. d.*, (vers 1840);
gr. in-4, percal. rouge d'éditeur.

> Cet album contient 10 SUPERBES COMPOSITIONS AQUARELLÉES représentant
> des fresques de Pompeï; montées sur bristol, elles ne comportent pas de marges.

440. **Quicherat** (J.). Histoire du Costume en France, depuis les temps
les plus reculés jusqu'à la fin du XVIIIe siècle. Deuxième édition
contenant 483 gravures dessinées sur bois d'après les documents
authentiques, par Chevignard, Pauquet et P. Sellier. *Paris, Hachette*,
1877; fort vol. gr. in-8, brad., demi-toile rouge, coins, tête dor.,
non rog., couv. cons., lég. salie.

> Ouvrage documentaire recherché. Nombreuses illustrations.

441. **Raemaekers** (Louis). La Guerre, dessins exécutés entre le mois
d'août 1914 et la fin de 1915. *Paris, Devambez, s. d.*; in-fol., demi-
toile blanche, coins, dos orné, tête dor., non rog., étui. (*Rel. de l'édit.*)

> Première partie de cet ouvrage tiré à 300 exemplaires, orné de 100 très belles
> planches.
> Exemplaire très frais.

442. **Rembrandt.** 40 photogravüren nach den hervorragendsten gemälden der Austellung zu Amsterdam mit text von Cornelis Hofstede de
Groot. *Berlin, Aster, s. d.*; 4 cartons en feuilles, sous enveloppe de
l'éditeur, demi-cuir beige.

40 superbes photogravures tirées en bistre, de format grand in-folio.

443. **Rembrandt.** 17 Photogravuren nach Gemälden von Rembrandt
in der Galerie zu Cassel. *Berlin, Pholog. Gesellschasl, s. d.*; planches
in-fol. sous carton de l'éditeur.

17 superbes photogravures tirées en bistre sur vieux japon.

444. **Rouault** (Georges), par Georges Charensol. *Paris, Editions des
Quatre Chemins*, 1926; in-4, broché.

Quarante reproductions hors texte.

445. **Rouveyre** (Edouard). Connaissances nécessaires à un Bibliophile.
Paris, Rouveyre, 1899; 5 vol. in-8, fig., brochés.

Cinquième édition avec de nombreuses figures. Exemplaires sur vélin teinté.
Envoi autographe.

446. **Schneider** (Edouard). Fra Angelico da Fiesole (1387-1455) avec
48 planches. *Paris, Albin Michel*, 1924; in-4, broché.

Exemplaire sur Alfa.

447. **Séché** (Léon). Delphine Gay, Mme de Girardin, dans ses rapports
avec Lamartine, V. Hugo, Balzac, Rachel, J. Sandeau, Dumas,
Eug. Süe et George Sand. Portraits et autographes. *Paris, Mercure de
France*, 1910; in-8, demi-mar. olive, coins, dos orné en long, tête dor.,
non rog., couv. et dos cons. (*Stroobants.*)

Édition originale. Un des six exemplaires sur japon. Belle reliure.

448. **Servières** (Georges). La décoration artistique des buffets d'orgues.
Paris, Van Oest, 1928; in-4 carré, broché.

Orné de 48 hors-texte en héliotypie.

449. **Studio** (Editions du). Les grands peintres graveurs, depuis Rembrandt jusqu'à Whistler. *Paris, Studio*, 1914; pet. in-fol., broché.

Nombreuses reproductions hors texte.

450. **Studio** (Editions du). Eaux-fortes, mezzotintes et pointes-sèches
modernes. *Paris*, 1913; pet. in-fol, broché.

Abondantes reproductions hors texte en noir et en couleurs. On a ajouté
plusieurs reproductions dont deux eaux-fortes.

451. **Tiepolo**, par Pompeo Molmenti. Ouvrage traduit par H.-L. de
Perera. Illustré d'un portrait en héliogravure et de 400 gravures en
noir tirées hors texte. *Paris, Hachette*, 1911; in-4, broché.

Ouvrage recherché, orné de nombreuses reproductions, hors et dans le texte.

452. **Toulouse-Lautrec** (H. de), (1864-1901), par Maurice Joyant. Peinture. Dessins. Estampes. Affiches. *Paris, Floury*, 1926-27; 2 vol. in-4, brochés.

    Très nombreuses reproductions hors texte et dans le texte, en noir et couleurs.

453. **Turnor** (Hatton). Astra Castra. Experiments and adventures in the atmosphere. *London, Chapman and Hall*, 1865; fort vol. in-4, cart. toile violette de l'édit., tête dor., non rog.

    Orné de nombreuses reproductions hors et dans le texte.
    Sur le premier feuillet blanc, long envoi autographe de l'auteur. Reliure légèrement fatiguée.

454. **Van Gogh** (Vincent) par Florent Fels. *Paris, Floury*, 1928; in-4, broché.

    Nombreuses reproductions hors et dans le texte.

455. **Van Gogh** (Vincent), par J.-B. de La Faille. *Paris et Bruxelles, Van Oest*, 1928; 4 forts vol. in-4, brochés.

    Très recherché.
    Seize cents reproductions de tableaux, dessins, aquarelles, etc., sur quatre cents planches hors texte en héliotypie.
    Exemplaire sur papier alfa.

456. **Viel Castel** (Comte de). Mémoires sur le règne de Napoléon III publiés d'après le manuscrit original. Avec une préface par Léouzon Le Duc. *Paris, chez tous les libraires*, 1883; 6 vol. in-8, demi-chag. olive jans., dos à nerfs.

    Dos légèrement passés.

457. **Vierge** (Daniel), par Clément Janin, orné d'eaux-fortes originales et inédites, de 28 bois originaux, gravés par Dété, Laverge, Froment, etc., d'un portrait inédit et du médaillon de Sartorio, suivi de notes biographiques par Gabriel Urrabieta-Vierge. *Paris, Meynial*, 1929; in-4, broché.

    Bel envoi autographe de Clément Janin (Le nom du dédicacé a été gratté).
    Tiré à 300 exemplaires sur Arches.

458. **Vuillier** (Gaston). La Danse. *Paris, Hachette*, 1898; in-4, mout. angl. bleu, décors spéc., tr. dor. (*Rel. de l'édit.*)

    Premier tirage.
    Dix-neuf planches hors texte, et nombreuses reproductions dans le texte.
    Exemplaire très frais.

LIVRES
ET RELIURES ROMANTIQUES
PLANCHES EN COULEURS

—————

459. **Album** anglais de 33 dessins dont 31 de l'époque romantique, à la mine de plomb et 2 à la gouache, datés de 1822 et 1823. En 1 vol. in-fol. oblong, dos et coins chag. vert, portant, au centre des plats sur fond. de mar. les chiffres C. M. C. couronnés, tr. dor. (*Rel. de l'époque.*)

Vues de Naples et du Vésuve, de Baies, Pompéi, Caprée, ruines romaines le Forum, vues diverses d'Italie et de Suisse, etc...

460. **Album** des Voyages anciens et modernes. Edition illustrée de portraits des différents peuples de la Terre. Par l'abbé Paul Jouhanneaud. *Limoges et Paris, Ardant*, 1856; gr. in-8, cart. toile noire, plats et dos couv. de déc. spéc., dor., rehaussés de couleurs, tr. dor. (*Cart. romant.*)

Orné de 64 belles planches finement coloriées à l'époque. Titre-frontispice gravé, avec ravissante vignette en couleurs. Très recherché.

461. **Almanach** dédié aux Demoiselles. *Paris, Janet, s. d.*; in-8, cart. pap. rose, encad. de grappes de raisin et fleur., tr. dor., étui décoré dans le même goût. (*Cart. romant.*)

Titre gravé, avec une jolie vignette et six gravures sur acier.

462. **Almanach** dédié aux Dames, pour l'an 1828. *Paris, Le Fuel et Delaunay*, in-18, cart. pap. bleu pâle, orné d'oiseaux et de fleurs, tr. dor., étui d'une décoration analogue. (*Cart. romant.*)

Titre gravé avec portrait de Blanche de Castille, six fines gravures sur acier (reproduction de tableaux des écoles française, flamande et italienne), et 24 feuillets de souvenirs gravés, avec jolies têtes en médaillons.
Cartonnage joliment orné.

463. **Almanach** des Modes, suivi de l'Annuaire des Modes. Troisième année. *Paris, Rosa*, 1816; in-18, veau fauve, dent., dos lisse, orné, dent. int., tr. dor. (*Rel. de l'époque.*)

Vignette coloriée sur le titre. Quatre planches : l'Hiver, le Printemps, l'Été (trois femmes arrosant des fleurs), l'Automne (homme et femme à la promenade), et deux planches de costumes écossais. Ces gravures sont joliment coloriées. Calendrier et feuillets de souvenirs gravés.
Reliure endommagée. Quelques rousseurs.

464. **Balzac** (Honoré de). Monographie de la Presse Parisienne, illustrée
de scènes, croquis, charges, caricatures, portraits et grandes vignettes
hors texte, avec un tableau synoptique de l'Ordre Gendelettre.
Paris, Publications Nouvelles, 1842; in-8, broché.

    Première édition séparée, rare.
    Exemplaire sur papier fort, à toutes marges.
    Rousseurs.

465. **Barnard** (G.). Incidents and Costumes of Switzerland by George
Barnard. *S. l., n. d.* (vers 1845); album gr. in-fol, demi-chag. gren.
d'éditeur, dos orné.

    Très belle suite de 14 *lithographies en couleurs*, dont un frontispice, montées
sur bristol, représentant des vues, scènes de mœurs et costumes suissses.

466. **Barré** (Richard), lord **Ashburton.** Genealogical Memoirs of the
Royal House of France, forming a commentary upon the genealogical
table of that illustrious and ancient House, 1828. *London, Nicol*,
1828; in-fol., dos et coins mar. gren., plats toile, fil., dos orné. (*Rel.
angl. de l'époque.*)

    Avec un grand tableau généalogique de la Maison de France de 861 à 1816,
in-plano, replié, monté sur toile, en tirage à part (dans un portefeuille annexé
au volume.).
    Légères rousseurs.

467. **Brès.** Mythologie des Dames. *Paris, Janet, s. d.*, in-16, mar. rouge
à long grain, motif cent. à fr., encadr. de 2 dent. à fr. et fil. dor., dos
à nerfs, orné, dent. int., tr. dor. (*Rel. romant.*)

    Orné de neuf charmantes figures hors texte en couleurs. Titre gravé avec
vignette en couleurs.
    Jolie reliure romantique. Légères rousseurs.

468. (**Brillat-Savarin**). Physiologie du Goût, ou Méditations de Gastronomie transcendante; ouvrage théorique, historique et à l'ordre du
jour, dédié aux Gastronomes parisiens, par un professeur, membre
de plusieurs sociétés littéraires et savantes. *Paris, Sautelet*, 1826;
2 vol. in-8, cart. pap. vert pomme, dos avec pièces de mar. rouge,
non rog. (*Cart. de l'époque.*)

    Édition originale, rarissime.
    Tome I : faux-titre, xiv pp., comprenant le titre, avis aux lecteurs, et apho-
rismes et 390 pp., la pagination, après les Aphorismes, part de 6; t. II :
442 pp. tout compris.
    Exemplaire entièrement non rogné.
    Très légères rousseurs. Déchirures au feuillet 191-192 du t. I.
    (*Voir la reproduction du titre.*)

469. **Burkill** (John). Bolton illustrated : a series of views of the scenery
around Bolton abbey, Wharfdale, Yorkshire, the picturesque domain
of his Grace the duke of Devonshire. From drawings made on the spot
by J. Burkill. With original sonnets, and notes descriptive and
historical. *London, Day et Son*, album in-fol., en feuilles dans le cartonn.
toile rouge d'éditeur.

    7 ravissantes lithographies en couleur.
    Rousseurs. Exemplaire un peu dérelié.

470. **Byron** (Lord). The Works of Lord Byron, including the suppressed Poems. *Paris, Galignani,* 1826; in-8, mar. vert à long grain, encadr. de fil. dor. avec motifs d'arabesques aux angles, dos très finement orné en long d'arabesques et feuillages dor., dent. int. dor., tr. dor. (*Rel. romantique.*)

> Portrait-frontispice, tiré sur chine monté, et planches de fac-simile d'autographe.
> Légères rousseurs.
> Jolie reliure romantique, très finement décorée.
> Très légères éraflures sur les plats.

471. **Cartonnages romantiques.** Une héroïne chrétienne, ou vie de Anne — Félicité des Nétumières, par l'abbé Carron. — Maurice, par Marie Cortez. *Lille, Lefort,* 1854-1860; ens. 3 vol. in-12, cart. pap., jolie vignette en couleurs au centre des prem. plats, dans un encadr. dor. (*Cart. romant.*)

472. **Cartonnages romantiques.** Les Merveilles du Firmament, par Berquin. — Henri et Robert, par Gérard. — La Cloche cassée. *Limoges, Ardant et Tours, Mame,* 1868-1876; 3 vol. in-12, cart. pap., avec vignette en couleurs sur les prem. plats, encadr. en couleurs et dor. (*Cart. romant.*)

473. **Cartonnages romantiques.** Histoire de la Basilique et de l'Abbaye de Saint-Denis, par Raoul Roy. — Thomas Morus. *Lille, Lefort,* 1851-1859; ens. 2 vol. in-12 et in-16, cart., charmante vignette en couleurs au centre des prem. plats, dans un encadr. d'arabesques et fleurs dor. (*Cart. romant.*)

> Quelques rousseurs.

474. **Cartonnages romantiques.** Histoire de Charles XII, roi de Suède, par Voltaire. — Victoire, par miss Edgeworth. — Vie du bienheureux J.-B. de La Salle. — Fleurs historiques et littéraires, par Marie O' Kennedy. *Tours, Mame, et Limoges, Ardant,* 1859-1876; ens. 4 vol. in-12, cart. pap. décors couleurs et dor., vignette en couleurs au centre des prem. plats. (*Cart. romant.*)

475. **Cartonnages romantiques.** Louis XVII, par C.-B. Noisy. — Vie de Saint François de Sales, par l'abbé Laurent. — Vie de Saint Vincent de Paul, par René Muller. *Rouen, Mégard et Limoges, Ardant,* 1856-1859; ens., 3 vol. in-12, cart. pap. décoré d'arabesques et fleurs dor. (*Cart. romant.*)

476. **Cartonnages romantiques.** Anne-Henriette de France, ou Humilité parmi les Grandeurs. — Une Famille Chinoise, ou Fidélité à Dieu dans l'adversité. — Clovis et son époque. *Limoges, Barbou et Tours, Mame,* 1847-1854; ens., 3 vol. dont 2 in-16, l'autre in-12, cart. pap. avec ramages et arabesques dor.

> Ornés de frontispices gravés.
> Jolis cartonnages, très frais.

477. Cartonnages romantiques. Vie du Cardinal Ximenès. — Aline et Marie, ou les Jeunes Parisiennes en Suisse. — Trois mois de vacances. — Le Dévouement fraternel. *Tours, Mame,* 1851-1858; ens. 4 vol. in-12, cart., vignette en couleurs au centre des prem. plats, encadr. dor. et color. avec fleurs et arabesques. (*Cart. romant.*)

> Orné de gravures hors texte, d'après K. Girardet.
> Cartonnages bien conservés. Légères rousseurs.

478. Cartonnages romantiques. Jeanne de Montfort, par René Muller. — Marguerite Morus, par M. des Terriers. — Le Cœur d'une jeune fille, par la baronne de Chabannes. — Les Dangers d'une amitié trompeuse. *Paris, Lefort et Rouen, Mégart,* 1876-1887; ens. 4 vol. in-8, cart. pap. décors spéc. dor., rehaussés de diverses couleurs, au centre des prem. plats, vignette en couleurs. (*Cart. romant.*)

> Jolis cartonnages, très frais.
> Quelques légères rousseurs.

479. Cartonnage romantique. — Pellico (Silvio). Mes Prisons. Traduction nouvelle par l'abbé Bourassé. *Tours, Mame,* 1853; in-12, cart. pap., au centre du premier plat, lithographie en couleurs, encadr. de fleurs et arabesques dor., dos orné. (*Cart. romant.*)

> Titre-frontispice, et trois gravures hors texte.
> Joli cartonnage romantique, orné d'une lithographie en couleurs.

480. Cartonnage Romantique. Marie ou la vertueuse ouvrière, par l'abbé Petit. Troisième édition. *Lille, Lefort,* 1850; in-12, cart. pap. violet, compos. dor., couvrant les plats et le dos. (*Cart. romant.*)

> Orné d'un joli frontispice.
> Cartonnage très frais, couvert d'arabesques d'or.
> Coiffe supérieure abimée.

481. Cartonnage Romantique. Les Veillées d'un père de famille. Deuxième édition, revue par l'abbé Laurent. *Limoges et Paris, Ardant,* 1855; gr. in-8, cart. toile bleue, compos. centrale, dor., rehaussée de couleurs, encadr. de 5 fil. dor., dos orné en long, tr. dor. (*Cart. romant.*)

> Sept gravures et lithographies hors texte.
> Joli cartonnage, bien conservé.

482. Cartonnages Romantiques. — Chateaubriand. Les Martyrs. Edition pour la jeunesse, par l'abbé Laurent. — **Seine** (Arthur de). Marie-Antoinette, reine de France. *Paris et Limoges, s. d.;* ens. 2 vol. in-8, cart. toile violette, plaque dor. rehaussée de couleurs.

> Lithographie en frontispice, à chaque ouvrage.
> Cartonnages bien conservés.

483. Champagnac et **Olivier.** Le Voyageur de la Jeunesse dans les cinq parties du monde... Illustré de 22 gravures par MM. Rouargue frères. *Paris, Belin Leprieur, s. d.;* in-8, cart. toile noire, plats et dos couverts d'un décor dor. à sujets tirés du texte, non rog. (*Carl. romantique.*)

Gravures sur acier et 16 planches de costumes, COLORIÉES à l'époque.
Quelques rousseurs.
Joli cartonnage romantique, au décor très varié.

484. Chateaubriand (Vicomte de). Œuvres complètes. *Paris, Furne,* 1834; 4 vol. gr. in-8, plats cart., dos de veau fauve, à nerfs, ornés de fleur. à fr., dent. et fil. dor., non rog. (*Rel. de l'édit.*)

On a ajouté une suite de belles et nombreuses gravures hors texte d'après A. et T. Johannot, Raffet, Jules David, Nyon, etc.
Reliure romantique bien conservée, au dos joliment orné. Quelques légères rousseurs.

485. Costumes du Tyrol. Suite de 42 dessins aquarellés dont un titre-frontispice représentant une scène de mœurs et 41 planches de costumes du Tyrol exécutés à l'époque romantique; 42 aquarelles montées sur bristol en 1 vol. in-4, demi-rel. veau brun, plats carton à ramages. (*Rel. de l'époque.*)   -

Ces 42 dessins aquarellés, d'un *brillant coloris*, présentent jusque dans les plus petits détails des costumes un intérêt documentaire de premier ordre pour l'étude du costume tyrolien.

486. Daumier, Gavarni, etc... Réunion de 123 planches extraites du *Charivari* et de la *Caricature*, dont 43 de Daumier, 59 de Gavarni et 21 de divers illustrateurs. A la fin ont été reliées 13 planches extraites de la *Caricature*, très finement coloriées à l'époque, dont huit sont de Daumier. Reliées en 1 vol. in-4, demi-bas. verte, dos orné en long d'arabesques dor., tr. mouch. (*Rel. de l'époque.*)

Légères restaurations à quelques planches.
Quelques feuillets sont reliés à l'envers.

487. Delacroix (Eug.). Faust. Tragédie de Goethe. Suite des 18 planches destinées à l'illustration de cet ouvrage, en feuilles, sous couverture.

Suite des 18 splendides lithographies (un portrait et dix-sept compositions) d'Eugène Delacroix pour illustrer le Faust de Gœthe. Elles sont contenues dans la couverture illustrée de cette édition (légères restaurations à cette couverture.).

488. Delaporte (Lewis). Confessions d'une anglaise de qualité. Traduit de l'anglais par L. Delaporte. *Paris, Delaporte,* 1840; in-8, mar. rouge, plats ornés d'une guirlande d'arabesques à fr., dos orné en long de motifs dor., tr. dor. (*Rel. romantique.*)

Huit gravures sur acier, hors texte, portraits de femmes à la manière des Keepsakes.
Fortes rousseurs.
Jolie reliure romantique.

489. Delaporte (L.). Voyage au Cambodge. L'architecture khmer. Ouvrage orné de 175 gravures et d'une carte. *Paris, Delagrave,* 1880; in-8, cart. chag. noir, plats ornés d'un décor dor. tiré du texte, tr. dor. (*Carl. romantique.*)

490. **Desbordes** (Félix). Souvenirs et délassemens d'un prisonnier, ex-sous-officier de la Vieille Armée. *Saint-Omer, Lemaire*, 1835; in-8, broché.

Édition originale, rare, de ce poème du frère de Madame Desbordes-Valmore.

491. **Dittmer** et **Cavé.** Les Soirées de Neuilly, esquisses dramatiques et historiques, publiées par M. de Fongeray, ornées du portrait de l'éditeur et d'un fac-similé de son écriture. Seconde édition. *Paris, Moutardier*, 1827-1828; 2 vol. in-8, demi-veau olive, dos ornés en long, arabesque, fleurs et oiseaux, couv. cons., fatiguées et doubl. (*Rel. romantique.*)

Le prétendu portrait de M. de Fongeray, par *Henry Monnier*, est une caricature de Stendhal.
Légères rousseurs.

492. **Etrenne** véridique des oracles, ou le Magicien consulté par l'Amour et la Fortune... Nouvelle édition, revue et corrigée. *Paris, Caillot*, 1828; in-32, broché.

Curieux frontispice sur bois, représentant un magicien ayant à droite de sa table, l'Amour, à gauche, la Fortune.

493. **Favre** (L.). Histoire des principales villes de France. Illustrations à deux teintes, par Victor Adam. *Paris, Allouard et Kaeppelin, s. d.*; in-8, cart. toile bleue, décors spéc. dor. rehaussés de couleurs, tr. dor. (*Cart. romant.*)

Orné de lithographies hors texte, par Victor Adam.
Exemplaire bien conservé, dans un très joli cartonnage rehaussé de couleurs.

494. **Gavarni.** Le Diable à Paris. Texte par George Sand, P.-J. Stahl, L. Gozlan, Pasçal, etc., précédé d'une Histoire de Paris par Lavallée... Illustrations par Gavarni, vignettes par Bertall... *Paris, Hetzel*, 1845-1846; 2 vol. gr. in-8, demi-chag. olive, dos à nerfs, ornés.

Premier tirage .
Nombreuses gravures sur bois dont 212 hors texte.
Légères éraflures aux dos.

495. **Gavarni.** Album de l'Infini. — Cabinet de Lecture. — Bal masqué, etc., 19 belles lithographies (y compris 3 doubles *coloriés*), en 1 alb. in-4, brad., cart. toile verte.

Exemplaire provenant de la collection Beurdeley.

496. **Gresset.** Œuvres choisies. *Paris, Dufour*, 1827; in-32, veau brun, losange de milieux [à fr., encad. d'une dent. à fr. et fil. dor., dos à nerfs, orné, dent. int., tr. marb. (*Rel. romant.*)

Jolie reliure romantique. Coins frottés.

497. **Hay** (Robert). Illustrations of Cairo. (*London, Till*), 1840; gr. in-fol., demi-bas. viol., plats toile, (*Rel. d'éditeur.*)

Très bel album composé d'un titre-frontispice, d'une dédicace à Edward William Lane, de 30 vues lithographiées par *Bourne*, sous la direction de l'architecte Carter.

498. Heath (Henry). Suite de 30 caricatures en couleurs. *London, Fores*, 1824-1827; reliées en un album in-4, mar. rouge, motifs d'angle, dos à nerfs, orné, bande de mar. int., tête dor., non rog. (*Rel. anglaise.*)

> Suite de 30 gravures, finement coloriées à l'époque, représentant quelques-unes des meilleures et des plus spirituelles œuvres de Henry Heath :
> *A Fishing Party*, Jan. 1, 1825; *A Disputeing Party*, Jan. 1, 1825; *A Party of Pleasure*, Jan. 1, 1825; *A Fashionable Party*, Nov. 15, 1824; *A Smoking Party*, Nov. 15, 1824; *A Musical Party*, n. d.; *A Water Party, Plt.* 7, Jan. 4, 1825; *A Shooting Party*, n. d.; *A Card Party*, Jan. 4, 1825; *Accomplishments, Plt.* 1: *Smoaking*, Jan. 4, 1825; *Accomplishments, Plt.* 2: *Drinking*, n. d.; *Accomplishments, Plt.* 3: *Fighting*, Jan. 4, 1825; *Anecdotes of Byron: Taste*, Jan. 4, 1825; *Anecdotes of Byron: Weather Whise.* Jap. 4, 1824; *Swift's Advice to Servants, Plt.* 1, Feb. 15, 1825; *Practiceing at Home*, n. d.; *Jackey Frost*, Jan. 1, 1825 (date partly erased); *Sukey Thaw*, Jan. 10, 1825; *Taking Pot Luck*, Feb. 27, 1825; *The Pop Shop*, July, 1826; *Genuine Tea Company*, Jan. 4, 1825; *Fresh Fish*, Jan. 10, 1825; *The Battle of A-Gin-Court*, Feb. 27, 1825; *A Quakers Warranty*, Jan. 2, 1827; *Abernethey's Patent Remedy*, n. d.; *Symptoms of Absence*, July 21, 1825; *Preparations for a Duel*, n. d.; *Humane Society*, Jan. 4, 1825; *Symptoms of Matter-O-Money* ! ! July, (1826); *Personal Security*, n. d.
> Bel exemplaire, dans un maroquin très finement décoré.

499. Heures de Récréation, par Charles Deslys, A. Des Essarts, Camille Lebrun, etc., etc. Ouvrage illustré de dix belles vignettes, dessinées par Hadamard. *Paris, Janet, s. d.*; in-8, cart. toile noire décors spéc. dor., tr. dor. (*Cart. romant.*)

> Dix lithographies hors texte, finement coloriées.
> Quelques rousseurs.

500. Histoire de N. S. Jésus-Christ et de son siècle, d'après les documents originaux, par le Comte de Stolberg; traduite de l'allemand, augmentée d'une introduction et de notes historiques par l'abbé Jager et l'abbé Bour. Deuxième édition. *Paris, Vuton*, 1843; in-8, chag. olive, compos. à fr. représentant une croix avec la tête du Christ, dor., et serpent dor. enroulé à la base., encadr. de fil. dor., dos à nerfs, orné, fil. int., tr. dor. (*Ch. Blaise.*)

> Exemplaire très frais.
> Envoi autographe de l'abbé Jager.
> Curieuse reliure romantique.

501. Hommage aux Demoiselles, rédigé par Madame Dufrenoy. *Paris, Le Fuel et Delaunay*, 1825; in-18, cart. satin rose, avec bord. de pap. dor., tr. dor., étui cart. rose, avec bord. dor. (*Cart. romant.*)

> Titre gravé, avec une charmante vignette, six figures sur acier et sept feuilles de souvenirs, gravées.
> Ravissant cartonnage de satin rose, de fraicheur parfaite.

502. Hommage aux Demoiselles, rédigé par Madame Dufrenoy. *Paris, Le Fuel*, 1826; in-16, cart. pap. rose, petit sujet mythologique **au** centre, avec arabesques et fleurs, tr. dor., étui identiquement décoré. (*Cart. romant.*)

> Titre gravé, avec le portrait de Mme Dufrenoy, gravé par Geoffroy, six gravures sur acier, reproductions de tableaux, et huit feuillets de romances gravées (paroles et musique).

503. Illustré romantique. — **Saillet** (Alex. de). Mémoires d'un centenaire, dédiés à ses arrières petits-enfants. *Paris, Desesserls*, (vers
1835); in-8, cart. toile noire, plats et dos couverts d'une composition
dor. à personnages et arabesques à froid, tr. dor. (*Cart. romantique.*)

> Vingt ravissantes planches lithographiées et très finement coloriées à la
> poupée à l'époque.
> Rousseurs.
> Joli cartonnage romantique, très frais.

504. Inde pittoresque (L'). Madras. Texte par A. Urbain. Vingt-deux
gravures, d'après les dessins originaux de Daniell. *Paris, Dauvin et
Fontaine*, 1840; in-8, cart. chag. noir, encadr. dent. à fr., plats et dos
couverts de décors spéc. dor., tr. dor. (*Cart. romantique de Boutigny.*)

> Vingt-cinq charmantes planches gravées à la manière anglaise.
> Quelques rousseurs.
> Joli cartonnage romantique, très frais, orné de sujets tirés du texte, femme
> assise sous des palmiers, ayant à ses côtés un dromadaire et un serpent.

505. Inde pittoresque (L'). Calcutta. Texte par A. Urbain. Vingt-deux
gravures d'après les dessins originaux de Daniell. *Paris, Dauvin*, 1840;
in-8, chag. rouge, double bordure de fil. à fr. et dor., encadr. d'une
dent. d'arabesques dor., dent. int. dor., dos orné en long, tr. dor.
(*Rel. romantique.*)

> Vingt-deux gravures sur acier.
> Rousseurs légères.
> Jolie reliure romantique (quelques petites taches sur les plats).

506. Jaime. La Vie d'un journaliste, mais bien avant la Révolution...
par Jaime. *Paris, Gihaut*, 1831; gr. in-4, cart. demi-toile grise à coins,
premier plat de la couv. cons.

> Suite de douze très spirituelles lithos FINEMENT COLORIÉES A L'ÉPOQUE.

507. Keepsake d'histoire naturelle. Description des Oiseaux, suivie
d'un exposé de l'art de les préparer et de les conserver. Classification
de Cuvier, texte de Buffon. Revu, réduit et précédé d'une introduction
par Achille Comte. Ouvrage illustré par 150 dessins de Victor Adam.
Paris, Bazouge et Londres, Tyas, s. d.; in-8, demi-chag. bleu, dos orné
en long, plat orné d'une grande compos. dor., tr. dor. (*Rel. de l'édit.*)

> Très belles planches comprenant un frontispice en couleurs, un autre fron-
> tispice tiré sur chine; un portrait de Buffon, et 38 planches d'oiseaux, TRÈS
> FINEMENT COLORIÉES, gravées par Beaupré, Colin, Gelée, Giroux, etc.
> Quelques rousseurs.

508. La Fontaine. Fables. Illustrations par Grandville. *Paris, Garnier*,
1852; gr. in-8, chag. violet, encadr. fil. à fr., plats et dos couverts
d'une composition dor. très fine, à motifs tirés du texte, fil. dor. int.,
tr. dor. (*Rel. romantique.*)

> Très jolie reliure romantique, finement décorée.
> Rousseurs.

509. La Fontaine. Fables. Avec des notes par Mme Amable Tastu,
illustrées de 20 grands dessins par Bouchot, gravés par Trichon.

7

(Quatrième édition). *Paris, Lehuby*; in-8, cart. toile bleue, décors spéc. sur les plats et le dos, or et couleurs,tr. dor. (*Cart. romantique.*)

Joli et très frais cartonnage romantique, orné de sujets tirés du texte en or,
rehaussés de couleurs, signé de *Le Nègre*.
Quelques rousseurs dans le texte.

510. Lamartine (A. de). — **Recueil de poésies**, contenant :

1º Les Cerises renversées, poème héroïque. *Paris, Giffart*,1817; plaq. de 36 pp.

2º Le Songe d'Athalie, par M. G. R. J. M. de La R. E. B. N. (Ant. Rivarol et Champcenetz). *S. l.* (1787); 20 pp. Edition originale de ce pamphlet dirigé contre Mme de Genlis.

3º Le Printemps de Kleist, suivi du Premier Navigateur, du Tableau du Déluge (de Gessner), et d'une élégie de Gray, sur un cimetière de campagne, poèmes imités en vers français, par Ad... S.... (Adrien de Sarrasin). *Paris, Pougens*, 1802; édition originale.

4º **Lamartine (A. de). Chant du Sacre, ou la Veille des Armes. Paris, Canel et Baudouin, 1825. Edition originale.**

5º Gandois (Gabriel). Les Romantiques, satire composée en 1828, publiée en 1830. *Paris, Delaforest et Delaunay*, 1830. Edition originale.

6º Jouffroy (Cte Achille de). Adieux à l'Angleterre. *Paris, Méquignon et Levavasseur*, 1832. Edition originale.

7º Lorin (Théodore). Epitre à un jeune Littérateur. *Soissons, Gilles-Gibert*, 1833.

8º Altenheym (Mme d'). Vers à M. de Monmerqué. *Paris, Didot*, 1837.

9º Beuchot (A.-J.-Q.). Hommage à MM. les Membres de la Chambre des Députés. *Paris, Renouard*, 1838.

10º Vers inédits de Voiture, à la Reine Anne d'Autriche (Extrait de la *France littéraire*, 1833); et Deux Mères, par Ernest Legouvé, extrait de la *Revue de Paris*, 1836.

Ens. 1 vol. in-8, demi-bas. brune, dos lisse, orné, tr. marb. (*Rel. romant.*)

511. La Sablière (Rambouillet de) et **Maucroix** (François de). Poésies diverses et hommages poétiques à La Fontaine, suivis de contes attribués à cet auteur; avec les vies de La Sablière et de Maucroix, des notes et des éclaircissements par C.-A. Walckenaer. *Paris, Nepveu*, 1825; in-8, demi-veau havane, coins, dos à nerfs, orné à fr. et dor., non rog. (*Rel. romantique.*)

Exemplaire entièrement non rogné.
Trous de vers à la coiffe inférieure, quelques rousseurs.

512. Leçons du Coeur (Les). *Paris, s. d.*; (vers 1840); 6 plaquettes in-12, cart. blanc, les premiers plats décorés d'un joli encadrement à motifs de fleurs, d'oiseaux, feuillages et arabesques finement coloriés. (*Cart. romantiques.*)

Chacun de ces charmants petits almanachs est orné d'une gravure hors texte sur acier, comprise dans un encadrement d'or, et recouvert d'un délicat cartonnage colorié.
Légères rousseurs et mouillures.

513. **Leloir** (A.). Histoire de France en estampes. Lithographies par M. Bocquin d'après les compositions de M. A. Leloir. Texte par M. Ch. Loubens. *Paris, Bédelet, s. d.*; album in-8 oblong, cart. toile noire, plats ornés d'une composition dor. avec trophées rehaussés en couleur, tr. dor. (*Cart. romantique.*)

Vingt-quatre lithographies hors texte.
Rousseurs.
Joli cartonnage romantique, rehaussé de couleurs.

514. **Livre d'amour** ou folastreries du vieux temps. *A Paris, chez Louis Janet, s. d.*, (1821); in-12, cart. ill. d'éditeur, tr. dor., dos cassé.

Joli livre romantique illustré d'un *titre-frontispice* et de 6 *charmantes figures* hors texte, comprises dans des encadrements gothiques, en *couleurs rehaussés d'or*.
Poésies d'Agnès de Plancy, A Chartier, Baïf, Charles d'Orléans, Marot, Clotilde de Surville, Coquillart, Despériers, Du Bellay, François Ier, Froissart, J. Grévin, Jamyn, Labé, Marguerite de Navarre, Marie de France, Passerat, Racan, Ronsard, Thibault, comte de Champagne, Villon, etc., etc.

515. **Livre romantique pour enfants.** Les Etrennes du Papa Nouvel-An ou le Conteur des Familles. Neuf dessins par Haguenthal et Fagonde, accompagnés de six nouvelles inédites par M. C.... *Pont-à-Mousson, s. d.*; gr. in-4, cart. chromolithographié entièrement décoré de guirlandes de fleurs aux vives couleurs, bouquets, arabesques et d'un sujet peint sur le premier plat. (*Cart. romantique.*)

Neuf ravissantes lithographies hors texte, scènes de campagne pleines de fraîcheur, finement COLORIÉES A L'ÉPOQUE.
Légères rousseurs. Joli cartonnage aux vives couleurs, à décor de fleurs.

516. **Livre romantique pour enfants.** Le Robinson du Jour de l'An, par M. L. Enduran. *Limoges, Ardant, 1860*; in-4, cart. entièrement chromolithographié à sujets variés, composition peinte sur le premier plat, tr. dor. (*Cart. romantique.*)

Quatre très jolies lithographies coloriées à l'époque, particulièrement intéressantes pour les costumes des personnages.
Joli cartonnage chromolithographié.

517. **Maistre** (Joseph de). Lettres inédites. *Saint-Pétersbourg, Cluzel, 1858*; in-8 de 53 pp., broché, couv. imp., non rog.

Tiré à petit nombre. Rare.
Rousseurs.

518. **Monnier** (Henry). Rencontres parisiennes. Suite de 20 lithographies, reliées en un album in-8 oblong, demi-mar. rouge. (*Rel. de l'époque.*)

Vingt lithographies d'Henri Monnier, très finement COLORIÉES A L'ÉPOQUE.
Le premier plat de la reliure porte en lettres d'or : Mme Ach. Molinos.
Petit raccommodage à la planche II.

519. Montaut (H. de). Vertus et qualités. — Défauts et Vices. Dessins composés par H. de Montaut. Lithographies par Haguental et Fagonde. *Paris, Aubert, s. d.*; ens. 2 albums in-4 oblong, cart. toile violette, plats ornés d'une composition d'arabesques dor. et à fr., tr. dor. (*Cart. romantiques.*)

> Chaque album se compose d'une couverture enluminée et de douze lithographies coloriées à l'époque.
> Les cartonnages sont un peu défraîchis.

520. Nash (John). The Mansions of England in the olden time. Second series. *Published by T. M Lean, printed by G. Hullmandel*, 1840; gr. in-fol., demi-chag. noir, fil. (*Rel. d'éditeur.*)

> Suite de 25 belles lithographies teintées, dédiée au marquis de Northampton.
> Légères rousseurs.

521. Oberland. Picturesque tour trough the Oberland in the canton of Berne, in Switzerland. *London, Ackermann*, 1823; in-4, demi-bas. noire de l'époque, dos orné de rosaces et fil., non rog.

> Très beau livre, illustré d'une carte représentant les glaciers du canton de Berne, et de 17 très jolies vues de l'Oberland hors texte, *finement coloriées* à l'époque.
> Exemplaire très frais et non rogné.

521bis. Oiseaux en couleurs. Recueil de 145 *aquarelles originales* représentant des oiseaux de toutes espèces; dans un cart. jaspé pet. in-fol.

> Suite fort intéressante de 145 très fines aquarelles, représentant les oiseaux les plus divers. Elles sont exécutées sur papier de Hollande, encadrées d'un double filet à l'encre, avec le titre au-dessous. La plupart des planches portent l'explication manuscrite en regard; en hollandais avec la traduction française.
> Ces figures sont bien conservées; petites rousseurs à quelques-unes.

522. Parry (Capt. Will-Edw.). Journal of a second voyage for the discovery of a northwest passage from the Atlantic to the Pacific, perfomed in the years 1821-22-23 in his Majesty's ships Fury and Hecla. *London, John Murray*, 1824; in-4, dos et coins bas. brun. (*Rel. d'époque, usag.*)

> Première édition; elle est illustrée de 13 cartes dont 8 grandes, repliées et de 26 jolies figures hors texte, gravées par Finden : vues, navires, scènes de mœurs, etc.
> Rousseurs et mouillures à quelques feuillets.

523. Perrault (Charles). Contes du Temps passé... précédés d'une lettre sur les Contes de Fées, par le marquis de Varennes et illustrés par Pauquet, Marvy, Jeanron, Jacque et Beauce. Texte gravé par M. Blanchard. *Paris, Berlin*, 1854; in-8, demi-mar. rouge, coins, dos à nerfs, orné de fil. à fr., tête dor., non rog.

> Reproduction de cette très belle édition entièrement gravée, ornée d'un frontispice, une planche à part, pour chaque conte, et de nombreuses vignettes encadrant les pages du texte.
> Bel exemplaire.

524. Petit (Victor). Souvenirs des Pyrénées. Vues prises aux environs des eaux thermales de Bagnères-de-Bigorre, Bagnères-de-Luchon,

Cauterets, Saint-Sauveur, Barèges, les Eaux-Bonnes, les Eaux Chaudes et Pau, dessinées d'après nature et lithographiées par Victor Petit. *Paris, Bassy, s. d.*, (vers 1860); 4 albums en 1 vol. pet. in-fol. oblong, demi-bas. verte d'éditeur. (Rel. frottée.)

> Souvenirs de Pau, dessinés d'après nature et lithographiés par Victor Petit. *Pau, Bassy, s. d., titre orné, 1 panorama en couleurs des Pyrénées et 6 vues de Pau et de ses environs, lithographiées sur chine (monté).*
> Souvenirs des Eaux-Bonnes. *Ib., titre orné et 10 lithographies sur chine (monté).* — Souvenirs des Eaux-Chaudes. *Ib., titre orné et 8 lithographies dont 5 sur chine (monté).* — Souvenirs de Cauterets. *Ib., titre orné et 14 lithographies dont 13 sur chine (monté).*

525. **Petit Magasin de Modes** (Le), dédié aux Dames. *Paris, Lefuel*, (vers 1826), in-18, cart. pap. crème avec fleurs, tr. dor., étui. (*Cart. romantique.*)

> Ravissant almanach, orné de douze gravures de modes *très finement coloriées*, représentant des femmes en pied, costumées suivant la mode du jour.
> Exemplaire de la plus grande fraîcheur.

526. **Picturesque** Tour from Geneva to Milan by way of the Simplon : illustrated with thirty six coloured views of the most striking scenes and of the principal works belonging to the new road constructed over that mountain, engraved from designs by J. and J. Lory, of Neufchatel; and accompanied with particulars historical and descriptive by Frederic Schoberl. *London, Ackermann*, 1820; in-4, dos et coins bas. verte. (*Rel. de l'époque,* un peu usag.)

> Joli volume, imprimé sur papier vélin fort, illustré d'un plan des routes du Simplon, en frontispice, et de 36 *belles planches de vues en couleurs.*
> (Le feuillet 42 est transposé; quelques marges intérieures sont doublées).

527. **Racine** (Jean). Œuvres complètes de J. Racine. Nouvelle édition collationnée sur les meilleurs textes. *Paris, Furne et De Bure*, 1829; in-8, veau rouge, encadr. de fil. dor., dos à nerfs orné de compart. de fil. dor., dent. int. dor., tr. dor. (*Niedrée.*)

> Portrait gravé, tiré sur Chine monté.
> Jolie reliure romantique, signée de *Niedrée*. Légères rousseurs.

528. **Reliure romantique.** Les Voyageuses par Henri Chevreau et Laurent-Pichat. *Paris, Dauvin*, 1844; in-8, chag. vert, large encadr. de fil. dor., belle amphore dor. ornant le centre des plats, dent. int. dor., gardes et contre-gardes de soie moirée blanche, tr. dor. (*Rel. romantique.*)

> Édition originale. Envoi autographe des auteurs.
> Jolie reliure romantique, très fraîche.

529. **Roberts** (David). Picturesque sketches in Spain, taken during the years 1832-33. *London*, 1837; gr. in-fol., demi-chag. vert, plats toile. (*Rel. d'éditeur.*)

> 23 superbes lithographies teintées, y compris le frontispice (sur 26; l'une est détachée de l'album); 13 sont *rehaussées de couleurs,* avec dédicace (gravée) au marquis de Lansdowne.
> Légères rousseurs.

530. **Rome et l'Italie Méridionale.** Promenades et pèlerinages, suivis d'une description sommaire de la Sicile par M. L. de Sivry. *Paris, Belin-Leprieur, s. d.*; in-8, chag. noir, plats et dos couverts d'une élégante guirlande dor. à motifs de fleurs, arabesques et feuillages, tr. dor. (*Rel. romantique.*)

> Jolies gravures hors-texte sur acier, à la manière des Keepsakes.
> Rousseurs.
> Reliure romantique très fraîche et finement décorée.

531. **Rousseau** (Jean-Jacques). Profession de Foi du Vicaire Savoyard, précédée d'un Essai sur la nécessité d'une réforme religieuse. *Paris, de Persan*, 1822; in-18, mar. lavall., 2 fil. dor. et dent. à fr., dos à nerfs, orné, dent. int., tr. dor. (*Rel. romantique.*)

> Lithographie en frontispice par Davion.
> Jolie reliure romantique. Inscription manuscrite sur un feuillet.
> Légères rousseurs.

532. **Sainte-Beuve.** Poésies complètes. Joseph Delorme. Les Consolations. Pensées d'Août. *Paris, Charpentier*, 1840; in-12, demi-mar. rouge à coins, tête dor., non rog., couv. et dos cons. (*Canape.*)

> Première édition collective, en partie originale. La couverture porte la mention : A meilleur marché que les contrefaçons belges.
> Bel exemplaire.

533. **Saint-Pierre** (J. Bernardin de). Paul et Virginie (et la chaumière). *Paris, Curmer*, 1838; gr. in-8, demi-chag. brun, dos à nerfs, plats ornés de fil. dor., tr. mouch. (*Rel. de l'époque.*)

> Premier tirage.
> 450 vignettes sur bois, dans le texte; 29 gravures sur bois, tirées à part sur chine avant la lettre, et une carte coloriée gravée hors texte, 7 portraits tirés sur chine, avant la lettre.
> Cet exemplaire contient le portrait du Docteur.
> Très légères rousseurs.

534. **Saint-Pierre** (Bernardin de). Paul et Virginie, suivi de la Chaumière Indienne *Paris, Janet, s. d.*; in-16, veau rose, dent. à fr. et 3 fil. dor., dos à nerfs, orné de fleur. à fr. et fil. dor., fil. int., tr. dor. (*Rel. romantique.*)

> Titre gravé, et cinq figures par Desenne.
> On a ajouté deux jolies figures de Corbould. Cachet de J.-F. Sœhnée sur le titre.
> Jolie reliure romantique.

535. **Sand** (George). Le Compagnon du Tour de France. *Paris, Perrotin*, 1841; 2 vol. in-8, demi-bas. fauve, dos lisses, ornés de fil. dor., tr. mouch. (*Rel. de l'époque.*)

> Édition originale.
> Exemplaire bien conservé, malgré de légères rousseurs.

536. **Shakespeare.** Galerie des femmes de Shakespeare. Collection de 45 portraits gravés par les premiers artistes de Londres, enrichis de notices critiques et littéraires. *Paris, Delloye, s. d.* (1838); in-8,

chag. rouge, encadr. de fil. à fr., plats et dos couverts d'une composition dor. formée de lyres et arabesques, tr. dor. (*Bouligny.*)

> Première édition. Les notices sont de Casimir Delavigne, Mme Desbordes-
> Valmore, G. Sand, Louise Colet, etc....
> *Premier tirage* du frontispice et des 45 portraits de femmes qui ornent cet
> ouvrage.
> Ces portraits hors texte, tirés sur papier vélin, sont gravés sur acier avec
> une grande finesse et ce charme romantique qui rappelle le style des
> Keepsakes.
> Très bel exemplaire, dans sa belle reliure romantique, signée de *Bouligny.*

537. Simpson. The Seat of the war in the East by William Simpson.
First series. *London*, 1855; gr. in-fol., demi-bas. grenat, plats toile.
(*Rel. d'éditeur*, dos fatigué.)

> Titre-frontispice et 40 belles LITHOGRAPHIES EN COULEURS représentant des
> épisodes célèbres du siège de Sébastopol; avec dédicace à la reine Victoria.
> (Exemplaire en partie dérelié).

538. Staal (G.). Histoire des Femmes mythologiques. Dessins par
G. Staal. Texte par Mery et le Comte Foelix. *Paris, de Gonet*, 1851;
in-8, cart. toile noire, plats et dos couverts d'un joli décor à sujets
tirés du texte, en or et rehaussé de vives couleurs, tr. dor. (*Cart.
romantique.*)

> Douze planches hors texte lithographiées et très finement COLORIÉES A
> L'ÉPOQUE.
> Joli cartonnage romantique rehaussé de couleurs, très frais.

539. Stanfield (Clarkston). Views on the Moselle, the Rhine and the
Meuse. *London, Hodgson et Graves*, 1838; gr. in-fol., demi-bas. rouge,
plats toile. (*Rel. d'éditeur.*)

> Cet album dédié, par Stanfield, à la duchesse de Sutherland, comprend
> 30 belles lithographies, y compris le frontispice : vues, paysages, monuments,
> scènes de mœurs des bords de la Moselle, du Rhin et de la Meuse.
> Quelques planches sont déreliées.

540. Stendhal. Le Rouge et le Noir. Chronique du XIXe siècle. *Paris,
Levavasseur*, 1831; 2 vol. in-8, demi-mar. rouge à long grain, à coins,
fil. dor., dos à nerfs ornés de filets et fleur. dor., têtes dor., non rog.
(*Stroobants.*)

> ÉDITION ORIGINALE, rarissime.
> Exemplaire très frais, non rogné. Incomplet du faux-titre de chaque volume
> et du feuillet d'avertissement du tome I.

541. Stendhal. La Chartreuse de Parme. *Bruxelles, Hauman*, 1839;
2 vol. in-12, demi-bas. fauve, dos à nerfs ornés d'arabesques dor.,
têtes bleues. (*Rel. de l'époque.*)

> Réimpression belge publiée la même année que l'originale française : Tome I,
> 348 pages; tome II, 390 pages.
> Cet exemplaire porte quelques lignes autographes, le monogramme et l'ex-
> libris du célèbre Stendhalien allemand *Arthur Schurig*, à qui nous devons
> tant de savantes recherches sur les écrits et la personne de Stendhal.
> Mouillures, rousseurs et quelques taches. Exemplaire incomplet des pages 141-
> 144. Le dernier cahier est remonté.

542. Stendhal. L'Abbesse de Castro. *Bruxelles, Hauman,* 1840; in-12, demi-bas. fauve, dos à nerfs, orné d'arabesques et dent. dor., tête bleue. (*Rel. de l'époque.*)

> Première édition de format in-12.
> Faux-titre, titre, et 262 pages.
> Rousseurs et mouillures.
> Cet exemplaire porte des lignes autographes, la signature datée et l'ex-libris d'*Arthur Schurig.*

543. Sue (Eugène). Le Juif errant. *Paris, Paulin,* 1845; 10 t. en 5 vol. in-16, demi-chag. noir, dos plat ornés de fil. dor., tr. mouch. (*Rel. de l'époque.*)

544. Varin (Amédée). Les Papillons. Métamorphoses terrestres des peuples de l'air. Texte par Eug. Nus et Antony Meray. *Paris, de Gonet, s. d.*; 2 vol. in-8, chag. rouge, encadr. de fil. à fr., dos ornés de fil. dor., tr. dor. (*Rel. de l'époque.*)

> Trente-cinq charmantes planches hors texte, dans la manière des *Fleurs animées* de Grandville, TRÈS FINEMENT COLORIÉES à l'époque.
> Bel exemplaire, très frais.

545. Wilkinson (Rev. Joseph). Select views in Cumberland, Westmorèland and Lancashire. *London,* 1810; in-fol., dos et coins bas. rouge, dos orné. (*Rel. d'époque,* frottée.)

> Titre, table, 46 pages de texte et 48 belles compositions de J. Wilkinson, finement gravées par *W. F. Wells.*

546. Wordsworth (William). The Poetical Works, complete in one volume, avec le portrait de l'auteur par Carruthers. *Paris, Published by A. and W. Galignani,* N° 18 *rue Vivienne,* 1828; in-8, plein veau bleu, dos à nerfs, fers spéc. sur les plats, large dent. dorée, dent. inter., tr. dor. (*Purgold.*)

> Première édition collective, augmentée de pièces inédites.
> Portrait-frontispice, tiré sur chine monté.
> Jolie reliure de *Purgold* (un peu éraflée).
> Légères rousseurs.

GRAVURES

DE MODES COLORIÉES

---

547. Conseiller des Dames et des Demoiselles (Le). Vingt-huit jolies planches de modes (1850-1858); en couleurs, d'après Anaïs Toudouze.

548. Costumes Parisiens (La Mésangère), 1821-1830. Cent-trois planches en couleurs de modes masculines et féminines.

549. Follet, Courrier des Salons (Le). 1832-1834. Vingt-neuf charmantes planches de modes, en couleurs.

550. Follet (Le), 1837-1845. 82 charmantes planches de modes, en couleurs.

Quelques légères rousseurs.

551. Gavarni. Seize planches de modes en couleurs, 1830-1837; par Gavarni, gravées par Nargeot, Gatine, Collette, etc.

Légères restaurations à deux de ces planches.

552. Gazette des Dames et des Demoiselles. — Favori des Dames. — Musée des Familles. Album de 38 planches de modes, en couleurs (quelques-unes exceptées, qui sont des figures en noir, d'après Nanteuil, T. Johannot, etc.); gr. in-8, demi-veau violet, dos lisse, orné de fil. dor. (*Rel. romant.*)

553. Magasin des Demoiselles. 1845-1858. Suite de 44 très belles planches de modes, en couleurs·

554. Modes de Paris (Petit Courrier des Dames, 1831-1832). Album de 106 planches en couleurs de modes, dont 15 planches de costumes masculins; rel. demi-chag. grenat, dos orné à fr.

La reliure est détachée du volume. Éraflures. Quelques rousseurs et planches restaurées.

555. **Modes de Paris** (Petit Courrier des Dames, 1834). Cinquante planches de modes, en couleurs.

556. **Modes de Paris** (Petit Courrier des Dames, 1836-1843). Trente-quatre jolies planches de modes en couleurs.

557. **Modes de Paris.** Album de 213 planches en couleurs, tirées du *Petit Courrier des Dames*, de 1844 à 1848, dans un fort. vol. gr. in-8, demi-chag. vert, coins. (*Rel. mod.*)

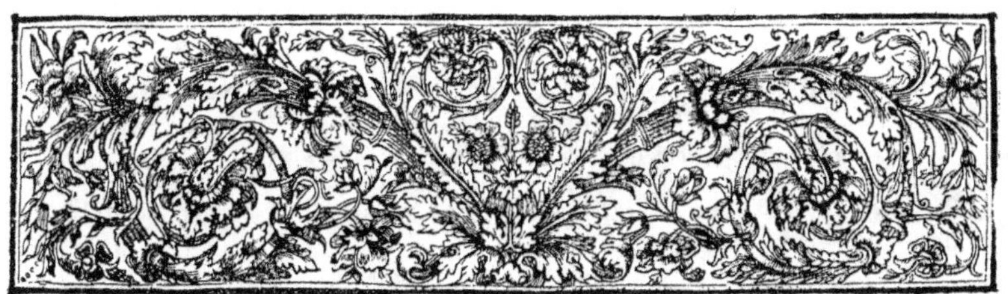

Quatrième Vacation

LETTRES

ET

MANUSCRITS AUTOGRAPHES

---

558. Ampère (J.-J.). Lettre autographe signée; 2 pp. in-8.

Belle et touchante lettre sur la mort de sa femme.

559. Autographes. Réunion de lettres ou signatures autographes, de :

Boyer d'Argenson, Carnot, Fourier, etc., nombreuses et intéressantes pièces de la Révolution et de l'Empire.

560. Autographes. Réunion d'un important dossier de signatures ou lettres autographes :

Saint-Simon, Humboldt, Silvestre de Sacy, Marquis de Louvois, David d'Angers, Ph. Chasles, Littré, Jules Simon, Ém. Deschanel, et., etc....

561. Autographes. Intéressante réunion de lettres autographes de :

Freron, Marat (3 lignes), Gambetta, Buloz, Thiers, Aug. Vacquerie, Rochefort, etc., etc....

562. Autographes. Réunion d'autographes de Jean Aicard (8 feuillets), René Bazin (1 page), Romain Coolus (1 page), Alfred Capus (1 page), Jules Claretie (1 page).

Lettres fort intéressantes en réponse à une enquête sur le sport et la littérature.

562bis. **Babeuf** (Gracchus). Lettre autographe, signée, datée du 15 Vendémaire, an V (1797); une page in-12.

> Écrite à sa femme pour lui demander la raison de son silence.

563. Barbey d'Aurevilly (Jules). Lettre autographe, signée et datée de 1855; 4 pp. in-8.

> Très curieuse et belle lettre à Armand Dutacq, directeur du *Pays*. On réimprime *l'Ensorcelée* en Belgique sur la première édition corrigée par Barbey :
> « *Beaudelaire (sic) qui se pique de correction, avait voulu joindre ses corrections aux miennes, mais presque toutes étaient des erreurs et je les ai effacées. Rien d'étonnant. Il ne sait pas le patois normand qui est une langue et même une très belle langue, et c'est sur ce patois que ses corrections avaient porté...* ».
> Barbey est en Belgique... « *pour étudier un pays que je dois peindre dans un de mes prochains romans...* ».
> Il travaille continuellement, sans distraction.... « *Je n'ai pas le froc de Balzac, ni son génie, hélas ! mais je vis comme lui... en véritable bénédictin...* ».
> Il met Dutacq au courant de son labeur : un article sur Stendhal, le Reliquæ de Mademoiselle (Eugénie) de Guérin qui va paraître : « *Vous m'en direz votre avis. C'est aussi exquis que Joubert et c'est différent...* »; les œuvres « *du frère* » que peut-être publiera Dutacq.
> Barbey d'Aurevilly se réjouit de voir Dutacq ouvrir sa librairie qu'il appelle « *la porte du ciel* ». Il a hâte de recevoir le Balzac (Contes drôlatiques) publié par Dutacq et se met à sa disposition pour l'aider dans cette publication : « *Je suis un pistolet dans votre main et vous n'avez qu'à presser sa détente* », etc....

564. Bataille (Henry). Cinq lettres autographes signées, adressées à Catulle Mendès. Ens. 9 pages in-8.

> Très intéressante correspondance d'Henry Bataille, relative au journal *l'Époque* qu'il dirigeait. Il prie instamment Catulle Mendès d'écrire un article pour cette revue, le tient jour par jour au courant de l'impression du premier numéro, des articles qu'il contient, des difficultés qu'il rencontre, etc.... Il le félicite pour le succès éclatant de sa pièce « Fiammetta ».

565. Bergerat (Emile). Réunion de 9 lettres, datées de 1885 et **1889**, et billets autographes, signés, de Emile Bergerat, adressés à Octave Mirbeau.

> Correspondance intéressante ayant trait à la vie littéraire du moment, à la répétition des pièces d'E. Bergerat aux Français, à la publication de ses livres, de ses articles dans les journaux; tour à tour alerte, pétillante de gaieté, puis s'attardant en d'émouvantes confidences d'ami. Il y est aussi question de l'élection du général Boulanger. Une de ces lettres contient un amusant sonnet remerciant Octave Mirbeau d'une bourriche d'oursins envoyée du Midi.

565bis. **Bonaparte.** Signature autographe, au bas d'un Brevet de chef de bataillon, daté de Saint-Cloud, « le trente floréal de l'an onze », (1803); pièce in-fol., vélin, en parfait état.

566. Chamfort. Lettre autographe, signée, au « Citoyen Tronson du Coudrai, homme de loi »...; datée du 8 août, an II (1794); 1 page in-4.

> Curieuse lettre. Chamfort désire un entretien avec Tronson du Coudrai, au sujet d'un *accusé qui m'intéresserait comme innocent et comme patriote, s'il ne m'intéressait encore comme un ami....*

567. Champfleury. Manuscrit autographe de *Pierrot pendu, pantomime en 12 tableaux*; 19 ff. in-8, avec nombreuses corrections et rature.

568. Colette. Dialogues de Bêtes. *Paris, Mercure de France*, 1904; in-16, veau brun, fil. rouge, dos lisse, orné, dent. int., tête rouge, non rog.

> *Épreuves corrigées* de l'édition originale. Envoi autographe, signé, à Marcel Boulestin.
> On a joint :
> 1° Le manuscrit autographe, signé, d'une esquisse inédite pour un « Dialogue de Bêtes » (3 ff. in-16, datés d'avril 1904);
> 2° Une curieuse lettre autographe, signée, de Colette (1 p. 1 /2 in-12).
> Bel exemplaire. Chiffre sur le premier plat.
> (*Voir la reproduction*).

569. Condé (Louis-Joseph de Bourbon, prince de). Signature autographe au bas d'un Brevet militaire daté de Feistritz, le 4 mars 1801, cachet de cire aux armes.

> Le prince de Condé, qui fit de Chantilly une des plus belles résidences de l'Ile-de-France, s'était retiré à ce château de Windesch-Feistritz, après la bataille de Hohenlinden.

570. Constant (Benjamin). Lettre autographe, signée (1825); 1 p. et demie in-8.

> Pour demander une nouvelle épreuve et donner des indications sur l'impression de son ouvrage.

571. Coppée (François). Lettre autographe, signée, datée du Moulin de Senlis, Montgeron; 1 page in-12, adressée à Arthur Meyer.

> Charmante lettre adressée à Arthur Meyer. Il le prie de faire passer son article sur Charles Guérin : « *Il y a là un jeune poète de grand talent, qui mérite d'être signalé aux amis de la poésie...* ».
> Il prie Arthur Meyer de venir déjeuner en compagnie de Jules Lemaître et de Léon Daudet « *en tâchant de n'écraser personne sous les pneus de votre teuf-teuf...* ».

572. Courier (Paul-Louis). Lettre autographe, signée, datée de Bliseartel, 27 Germinal (1794); adressée au Citoyen Allix, à Sarreguemines, cachet de cire; 1 page in-12.

> P.-L. Courier, en campagne, demande des renforts de voiture et de caissons.

573. Doré (Gustave). Quatre lettres autographes, signées, adressées à Lemercier de Neuville. (Trois lettres d'une page in-8, et une de 1 p. et demie in-8). On a ajouté un billet autographe : *A M. Lemercier de Neuville. Bon pour un autographe*, G. Doré, 3 avril 1861.

574. Doumic (René). Le Théâtre de M. Paul Hervieu. *Manuscrit autographe signé*; 8 feuillets in-8.

> Très intéressant feuilleton de critique littéraire.

575. Faguet (Emile). Deux manuscrits autographes, signés. Ens. 6 pages et demie in-4.

> *Chant du départ.* — Étude critique sur un livre de poèmes de Jacques Normand.

France (Anatole). Manuscrit autographe. Voir N° 776.

576. **Fursy**, le célèbre chansonnier. Lettre autographe, signée et datée du 3 mars 1906; 1 page et demie in-8, ayant servi pour l'impression.

Spirituelle lettre à l'en-tête de *La Boîte à Fursy* : 58, *rue Pigalle, Montmartre, le....* Fursy parle de l'influence des sports sur les littérateurs; elle est nulle à son avis : « *... il y a de grands artistes, de grands écrivains qui ne savent ni tenir une épée, ni conduire une auto, ni jouer au foot-ball, et il y a de f... ichus bêtes qui savent tout cela merveilleusement...* ». Pourtant Fursy écrivit une chanson intitulée l'*Escrimeur* et il reconnaît là l'influence des salles d'armes qu'il fréquentait.

577. **Giraudoux** (Jean). Simon. — 188 ff. in-8 étroits, dans une reliure mar. chaudron, fil. dor. à disposition cubique, dos à nerfs, orné, tête dor., non rog., fil. dor. int., étui doublé. (*Rose Adler.*)

Épreuves corrigées de la première version de *Simon le Pathétique*, qui fut complètement modifiée pour l'édition Grasset. 188 feuillets sur papier d'épreuves. Les corrections sont nombreuses et importantes.
Belle reliure, exécutée par Rose Adler.

578. **Grimm** (Baron de). Lettre autographe, signée, datée du 12 octobre 1784; 1 page in-4.

A propos d'une demoiselle Vezin, qu'il a été impossible d'affirmer « *morte fille unique du premier lit de son père...* ».

579. **Hugo** (Victor). Lettre autographe, signée et datée du 20 janvier 1846; 1 page in-12.

V. Hugo s'excuse de ne pouvoir rendre une visite; « *le dimanche est pour lui un jour de famille...* ».

579 *bis.* **Humboldt** (Alex. de). Lettre autographe, signée; enveloppe jointe avec cachet de cire; 4 pp. in-8.

Très longue et fort intéressante lettre du grand savant qui fournit à une dame des détails scientifiques pour un travail qu'elle entreprend. Il relate son voyage au Mexique, parle longuement de la découverte qu'il fit du dahlia, fleur qu'il fit répandre à son retour dans les jardins européens.

580. **La Fayette** (Général). Lettre autographe signée (au comte Alexandre de Laborde), datée (vendredi 29 mars), 9 lignes et la signature.

Il envoie chercher les billets que « son cher collègue (le comte Alex. de Laborde) lui a promis pour sa famille à la séance de demain samedi ». « S'il restait des places dans la tribune diplomatique (où doit se trouver M. de Somerville) je lui parlerais d'une anglaise, femme du médecin en chef de l'hôpital Chelsea, elle-même une des personnes les plus savantes de l'Europe..., mais j'ai peur qu'il y ait dans les tribunes une poussée de diplomates pour se donner le plaisir de voir voter l'abdication des patriotes. »

581. **Laplace** (Pierre-Simon, marquis de). Signature autographe apposée sur un état des payements à faire aux Professeurs du Collège National de France, pour le mois de Prairial, an VII.

Fort intéressant document signé, *Le Ministre de l'Intérieur : Laplace*, particularité curieuse, Laplace n'étant resté ministre de l'Intérieur que six semaines, à la suite du 18 Brumaire. De plus, ce document porte la liste des professeurs du Collège de France, leurs appointements et leurs signatures autographes, parmi lesquelles nous relevons : *Daubenton, Corvisart, Lalande*, etc.

582. **Louis XIV**. Signature autographe au bas d'une lettre au Comte de Cominges, datée de Paris, 18 janvier 1665; 1 page in-4.

Très intéressante lettre dans laquelle le Roi entretient le Comte de Cominges d'une ambassade extraordinaire qu'il décide d'envoyer au roi de Grande-Bretagne et dont le comte de Cominges fera partie.

583. **Louvet** (J.-B.). Lettre autographe, signée, datée du 28 Ventôse, an III (1795); 1 page in-12.

> Le célèbre auteur des *Amours du Chevalier de Faublas,* demande un emploi pour un ami parce que « *la révolution qu'il a toujours servie lui a causé de grandes pertes...* ».

584. **Manuscrits** de l'époque 1840. Deux recueils de poèmes, reliés en 2 vol. in-4, chag. vert pour l'un, rouge pour l'autre, encadr. de fil. d'or et fleur. d'angles, fermoir doré, fil. int., gardes de moire blanche. (*Rel. de l'époque.*)

> Ces recueils contiennent des poèmes romantiques rappelant les vers de Lamartine. L'écriture est également très semblable à celle du grand poète.
> Voici les titres de quelques-uns de ces poèmes : *Huon de Bordeaux.*Poèmes en XVII chants. *La Veille des Armes. Le Page au Faucon. L'entrée au Paradis. La Clochette. Une femme. Chant de guerre,* etc.
> Très beaux volumes, richement reliés à l'époque.

585. **Manuscrits autographes.** Réunion d'importants manuscrits de Em. Blémont, Ch. Foley, M. Talmeyr, Fr. Masson.

586. **Marinetti** (F. T.). Manuscrit autographe d'une traduction d'un poème de Giovanni Pascoli, par Marinetti, *La Mère,* poésie parue dans *Vers et Prose.* (6 ff. gr. in-fol.)

587. **Mary-Lafon.** Le Consul de Montauban, tradition populaire, 16 pag., pet. in-4, obl.

> MANUSCRIT AUTOGRAPHE, signé, d'une nouvelle de Mary-Lafon. Il a servi pour l'impression.

588. **Mérimée** (Prosper). Lettre autographe, signée et datée du 1er juin 1841; 7 lignes sur feuillet in-4.

588 *bis.* **Méry.** Long et spirituel poème autographe de Méry, daté de Toulon, octobre 1842; 4 pp. in-4 : « *A mon ami M. Léonce Baudin, en quittant le Grégeois* ».

589. **Morris** (Robert). Signature autographe apposée sur un Billet à ordre daté de Philadelphie, 11 juillet 1782.

> Très curieuse pièce signée de Robert Morris, le grand financier qui assura la prospérité des États-Unis pendant la guerre d'Indépendance américaine. Elle est datée de Philadelphie, 11 juillet 1782 et porte cette mention manuscrite : *Pour compte des Etats-Unis de l'Amérique.* C'est un ordre à un banquier de Paris de payer 4500 livres tournois à M. Haym Solomon.

590. **Noailles** (Comtesse de). Le Vrai visage de la Gloire. *Manuscrit autographe* et épreuves corrigées.

> Ces belles pages de Mme de Noailles servirent de préface au livre de Paul Faure : *Vingt ans d'intimité avec Edmond Rostand,* paru tout d'abord aux *Annales,* puis chez *Plon,* en 1928.
> L'ensemble que nous allons décrire est tout particulièrement intéressant en ce que nous suivons pas à pas, tant il est complet, la pensée de l'auteur depuis la première ébauche autographe jusqu'au texte définitif du volume :
> 1° *Premier manuscrit autographe :* 8 pages in-8 oblong. C'est la première inspiration de Mme de Noailles, esquisse qui, peu à peu, va se préciser;

2° *Copie dactylographiée avec de très nombreuses additions et corrections.*
L'auteur dicte à sa secrétaire, et de sa main, corrige, retouche, émonde, ajoute beaucoup.
3° *Autre copie dactylographiée, corrigée différemment.*
Mme de Noailles se ravise, et reprend depuis le début une autre copie dactylographiée.
Dans le premier texte, celui des *Annales*, « Le Vrai Visage de la Gloire » finissait à la page 14 du manuscrit. Mme de Noailles ajouta pour le volume de *Plon*, tout ce qui va ici des pages 15 à 20 (la dernière page, entièrement autographe, porte la signature de l'auteur).
4° Texte des *Annales*, en épreuves avec d'importantes *corrections et additions autographes*;
5° Texte du volume de *Plon*, portant également de très nombreuses *corrections et additions.*

590bis. **Proust** (Marcel). Lettre autographe, signée; 2 pp. in-8.

Jolie lettre où M. Proust parle tour à tour de la Comtesse Greffulhe, de la célèbre collection Rouart, de ses scrupules en dérangeant inutilement ses amies.... La lettre débute par : « *Cher Georges...* ».

591. **Sainte-Beuve.** Lettre autographe, signée et datée d'août 1853; 2 pp. in-8.

Superbe lettre mettant en lumière les pensées intimes de Sainte-Beuve.
« *La clarté dans la profondeur, j'aime beaucoup cette définition, Monsieur, et elle me paraît, en effet, celle du bel art et de la belle nature qui sont devenus comme une religion pour ceux qui les aiment...* ».
Et Sainte-Beuve confie ses regrets, la mélancolie de sa pensée : « *Pour moi, j'ai eu le malheur de ne pouvoir assez suivre mes propres goûts de manière à les laisser se déclarer d'eux-mêmes et se fixer. J'ai compris bien des choses mais je ne me suis élevé à la religion d'aucune. J'ai rarement écrit en mon nom, j'ai été le secrétaire des idées des autres...* ».
Il parle ensuite de Toppfer, de sa santé, de ses occupations.
La lettre porte une légère déchirure.

591bis. **Sandeau** (Jules). Deux pièces autographes signées de Jules Sandeau, 4 pp. in-4.

1° *Dévouement de Bisson*, petit poème écrit par Jules Sandeau et son ami Auguste Mélin étant élèves au collège de Bourges.
Curieuse pièce.
2° Morceau littéraire, sur la perte des êtres aimés, vraisemblablement écrit pour un amateur.

592. **Scholl** (Aurélien). Lettre autographe signée; 2 pp. et demie in-8, adressée à A. Claverie.

Aurélien Scholl est en colère et il jure « *par le Cid* » de poursuivre toujours les « *attentats à la propriété littéraire* ».

593. **Ségalas** (Mme Anaïs). Importante réunion de pièces autographes dont voici le détail :
Quatre lettres autographes, signées, de Mme Anaïs Ségalas à Paul Foucher, 1853-1866. Ens. 6 pp. in-8.

Lettres littéraires dont deux, 6 et 9 octobre 1866, sont relatives à son volume de poésies *Nos bon parisiens*. Les deux autres sont relatives, la première, à une représentation du proverbe d'Alfred de Musset : *Il faut qu'une porte soit ouverte ou fermée*, donnée chez Arago et dans laquelle Mme A. Ségalas remplissait un rôle. La seconde, du 5 avril 1853, complimente chaudement Paul Foucher pour le succès qu'il vient de remporter avec une pièce.

Lettre autographe, signée, de Mme Anaïs Ségalas à M. Jules Lefèvre Deumier, 23 janvier 1852; 3 pp. in-8.

Belle lettre; elle le félicite pour les vers qu'il publie sous le nom de Jules Lefèvre. Elle le prie de remettre à l'Empereur sa demande comme lectrice de l'Impératrice et l'entretient longuement à ce sujet.

Les cartes de visites. — La petite fille. — Bertile. — Les Contes de Perrault. — Les cinq sens, poésies autographes signées de Mme Anaïs Ségalas. Ens. 17 pp. 1 /2 in-8 et in-4.

594. Verlaine (Paul). Le Bon Larron. *Manuscrit autographe* de 3 ff.- in-8 de ce texte dédié à Willette.

595. Villemessant (H. de). Lettre autographe, signée, datée de Mazas, 6 février; 2 pp. in-8.

Curieuse lettre de Villemessant, écroué à Mazas, adressée à sa femme. Il la prie de ne pas s'affliger : « *mon crime ne doit pas être bien grand, puisque je n'ai pas l'honneur de le connaître...* », et lui écrit toute une liste de vêtements et objets intimes qu'il désirerait avoir, ainsi qu'un « *livre de sa bibliothèque, Robinson, par exemple...* ».

596. Zola (Emile). Lettre autographe, signée, datée du 26 novembre 1864; 3 pp. 1-2 in-8.

Lettre acerbe dans laquelle E. Zola se plaint de M. Coesnon : « *ce fou furieux* », et dit les moyens d'échapper à ses réclamations.

LIVRES MODERNES

597. **Adam** (Paul). Le Serpent noir. Eaux-fortes et pointes-sèches de Malo Renault. *Paris, Pour les Cent Bibliophiles*, 1913; in-4, mar. citron, serpent mosaïqué en mar. vert et noir plusieurs fois repli- sur lui-même, ornant les deux plats et le dos, bord. int. de mar. orn, de bandes de mar. noir mosaïq. et fleur. vertes, gardes et contre, gardes de moire verte, tr. dor. sur témoins, couv. et dos cons., étui gaîné. (*Ch. Lanoé.*)

> Belle édition, très recherchée, ornée d'eaux-fortes en couleurs, tirée seule-ment à 130 exemplaires pour les membres de la Société des Cent Bibliophiles.
> Très belle et originale reliure mosaïquée de Ch. Lanoé.

598. **Alain-Fournier** et **Rivière** (Jacques). Correspondance, 1905-1914. *Paris, N. R. F.*, 1926-1928; 4 vol. pet. in-4, brochés.

> Édition originale.
> Exemplaire sur Lafuma, tirage réimposé.

599. **Alain-Fournier.** Le grand Meaulnes. Illustré de gravures à l'eau-forte, par D. Galanis. *Paris, Gallimard*, 1927; gr. in-8, broché.

> Un des exemplaires sur vélin de Rives de cette belle édition, tirée à petit nombre.

600 à 602. **Alphabet des Lettres** (L'). *Paris, Cité des Livres*, 1925-1927; 15 vol. in-16, brochés, comprenant les ouvrages suivants :

Carco (F.). J'avais un secrétaire.

Dubech (L.). Quand j'étais général.

Escholier (R.). Le Chaudron de cuivre.

Fagus. Clavecin.

Noailles (Ctesse de). Passions et Vanités.

Mac-Orlan. Les Feux de Batavia.

Pourral (H.). Les Devins.

Pierre-Quint (L.). En Personne.

Régnier (P. de). Stances, Instances et Inconstances.

Salmon (A.). Le Drapeau noir.

Uzanne (O.). Barbey d'Aurevilly.

Werth (L.). Une soirée à l'Olympia.

X... [*Tristan Derème*]. Decalandrier.

(*Ce numéro sera divisé au gré des acquéreurs.*)

603. Apollinaire (Guillaume). Le Poète Assassiné. Lithographies de Raoul Dufy. *Paris, Sans Pareil*, 1926; in-4, broché, portefeuille cart.

Exemplaire sur vélin Montgolfier.

604. Arène (Paul). La Chèvre d'Or. Illustrations de Gorguet et Georges Scott. *Paris, Sgap*, 1888; in-8, brad., demi-toile bleue, non rog., couv. cons., lég. salie.

Véritable édition originale.

605. Arland (Marcel). L'Ordre (3 vol.). — Monique. — Les Ames en peine. *Paris, N. R. F.*, 1926-1929; ens. 5 vol. pet. in-4, brochés.

Éditions originales.
Exemplaire sur Lafuma, tirage réimposé.

606. Arland (Marcel). L'Ordre. *Paris, N.F. R.*, 1929; 3 vol. in-12, brochés.

Édition originale.
Exemplaire sur Lafuma. Prix Goncourt 1929.
Envoi autographe de l'auteur (nom du destinataire gratté).

607. Arnoux (Alexandre). Le Cabaret. Illustré de 49 eaux-fortes originales de Renefer. *Paris, Lapina*, 1922; in-4, broché, étui.

Exemplaires sur hollande à la forme.

608. Aymé (Marcel). Aller Retour. — Les Jumeaux du Diable. *Paris, N. R. F.*, 1927-1928; ens. 2 vol. pet. in-4, brochés.

Éditions originales.
Exemplaires sur Lafuma, tirage réimposé.

609. Aymé (Marcel). La Table-aux-Crevés. *Paris, N. R. F.*, 1929; pet. in-4, broché.

Édition originale.
Exemplaire sur Lafuma, tirage réimposé.

610. Baillon (André). Zonzon Pépette, fille de Londres. Roman. *Paris, Ferenczi*, 1923; in-12, broché.

Édition originale.
Un des quelques exemplaires sur papier Lafuma.

611. Bakst (Léon). L'Art décoratif de Léon Bakst, essai critique par Arsène Alexandre, notes sur les ballets par Jean Cocteau. *Paris, de Brunoff*, 1913; in-fol., demi-vélin blanc, coins, dos orné d'encadr. de larges fil. dor., tête dor., non rog. (*Rel. de l'éditeur.*)

Orné de 77 planches en noir et en couleurs. Bel exemplaire.

612. Balzac (Honoré de). Le Père Goriot. Compositions par Lynch. *Paris, Quantin*, 1885; in-8, demi-mar. noir à longs grains, coins, dos orné, tête dor., couv. cons. (*Durvand*).

De la collection *Chefs-d'œuvre du Roman contemporain*.
Exemplaire sur vélin blanc.

613. **Balzac** (Honoré de). La Cousine Bette. Compositions par Caïn. *Paris, Quantin*, 1888; in-8, demi-mar. noir à longs grains, coins, dos orné, tête dor., couv. cons. (*Durvand.*)

> De la collection *Chefs d'œuvre du Roman contemporain*.
> Exemplaire sur vélin blanc.

614. **Balzac** (H. de). Suite des eaux-fortes d'Emile Boilvin, d'après les compositions de Julien Le Blant pour illustrer *Les Chouans* de Balzac. *Paris, Testard*, 1890; en feuilles, gr. in-8, sous carton.

615. **Balzac** (H. de). Les Proscrits. Dix-neuf compositions dessinées et gravées à l'eau-forte par Gaston Bussière. *Paris, Ferroud*, 1905; in-4, mar. saumon, double encadr. de fil. dor., dos à nerfs orné de compart. de fil. dor., dent. int. dor., tr. dor., couv. cons.

> Édition à tirage très restreint.
> Un des 80 exemplaires réimposés in-4, sur papier DU JAPON, avec une *suite à part*, sur japon et avec remarques, de toutes les eaux-fortes de Bussière.
> *Très bel exemplaire dans une belle reliure au décor classique, finement exécutée.*
> Le prospectus de l'édition est relié à la fin du volume.

616. **Balzac** (H. de). César Birotteau. Illustré par Boullaire. *Paris, Mornay*, « *Les Beaux Livres* », 1929; in-8, broché.

> Exemplaire sur papier de Rives, avec une suite sur Japon des illustrations.

617. **Barbey d'Aurevilly** (Jules). Un Prêtre marié. *Lyon, Lardanchet*, 1925; 2 vol. in-8, brochés.

> Un des 20 exemplaires SUR PAPIER DU JAPON.

618. **Barbier** (Georges). Dessins sur les danses de Vaslav Nijinsky, par Georges Barbier. Glose de Francis de Miomandre. *Paris, Belle édition*, 1913; in-4, broché.

> Très belles planches en couleurs.
> Un des exemplaires sur papier vélin.

619. **Barbier** (G.). — **Guirlande** (La) des Mois, de 1917 à 1921. *Paris, Meynial*, 1917-1921; 5 vol. in-18, cart. et étui d'édit., tr. dor.

> Cet almanach imprimé sur papier fort est complet en 5 volumes, un par année. Il est illustré de figures en noir et en couleurs de G. Barbier.
> Recherché.

620. **Barbier** (Georges). Personnages de Comédie. Texte par Albert Flament, gravures sur bois de Schmied. *Paris, Meynial*, 1922; in-fol. en ff.

> Douze très belles planches en couleurs. Tiré à très petit nombre.

621. **Barrès** (Maurice). Le Voyage de Sparte. *Paris, F. Juven*, 1906; in-12, broché.

> *Edition originale.*
> Couverture fatiguée.

622. **Barrès** (Maurice). Un Jardin sur l'Oronte. Ornements de Othon Friesz. *Paris, Crès, « Le Musée du Livre »*, 1926; in-8, broché.
    Exemplaire sur Rives.

623. **Barrès** (Maurice). Le Jardin de Bérénice. *Paris, Pichon*, 1929; pet. in-4, broché.
    Exemplaire sur Arches.

624. **Barrucand** (Victor). Le Chariot de terre cuite. Illustrations de Léon Carré. *Paris, Piazza*, (1921); in-4, broché, étui.
    Exemplaire sur vélin.

625. **Baudelaire** (Charles). Complément aux Fleurs du Mal. *Bruxelles, chez tous les libraires*, 1869; in-12, broché.
    Édition originale.

626. **Baudelaire** (Charles). Les Epaves. Pièces condamnées. — Galanteries. — Épigraphes. — Pièces diverses. — Bouffonneries. *Bruxelles, chez tous les libraires*, 1874; in-8, demi-chag. bleu, dos à nerfs, orné, tête dor., non rog.
    Troisième édition, ornée d'un frontispice de Rops. Rare.

627. **Baudelaire** (Charles). Lettres Inédites à sa mère. Préface et notes de Jacques Crépet. *Paris, Conard*, 1918; in-8, broché.
    Tiré à petit nombre.

628. **Baudelaire** (Charles). Les Fleurs du Mal. Vingt-sept compositions par Rochegrosse gravées à l'eau-forte par Eugène Decisy. *Paris, Ferroud*, 1910; in-8, veau marb., larges dent. dor., dos à nerfs, orné, bord. int., tête dor., non rog., couv. cons.
    Exemplaire sur vélin d'Arches.

629. **Baudelaire** (Charles). Les Fleurs du Mal. Nombreuses illustrations de Georges Rochegrosse, gravées à l'eau-forte et sur bois. *Paris, Ferroud*, 1917; in-12, broché.
    Exemplaire sur Japon contenant trois états des eaux-fortes et le tirage à part des bois sur chine.

630. **Baudelaire** (Charles). Les Fleurs du mal. Illustrations d'après les dessins de Louise Hervieu. *Paris, Ollendorff*, 1920; gr. in-4, broché, couv. imp.
    Exemplaire sur vergé d'Arches.
    Cette édition illustrée des *Fleurs du Mal* la plus belle et la plus baudelairienne qui ait été faite à notre avis, est depuis fort longtemps épuisée.

631. **Baudelaire** (Charles). Les Paradis Artificiels (Opium et Haschisch). *Paris, Société des Médecins Bibliophiles*, 1921; in-8, broché.
    Tiré à 150 exemplaires sur vergé de Montval, avec une suite à part sur chine, des illustrations d'Henry Chapront.

632. **Baudelaire** (Charles). Le Spleen de Paris, petits poèmes en prose. Edition illustrée de trente eaux-fortes du peintre-graveur Lobel-Riche. *Paris, Briffaut,* 1921; gr. in-4, broché.

> Exemplaire sur Arches.

633. **Beardsley** (Aubrey). Sous la Colline et d'autres essais en proses et en vers. Précédé d'une préface par J.-E. Blanche. Traduction française de A.-H. Cornette. *Paris, Floury,* 1908; pet. in-4, cart. pap. brun, tête dor., non rog.

> Quinze illustrations d'après Aubrey Beardsley, dont treize hors texte, et deux culs-de-lampe. Recherché.

634. **Bedel** (Maurice). Jérôme, 60° latitude Nord. *Paris, N. R. F.,* 1927; pet. in-4, broché.

> *Edition originale,* sur Lafuma, tirage réimposé.

635. **Benda** (Julien). Les Amorandes. *Paris, Emile-Paul,* 1922; in-8 en ff., étui gaîné.

> Édition originale. Tirage spécial pour les « XX », à vingt exemplaires réimposés sur Arches.

636. **Benoit** (Pierre). Kœnigsmark. *Paris, Emile-Paul,* 1918; in-12, broché.

> *Edition originale.*

637. **Benoit** (Pierre). La Chaussée des géants. *Paris, Albin Michel,* 1922; in-12, broché.

> Édition originale. Exemplaire sur papier vergé Lafuma.

638. **Bentzon** (Th.). Jacqueline. Illustré par Albert Lynch. *Paris, Boussod, Valadon,* 1893; in-4, demi-mar. rouge jans., coins, dos à nerfs, tête dor., non rog., couv. cons.

> Édition originale.
> Bel exemplaire.

639. **Béraud** (Henri). Lazare. Roman. *Paris, Albin Michel,* 1924; in-12, broché.

> Édition originale.
> Un des 75 exemplaires sur papier du Japon.

640. **Béraud** (Henri). Le Martyre de l'Obèse. Dessins de Gus Bofa. *Paris, Emile-Paul,* 1925; in-8, broché.

> Exemplaire sur Rives, h. c.

641. **Béraud** (Henri). Rendez-vous européens. *Paris, Editions de France,* 1928; in-12, broché.

> Édition originale. Un des 45 exemplaires sur hollande.

642. **Bernanos** (G.). Sous le Soleil de Satan. *Paris, Roseau d'or*, 1926;
in-8, broché.

> Édition originale. Exemplaire sur Lafuma.

643. **Bernanos** (Georges). L'Imposture. *Paris, Plon*, 1927; in-12, broché.

> Édition originale. Exemplaire sur Lafuma.

644. **Bernanos** (Georges). La Joie. *Paris, Plon*, 1929; in-12, broché.

> Édition originale, sur alfa.

645. **Bernard** (Charles de). Gerfaut. Illustrations d'Adolphe Weiss.
Paris, Quantin, 1888; in-8, demi-mar. noir à longs grains, dos orné,
coins, tête dor., couv. cons. (*Durvand.*)

> De la collection *Chef-d'œuvre du Roman contemporain.*
> Exemplaire sur vélin blanc.

646. **Bernard** (Tristan). Amants et Voleurs. Gravures en couleurs de
Dignimont. *Paris, La Roseraie*, 1927; in-4, broché, étui.

> Exemplaire sur vélin de Rives, contenant les planches en double état, noir
> et couleurs.

646bis. **Bertrand** (Louis). Louis XIV. *Paris, Fayard*, (1923); in-12, demi-
mar. bleu, coins, dos à nerfs, orné de fil. dor. et chiffre royal couronné,
tête dor., non rog., couv. et dos cons. (*Kieffer.*)

> Édition originale. Un des trente exemplaires sur japon.
> Bel exemplaire.

647. **Bloch** (Jean-Richard). Dix Filles dans un pré. Avec quatre
gravures à l'eau-forte en hors texte par Marie Laurencin. *Paris, Au
Sans Pareil*, 1926; in-12, broché.

> Un des 60 exemplaires sur hollande avec une suite à part sur japon.

648. **Bofa** (Gus). Synthèses littéraires et extra-littéraires présentées
par Roland Dorgelès. *Paris, Mornay*, 1923; in-12, broché.

> *Edition originale.*
> **Un des neuf exemplaires hors commerce sur japon,** accompagné d'une
> suite en noir des illustrations. Cet exemplaire avec suite est à notre connaissance,
> unique, les autres exemplaires sur japon n'en comportant pas. Rarissime.

649. **Borel** (Editions). Réunion des trois ouvrages suivants :
Lorrain (Jean). Princesse d'Italie. — *Rosny* (J.-H.). La Silencieuse.
— *Robert* (Louis de). La Première Femme. *Paris, Borel*, 1898;
3 vol. in-16, étroits.

650. **Boulenger** (Jacques). Les Romans de la Table ronde. *Paris,
Plon-Nourrit*, 1922-23; ens. 4 vol. in-12, brochés.

> Éditions originales de ces versions renouvelées, si agréablement écrites.

651. **Boutet** (Frédéric). Tableau de l'au-delà par Frédéric Boutet,
illustré de quatorze gravures à l'eau-forte par Ed. Gœrg. *Paris, N.R. F.*
1927; in-8 carré, broché.

> Édition originale, tirée à petit nombre. De la collection des *Tableaux con-*
> *temporains.*
> Exemplaire sur vélin Lafuma.

652. **Boutet** (Henri). — **Devillers** (H.). Echange de cartes. Préface de François Coppée. Illustré de dix pointes-sèches par Henri Boutet. *Paris, Bibliothèque artistique et littéraire*, 1896; gr. in-12, broché.

> Édition originale.
> Exemplaire sur vélin.

653. **Bove** (Emmanuel). La Coalition. *Paris, Emile-Paul*, 1928; in-8 en ff., étui gainé.

> Édition originale. Tirage spécial pour les « XX », à vingt exemplaires réimposés sur Arches.

654. **Boylesve** (René). Nymphes dansant avec des satyres. *Paris, Calmann-Lévy*, 1920; in-12, broché.

> Exemplaire sur vélin du Marais.

655. **Boylesve** (René). Azurine ou le Nouveau Voyage. *Paris, Champion*, « *Les Amis d'Edouard* », 1926; in-16, carré, broché.

> Édition originale. Exemplaire sur Arches.

656. **Boylesve** (René). La leçon d'amour dans un Parc. Illustré par Carlègle. *Paris, Mornay, « Les Beaux Livres »*, 1929; in-8, broché.

> Un des 71 exemplaires sur japon impérial, avec une suite à part sur japon des illustrations.

657. **Braque** (Georges). Les Fâcheux. Théâtre Serge de Diaghilew, Georges Braque. Jean Cocteau. Louis Laloy. Georges Auric. *Paris, Ed. des Quatre-Chemins*, 1924; 2 vol. in-4, brochés.

> Édition originale.
> Un des exemplaires sur vélin d'Arches. Le premier volume contient un article et un portrait de J. Auric par Jean Cocteau, et VINGT-TROIS DESSINS EN COULEURS de Georges Braque. Le second volume contient les portraits des artistes qui réalisèrent à la scène ce ballet.
> Couvertures illustrées par Georges Braque.

658. **Cahiers d'Occident** (Les). Les 10 premiers numéros, plus le vol. I de la 2e série. *Paris, Librairie de France*, 1926; 11 vol. in-4, brochés.

> Exemplaires sur vergé de Rives.

659. **Cahiers de Paris** (Les). Les 10 premiers volumes de la 1re série, et les 9 premiers de la 2e série. *Paris*, 1925-1928; ens., 19 vol. in-12, brochés.

> Exemplaires sur Lafuma, excepté le n° 1 (Duhamel (G.). Délibérations).

660. **Carco** (Francis). La Bohême et mon cœur. Poèmes. *S. l.*, 1912; in-12, broché.

> Édition originale, rare.
> Envoi autographe. (Le nom du dédicacé a été gratté.)

661. **Carco** (Francis). La Bohème et mon cœur. Suivi de chansons aigres-douces et de petits airs. Avec un portrait de l'auteur par André Derain. — Poèmes retrouvés (1904-1923). Avec une Préface inédite. *Paris, Cité des Livres*, 1927; ens. 2 vol. in-8, brochés, sous étui carton.

> Un des 25 exemplaires sur japon, avec deux états du portrait.

662. **Carco** (Francis). Au vent crispé du matin, poèmes et proses. *Paris, Coulanges*, 1913; in-12, broché.

> Édition originale, tirée à 265 exemplaires.
> Exemplaire non numéroté.
> Envoi autographe, signé.

663. **Carco** (Francis). Abécédaire des Filles et de l'Enfant chéri. *Paris, La Fanfare de Montparnasse*, 1924; in-16, broché.

> Édition originale, ornée de dessins de Pascin. Exemplaire sur Lafuma.

664. **Carco** (Francis). L'Equipe. Bois en couleurs de Dignimont. *Paris, Rouffé*, 1925; in-4, broché, étui.

> Édition tirée à petit nombre. Exemplaire sur Lafuma.

665. **Carco** (Francis). L'Amour Vénal. Pointes-sèches de Vertès. *Paris*. 1926; in-4 en ff., étui.

> Tiré à 95 exemplaires. Celui-ci est un des 69 sur hollande. Il est enrichi d'une suite à part, et de 65 épreuves d'essais, ou états.
> Bel envoi autographe de Francis Carco, avec son portrait par lui-même.

666. **Carco** (Francis). Nuits de Paris. Compositions de Dignimont, *Paris, Au Sans Pareil*, 1927; in-4, br., étui.

> *Édition originale.* Exemplaire sur vélin.

667. **Carco** (Francis). Perversité. Eaux-fortes de Dignimont. *Paris*, 1927; 1 vol. de texte et 1 vol. de suites, sous étui gainé.

> Édition tirée seulement à 149 exemplaires.
> Un des 95 exemplaires sur vélin de Rives, auquel on a joint une triple suite des eaux fortes : eau-forte pure, état avec remarque et suite tirée en bistre.

668. **Carco** (Francis). Images cachées. Lithographies de Luc-Albert Moreau. *Paris, La Roseraie*, 1928; in-4 en ff., étui gainé.

> Un des 99 exemplaires sur hollande.
> Celui-ci est accompagné de deux suites à part, en noir et en bistre.
> Bel *envoi autographe* de l'auteur.

669. **Carco** (Francis). De Montmartre au Quartier Latin. Illustrations de Dignimont. *Bruxelles, Editions du Nord*, 1928; in-8, broché.

> Exemplaire sur vélin.

670. **Carco** (Francis). Rue Pigalle. *Paris, Albin Michel*, 1928; in-12, broché.

> Édition originale. Un des 45 exemplaires sur hollande.

671. Carlègle et **Montorgueil** (G.). Monseigneur le Vin. Anjou-Touraine, Alsace, Champagne. Texte de Georges Montorgueil, dessins de Carlègle. *Paris, Etablissements Nicolas*, 1927; in-8, broché.

672. Cendrars (Blaise). La Fin du Monde. Compositions en couleurs par Fernand Léger. *Paris, La Sirène*, 1919; in-4, broché.

673. Cendrars (Blaise). L'Or. *Paris, Grasset*, 1925; in-12, broché.

Édition originale. Un des cinquante exemplaires sur vélin Lafuma.

674. Cervantès. L'Ingénieux Hidalgo Don Quichotte de la Manche. Traduction nouvelle, précédée d'une introduction, par Jean Babelon. *Paris, Cité des Livres*, 1929; 4 vol. in-12, brochés.

Exemplaire sur vergé d'Arches.

675. Chack (Paul). Ceux du Blocus. *Paris, Editions de France*, 1928; in-12, broché, couv. ill.

Édition originale. Exemplaire sur Lafuma, signé par l'auteur.

676. Chadourne (Louis). Terre de Chanaan. *Paris, Albin Michel,* 1921; in-12, demi-mar. olive jans., coins, dos à nerfs, tête dor., non rog., couv. et dos cons. (*Yseux.*)

Edition originale. Un des quinze exemplaires sur Japon.
Bel exemplaire.

677. Chamfort. Caractères et Anecdotes. Frontispice gravé par P. Baudier. *Paris, Crès*, 1924; in-12, broché.

De la collection *Les Maîtres du Livre.*
Exemplaire sur Rives.

678. Chamisso (A. de). La merveilleuse histoire de Pierre Schlémihl, ou l'homme qui a perdu son ombre. Préface de Mac Orlan et des vignettes en deux tons gravées sur bois par Siméon. *Paris, La Banderole*, 1921; in-8, broché.

Exemplaire sur Hollande.

679. Champfleury. Les Chats. Illustré de 80 dessins par Eug. Delacroix, Mérimée, Grandville, Ok' Saï, etc. Quatrième édition, considérablement augmentée. *Paris, Rothschild*, 1870; in-12, brad., demi-vélin blanc, dos orné, couv. et dos cons.

Envoi autographe, signé, à Victor-Hugo.
Petites taches sur le second plat de la couverture.

680 à 685. Champion (Collection des manuscrits reproduits en phototypie, publiés par), comprenant les ouvrages suivants :

Boylesve (René). Le Mariage de Pomme d'Api.

Carco (Francis). Avec les Filles.

Claudel (Paul). L'Endormie.

Cocteau (Jean). L'Oiseleur.

Duhamel (Georges). Le Prince Jaffar.

France (Anatole). Thaïs (fragment).

Gide (André). Fragment de Si le grain ne meurt.

Kessel (J.). Mémoires d'un Commissaire du Peuple.

Léautaud (P.). Journal littéraire, fragment : R. de Gourmont.

Lacretelle (J. de). Mort de la Jalousie.

Loti (Pierre). L'Histoire du Spahi.

Marsan (Eug.). Trois Filles.

Maurras (Charles). La Bataille de la Marne.

Mauriac (François). Quelques chapitres de : « Les Beaux Esprits
de ce temps ».

Morand (Paul). Rien que la terre.

Radiguet (Raymond). Fragment, par J. Cocteau.

Régnier (Henri de). Choses et Autres.

Suarès (André). Stendhal, Verlaine et autres Gueux.

Tharaud (J. et J.). Mur des Pleurs.

Valéry (P.). B 910.

Tirés à 130 exemplaires, signés des auteurs.
Ce numéro sera divisé au gré des acquéreurs.

686 à 690. Champion (Editions) : Collection « *Les 49 Ronins du quai
Malaquais* ». 1925-1928; 9 vol. gr. in-12, brochés, comprenant les
ouvrages suivants :

Duhamel (Georges). Anniversaire. Fac-similé d'une lettre de Duhamel.

Kessel (J.). Six Contes.

Lacretelle (J. de). Virginie ou les Manies.

Mauriac (F.). Divagations sur Saint-Sulpice.

Maurois (A.). La Vie de Joseph Smith.

Morand (P.). La Semaine de Bath.

Suarès (A.). Clowns.

Valéry (P.). Durtal.

Valéry (P.). Discours sur Emile Verhaeren.

Éditions originales rarissimes, parues seulement à 49 exemplaires sur japon,
chiffrés et signés par les auteurs.
*Ce numéro donnera lieu à une adjudication séparée des 9 titres différents,
puis à une adjudication collective qui prévaudra si elle dépasse le total des
adjudications séparées.*

691. Champsaur (Félicien). Poupée Japonaise. 303 illustrations en
couleurs par Hanafusa Ittcho et Haru Kawa. *Paris, Fasquelle,*
1912; gr. in-12, demi-veau havane, coins, dos orné d'une compos.

ciselée et repoussée en relief, tête dor., non rog., couv. et dos cons. (*Dezé.*)

> Bel envoi autographe de Champsaur, au relieur Louis Dézé.

692. **Champsaur** (Félicien). Le Semeur d'Amour, ouvrage illustré de 28 planches hors-texte en cinq couleurs et de têtes de chapitres, culs-de-lampe et lettrines par Fabius Lorenzi. *Paris, Eug. Fasquelle*, 1924; in-4, broché.

> Édition à tirage limité.
> Un des 380 exemplaires sur vélin teinté Lafuma, avec une suite des illustrations en noir.

693. **Chamson** (André). Le Crime des Justes. *Paris, Grasset*, 1928; in-8 en ff., étui gainé.

> Édition originale. Tirage spécial pour les « XX » à vingt exemplaires réimposés sur Arches.

694. **Chateaubriant** (Alphonse de). La Brière. *Paris, Grasset*, 1923; in-12, broché.

> *Edition originale.* Exemplaire sur Lafuma, non numéroté.
> Envoi autographe (nom du dédicacé, gratté).

695. **Chateaubriant** (A. de). La Brière. Compositions de Méheut, gravées sur bois par Soulas et Méheut. *Paris, Mornay, « Les Beaux Livres »*, 1924; in-8, broché.

> Exemplaire sur Rives.

696. **Chateaubriant** (A. de). Monsieur des Lourdines. Illustrations de Achener. *Paris, Mornay, « Les Beaux Livres »*, 1925; in-8, broché.

> Exemplaire sur papier de Rives, avec une suite à part sur japon des illustrations.

697. **Choderlos de Laclos.** Les Liaisons dangereuses. Lithographies en couleurs de Lubin de Beauvais. *Paris, Ferroud*, 1908; gr. in-8, plaque de cuivre repoussé, appliquée sur les plats, sur le premier, miniature : visage de jeune femme, dans un médaillon sous-verre; pierres de couleurs incrustées, doubl. et gardes de moire blanches, non rog.

> Très belle édition, tirée à petit nombre.
> Un des 40 exemplaires sur PAPIER DU JAPON, avec trois états des eaux-fortes, dont deux sur chine, l'un en couleurs, l'autre en noir.
> Cet exemplaire contient encore un très beau DESSIN ORIGINAL de Lubin de Beauvais, au crayon fusain rehaussé de bistre et de gouache, exécuté à pleine page.
> Très curieuse reliure.

698. **Cladel** (Léon). Les martyrs ridicules. Avec une préface de Charles Baudelaire. *Paris, Poulet-Malassis*, 1862; in-12, broché.

> Édition originale, avec une importante préface de Baudelaire.
> Exemplaire imprimé sur vélin teinté bleu.

699. **Cladel** (Léon). Les Va-Nu-Pieds. *Paris, Lesclide*, (1876); gr. in-8, demi-bas. fauve, dos à nerfs, orné.

> Première édition illustrée, ornée de figures par Régamey, Daniel Vierge, etc.

700. **Claudel** (Paul). Le Soulier de Satin, ou le pire n'est pas toujours sûr, action espagnole en quatre journées. Avec les frontispices composés par José Maria Sert. *Paris, N. R. F.*, 1928; 4 vol. in-4, brochés, étui.

Exemplaire sur Lafuma.

701. **Clemenceau** (Georges). Au pied du Sinaï, illustré par H. de Toulouse-Lautrec. *Paris, Floury*, 1898; in-4 en ff., sous couverture et cart. de l'édit.

Un des illustrés contemporains les plus recherchés.
Exemplaire sur japon ancien, imprimé pour Ernest Lajeunesse; contenant quatre états des lithographies de Toulouse-Lautrec, dont l'un signé par l'artiste, et une suite de quatre planches refusées.
Sur le faux-titre, *envoi autographe*, signé de G. Clemenceau.
Le dos du carton est abîmé, et les plats sont très légèrement défraîchis; l'intérieur est impeccable.

702. **Cocteau** (Jean). Poésies, 1917-1920. *Paris, La Sirène*, 1920; in-8, broché.

Édition originale. Un des trente exemplaires sur papier de Corée.

703. **Cocteau** (Jean). Escales. Aquarelles de André Lhote. *Paris, La Sirène*, 1920; in-4, broché.

Exemplaire sur Lafuma, non numéroté.

704. **Cocteau** (Jean). Vingt-cinq dessins d'un dormeur. *Lausanne, Mermod, s. d.*; in-4, broché.

Exemplaire de presse.

705. **Cocteau** (Jean). L'Ange Heurtebise, poème, avec une photographie de l'ange par Man Ray. *Paris, Stock*, 1925; in-fol., en ff.

Un des 25 exemplaires sur hollande.

706. **Colette.** Sept dialogues de Bêtes. Préface de Francis Jammes. Portrait de l'auteur par J.-E. Blanche, reproduit en héliogravure. *Paris, Mercure de France*, 1905; in-12, broché.

Édition originale. Envoi autographe, signé (Le nom du destinataire a été gratté).
Légères rousseurs sur la couverture.

707. **Colette.** L'Envers du Music-Hall. *Paris, Flammarion*, (1913); in-12, broché.

Édition originale.

708. **Colette.** La Chambre éclairée. *Paris, Edouard-Joseph*, 1920; pet. in-8, broché.

Edition originale, ornée d'illustrations sur bois de Picart Le Doux, dont un frontispice en couleurs.
Un des 75 exemplaires sur japon.

709. **Colette.** La Vagabonde. Illustré par Dignimont. *Paris, Mornay*, «.*Les Beaux Livres* », 1926; in-8, broché.

Exemplaire sur Rives.

710. **Colette.** L'Ingénue Libertine. Eaux-fortes de Dignimont. *Paris,
Cité des Livres*, 1928; in-4, broché, étui gainé.

> Exemplaire sur vélin de Hollande, avec une suite à part en sanguine.

711. **Colette.** L'Entrave. Illustrations de Dignimont. *Paris, Mornay,
« Les Beaux Livres »*, 1929; in-12, broché.

> Exemplaire sur papier de Rives, avec une suite sur japon des illustrations.

712. **Colette.** L'Entrave. Illustrations de Dignimont. *Paris, Mornay,
« Les Beaux Livres »*, 1929; in-12, broché.

> Exemplaire sur Rives.

713. **Constant** (Benjamin). Adolphe, précédé du Cahier Rouge. Préface
de R. de Traz. Bois de Bischoff. *Genève et Paris, Georg et Crès*, 1920;
in-12, veau marb. jans., dent. int. à fr., tête rouge, non rog., couv.
et dos cons.

> Exemplaire sur Arches.

714. **Coquiot** (Gustave) et J. L. **Forain.** Les Pantins de Paris. Cent
trente-quatre illustrations en noir et en couleurs de J.-L. Forain.
Paris, Blaizot, 1920; gr. in-8, sous-carton.

> Très belle édition, tirée seulement à 250 exemplaires.
> Exemplaire de présent, signé par l'éditeur (non numéroté), accompagné
> d'une suite sur Chine des illustrations. On y joint un ravissant DESSIN ORIGINAL
> de Forain, au crayon bistre, représentant une jeune femme asssise; il est signé
> et porte une *dédicace* de Forain à *Arthur Meyer*.

715. **Croisset** (Francis de). La Féerie Cinghalaise. Ceylan avec les
Anglais. *Paris, Grasset*, 1926; pet. in-4, broché.

> Édition originale. Exemplaire de presse sur hollande, tirage réimposé.

716. **Daragnès** (Gab.). Le roman de Tristan et Iseut. S'ensuit, renouvelé en français par Pierre Champion, le roman de Tristan et d'Iseult
la blonde.... Vignettes dessinées et gravées sur bois par Daragnès.
Paris, 1928; in-4, broché.

> Superbe édition, tirée à petit nombre.
> Un des 50 exemplaires sur japon impérial.

717. **Daragnès.** Catalogue des livres illustrés par Daragnès. Préface
de P. Mac Orlan. Portrait de Daragnès par A. Dunoyer de Segonzac.
Paris, Georges Andrieux, 1924; in-4, broché.

> Un des quelques exemplaires sur vergé de Rives. Orné de belles reproductions
> hors texte. Beau volume que les catalogues de libraires, par suite de la qualité
> du papier donnent comme étant sur hollande, ce qui n'est pas.

718. **Daudet** (Alphonse). Sapho. Mœurs parisiennes. Illustrations de
Rejchan. *Paris, Quantin*, 1888; in-8, demi-mar. noir à grains longs,
coins, dos orné, tête dor., couv. cons. (*Durvand.*)

> De la collection *Chefs-d'œuvre du Roman contemporain*.
> Exemplaire sur vélin blanc.

719. Daudet (Alphonse). Œuvres. Lettres de mon Moulin. — Contes du Lundi. *Paris, Lemerre, s. d.*; ens. 2 vol. pet. in-12, mar. rouge écrasé jans., dos à nerfs, dent. int. dor., tr. dor.

> Portrait-frontispice aux *Lettres de mon Moulin.*
> Très beaux exemplaires dans de ravissantes reliures de plein maroquin.

720. Daudet (Alphonse). Tartarin de Tarascon. Illustrations en couleurs de Marcel Capy. *Paris, Kra*, 1928; in-8, broché.

> Exemplaire sur vélin de Rives de cette édition spirituellement illustrée.

721. Delacroix (Eug.). — **Shakespeare.** Hamlet prinz von Dalnemark. *Leipzig*, 1913; in-fol, demi-chag. noir à coins, dos orné.

> Avec 16 reproductions de lithographies par *Eugène Delacroix.*

722. Delteil (Joseph). Allô ! Paris ! Avec vingt lithographies originales, par Robert Delaunay. *Paris, Ed. des Quatre-Chemins*, 1926; in-4, broché.

> Un des exemplaires sur papier d'Arches.
> Signature autographe de l'auteur (la dédicace a été grattée).

723. Delteil (Joseph). La Jonque de Porcelaine. Illustrations de François de Marliave gravées sur bois en plusieurs couleurs, par E. Gaspérini. *Paris, Grasset*, 1927; in-8, broché.

> Exemplaire de collaborateur, sur vélin d'Arches.
> Envoi autographe de l'auteur (nom du dédicacé, gratté).

724. Derème (Tristan). Le Poème de la pipe et de l'escargot. *Paris, Emile-Paul*, 1920; in-8, broché.

> Édition originale. Exemplaire sur vergé teinté.

725. Derème (Tristan). Le Poème des Chimères étranglées. *Paris, Emile-Paul*, 1921; in-8, demi-mar. rouge à coins, tête dor., non rog., couv. cons. (*Canape.*)

> Édition originale. Un des 30 exemplaires sur vélin japonisé.

726. Derème (Tristan). L'Enlèvement sans clair de lune. *Paris, Champion, « Les Amis d'Edouard »*, 1924; in-16 carré, broché.

> Édition originale. Exemplaire imprimé sur Arches.
> Envoi autographe (nom du destinataire, gratté.)

727. Derème (Tristan). Arabesques sous l'azur, ou le Destin des Poètes. *Monaco*, 1925; in-8, étroit, broché.

> Édition originale, tirée à 150 exemplaires.

728. Detaille (Edouard). Les Anges Gardiens, 7 planches inédites. *Paris, Jehlen*, 1913; in-fol., rel. parchemin rac., en forme de portefeuille. (*Rel. de l'édit.*)

> Très belles planches, tirées sur papier du Japon, admirablement reproduites en couleurs et fort curieuses par la différence qu'elles présentent avec l'œuvre général de Detaille.
> Album tiré à très petit nombre.

729. **Dickens** (Ch.). Our mutual friend. *London, Chapman and Hall,* 1864-65; 2 vol. in-8, veau olive, fil. dor. et dent. à fr., dos à nerfs ornés av. pièce de titre gren., tr. marb. (un plat de couverture de livraison ill., conservé). (*Rel. de l'époque,* un peu usagée.)

Édition originale, illustrée de nombreuses illustrations hors texte par M. *Stone.* *Rare.*

730. **Dickens** (Charles). Monsieur Minns. Horace Sparkins. *Paris, Le Livre et l'Estampe,* (1903); in-8, carré, broché.

Illustré d'aquarelles par H. Eliott. Exemplaire sur Arches.

731. **Diderot.** Sur les Femmes. Edition ornée de gravures sur bois originales par Hermann-Paul. *Paris, Pichon,* 1919; in-8, broché.

Exemplaire sur vélin d'Arches.

732. **Dinet** (E.) et **Sliman-ben-Ibrahim.** Khadra, danseuse Ouled-Naïl. Illustrations de Etienne Dinet. Décoration de Mohammed Racim. *Paris, Piazza,* 1926; in-8, broché, étui.

Exemplaire sur vélin de cette belle édition illustrée en couleurs par E. Dinet.

733. **Dominique** (Pierre). Les Danubiennes. Edité avec des dessins coloriés d'Edy Legrand. *Paris, B. Grasset,* 1926; in-8, broché.

Un des 25 exemplaires hors commerce sur vélin du Marais.

734. **Doré** (Gustave). La Guerre d'Italie, récit hebdomadaire illustré. *Paris, 4 juin-10 septembre* 1859; 26 publications en 1 vol. in-4, demi-mar. olive, jans., dos à nerfs.

Illustré de nombreux dessins par Gustave Doré, Bertall, Philippoteaux, etc. Rare.

735. **Doré** (Gustave) et **Cervantès.** L'Ingénieux Hidalgo Don Quichotte de la Manche. Traduction de Louis Viardot, avec les dessins de Gustave Doré, gravés par H. Pisan. *Paris, Hachette,* 1869; 2 vol. in-4, demi-chag. violet, plats cart., dos ornés, lég. rog. (*Rel. de l'édit.*)

Légères rousseurs. Éraflures aux reliures.

736. **Doré** (Gust.). — **La Fontaine.** Fables, avec les dessins de Gustave Doré. *Paris, Hachette,* 1868; gr. in-4, demi-chag. rouge, dos à nerfs, orné, tr. dor.

Premier tirage. Très légères rousseurs.

737. **Doré** (Gustave). — **Saintine** (X.-B.). La Mythologie du Rhin. *Paris, Hachette,* 1862; in-8, demi-chag. olive, dos à nerfs, orné, plats cart., tr. dor. (*Rel. de l'édit.*)

Édition originale et premier tirage des illustrations de Gustave Doré. Légères rousseurs.

738. **Dorgelès** (Roland). Les Croix de Bois. Dessins et pointes sèches de Dunoyer de Segonzac. *Paris, La Banderole,* 1921; in-4, broché.

Exemplaire sur Lafuma teinté.

739. **Dorgelès** (Roland). La Boule de Gui. Avec des dessins et des pointes sèches de A. Dunoyer de Segonzac. *Paris, La Banderole,* 1922; in-4, broché.

> Exemplaire sur Lafuma teinté.

740. **Dorgelès** (Roland). Le Cabaret de la Belle Femme. Avec des dessins et des eaux-fortes de A. Dunoyer de Segonzac. *Paris, La Banderole,* 1924; in-4, broché.

> Exemplaire sur Rives.

741. **Dorgelès** (Roland). La Caravane sans chameaux. *Paris, A. Michel,* 1928; in-12, broché.

> Édition originale.
> Exemplaire sur hollande.

742. **Dorsenne** (Jean). C'était le soir des Dieux. Illustrations de U. Brunelleschi, ornementation de Maurice L'Hoir. *Paris, Mornay,* 1926; in-8, broché, couv. ill.

> Exemplaire sur hollande à la forme.

743. **Dostoïevsky.** Une Femme Douce. Traduction de d'Ostoya et de G. Masson. Illustrations de Gierlowski. *Paris, Seheur,* 1927; in-4, broché, étui.

> Tiré à 301 exemplaires. Celui-ci est sur Arches.

744. **Doucet** (Jérôme). Contes de la Fileuse. Illustrations de Alfred Garth Jones. *Paris, Tallandier,* 1900; gr. in-8, mar. olive, large encad. de fil. dor., dos à nerfs, orné d'encad. de fil., bord. int., tête dor., non rog., couv. et dos cons. (*Canape.*)

> Exemplaire unique, tiré sur japon, signé et parafé, contenant une suite à part de toutes les illustrations sur chine, les encadrements imprimés en plusieurs teintes, et les bois, en olive.
> Superbe exemplaire dans une belle reliure de Canape.

745. **Douglas** (Robert). Sophie Arnould, traduit par Charles Grolleau. Compositions par Ad. Lalauze. *Paris, Carrington,* 1898; in-8, broché.

> Exemplaire sur hollande.

746. **Du Bellay** (Joachim). Les Regrets. *Paris, Société littéraire de France,* 1921; in-4 en ff.

> Tiré à 150 exemplaires. Celui-ci est sur papier d'Auvergne.

747. **Duhamel** (G.). Le Prince Jaffar. *Paris, Mercure de France,* 1924; in-12, broché.

> Édition originale. Exemplaire sur hollande.

748. **Duhamel** (Georges). La Possession du Monde. Illustrations de Paul Baudier. *Paris, Plicque,* (1927); pet. in-4, broché.

> Exemplaire sur Rives.

749. **Duhamel** (Georges). Les Hommes Abandonnés. Illustré de lithographies par M. de Vlaminck. *Paris, Seheur,* 1927; in-4, broché, étui.

Exemplaire sur vélin d'Arches.

750. **Duhamel** (Georges). La Pierre d'Horeb. *Paris, Mercure de France,* 1928; in-8, broché.

Edition originale.
Un des 27 exemplaires sur papier Roma bistre, tirage réimposé.

751. **Dulac** (Edmond). La Princesse Badourah, conte des Mille et une Nuits, illustré par Edmond Dulac. *Paris, Piazza,* (1914); in-4, broché.

Dix planches en couleurs hors texte.
Légères éraflures au dos.

752. **Dumas fils** (Alexandre). La Dame aux Camélias. Préface de Jules Janin et nouvelle préface inédite de l'auteur. Illustrations de A. Lynch. *Paris, Quantin,* (1887); in-4, demi-chag. bleu, coins, dos à nerfs, orné, tête dor., non rog., couv. et dos cons.

753. **Dunoyer de Segonzac.** Vingt-six dessins sur Schéhérazade (ballet russe). *Paris, Belle Edition, s. d.*; in-12 carré, brad., cart. pap. vert, non rog., couv. cons.

Exemplaire sur Arches, auquel on a joint un *dessin original* à la plume, par Dunoyer de Segonzac.

754. **Duquesnel** (Félix). Contes des Dix Mille et Deux Nuits. Illustrations de Jean Veber. *Paris, Flammarion, s. d.*; in-4, broché, couv. ill.

Édition originale.
Un des vingt exemplaires sur chine.

755. **Editions classiques Bossard.**

Stendhal. Le Rouge et le Noir, 2 vol.

Choderlos de Laclos. Les Liaisons dangereuses, 2 vol.

Prévost. Manon Lescaut.

Balzac (H. de). Ferragus.

Musset. La Confession d'un enfant du siècle.
Paris, Bossard; ens. 7 vol. in-8, brochés.

De la Collection *Les Meilleures Œuvres dans leur meilleur texte.*
Chaque ouvrage est un des 50 exemplaires sur papier d'Auvergne, avec double état des eaux-fortes de Cosyns et Ouvré, dont l'un avant la lettre (le portrait de Stendhal n'a qu'un état).

756. **Emerson** (R. W.). Les Représentants de l'humanité. Traduction de l'anglais de Pierre de Boulogne. *Paris, Lacroix et Verboeckhoven,* 1863; in-12, broché.

Édition originale de cette traduction, rare.

757. Erckmann-Chatrian. Confidences d'un joueur de clarinette. *Paris, Treuttel*, 1863; in-12, broché, couv. imp.

> Édition originale, rare.
> Légères taches.

758. Estaunié (Edouard). L'Infirme aux mains de lumière. *Paris, Grasset*, 1923; in-12, broché.

> De la collection *Les Cahiers Verts*.
> Édition originale.
> Un des seize exemplaires sur papier vert lumière, hors commerce.

759. Fargue (Léon-Paul.) Poèmes, suivis de : Pour la Musique. *Paris, N. R. F.*, 1919; in-12, broché.

> Première édition collective.

760. Farrère (Claude). Les Petites Alliées. *Paris, Ollendorff*, (1905); in-12, broché.

> Édition originale.
> Envoi autographe, signé (nom du dédicacé, gratté).

761. Farrère (Claude). Thomas l'Agnelet, gentilhomme de Fortune. *Paris, Ollendorff*, 1913; in-12, broché.

> Édition originale. Portrait et fac-simile.
> Exemplaire sur vélin, spécialement imprimé pour l'auteur. Envoi autographe, signé (nom du dédicacé gratté).

762. Farrère (Claude). Thomas l'Agnelet, gentilhomme de Fortune. Illustré par Pierre Noël. *Paris, Mornay, « Les Beaux Livres »*, 1928; in-8, broché.

> Exemplaire sur papier de Rives, avec une suite sur chine, des illustrations.

763. Farrère (Claude). Les Condamnés à mort. *Paris, Flammarion*, 1921; in-12, broché.

> Édition originale. Un des exemplaires sur PAPIER DE HOLLANDE.

764. Farrère (Claude). La Bataille. Illustrations de Guy Arnoux. *Paris, Mornay, « Les Beaux Livres »*, 1926; in-8, broché.

> Exemplaire sur papier de Rives.

765. Farrère (Claude). Mademoiselle Dax, jeune fille. Aquarelles de Pierre Brissaud. *Paris, L'Intermédiaire du Bibliophile*, 1926; in-8 carré, broché.

> Exemplaire sur papier vergé d'Arches.

766. Farrère (Claude). L'Extraordinaire Aventure d'Achmet Pacha Djemaleddine. Avertissement inédit de l'auteur. Couverture et aquarelles originales de H. Grand' Aigle. *Paris, L'Intermédiaire du Bibliophile*, 1927; in-4, broché.

> Édition tirée à 500 exemplaires.

767. **Farrère** (Claude). La Nuit en Mer. Lithographies de Fouqueráy. *Paris, Flammarion*, 1928; pet. in-4, broché.

> Exemplaire hors commerce sur Rives.

768. **Fersen.** Le Baiser de Narcisse. Illustré de seize compositions de E. Brisset. *Reims, Michaud*, 1912; in-4, broché.

769. **Feuillet** (Octave). Monsieur de Camors. Illustrations de Rejchan. *Paris, Quanlin*, 1885; in-8, demi-mar. noir à longs grains, dos orné, coins, tête dor., couv. cons. (*Durvand.*)

> De la collection *Chefs-d'œuvre du Roman contemporain.*
> Exemplaire sur vélin blanc.

770. **Flaubert** (Gustave). Premières Œuvres. — Voyage en Orient. — Madame Bovary. — Salammbô. — Bouvard et Pécuchet. — Trois contes. Théâtre. *Paris, Librairie de France*, 1921-1925; 6 vol. in-4, brochés.

> Exemplaires d'auteur sur Láfuma, numérotés.

771. **Flaubert** (Gust.). La Tentation de Saint Antoine. Edition définitive. Vingt miniatures de Arthur Szyk. *Paris, H. Reynaud*, 1926; in-4, broché.

> Un des quelques exemplaires sur vélin d'Arches.

772. **Fleuret** (Fernand). Histoire de la bienheureuse Raton, fille de joie. *Paris, N. R. F.*, 1926; pet. in-4, broché.

> Édition originale. Exemplaire sur Lafuma, tirage réimposé.

773. **Forain** (J.-L.). Le Fifre, journal hebdomadaire, illustré par Forain. Les 15 premiers numéros (23 février-1er juin 1889) en 1 vol. in-fol., broché.

> Exemplaire très frais auquel on a jouté une eau-forte de Rops : « *Les Bas-Fonds de la Société par Joseph Prudhomme* », en triple état, noir, bistre et sanguine.

774. **Fort** (Paul). Ballades Françaises. Séries V-VI-VII-IX-X-XI-XII-XIII-XVI. *Paris, Mercure de France, Vers et Prose et Figuière*, 1900-1914; ens., 9 vol. in-12, brochés.

> Édition originale. Chaque volume, sauf un, porte un envoi autographe à P. Adam.
> Trois volumes ont leurs couvertures abîmées.

775. **France** (Anatole). Les désirs de Jean Servien. *Paris, Lemerre*, 1882; in-12, broché, couv. imp.

> Édition originale, avec la première couverture imprimée par Retaux.
> Infime déchirure dans la marge d'un feuillet.

776. **France** (Anatole). Théocrite. L'Oarystis. Texte grec et traduction de M. André Bellessort. Précédée d'une lettre de Sicile par M. Anatole

France. Illustrations de Georges Bellenger, gravées par E. Froment. *Paris, Pelletan*, 1896; gr. in-8, mar. orange, compart. de fil. et encadr. d'une dent. dor. à motifs grecs de lotus, dos orné, fil. et dent. dor. int., doubl. et gardes de soie brochée, tr. dor., couv. cons., étui gainé. (*Carayon.*)

> Exemplaire de la BIBLIOTHÈQUE PIERRE DAUZE. C'est un des 50 exemplaires de présent sur japon impérial, contenant le tirage à part, sur chine, de toutes les figures AVANT LA LETTRE.
> Pierre Dauze a fait relier en tête du volume le MANUSCRIT AUTOGRAPHE complet et signé de la *Lettre de Sicile* d'ANATOLE FRANCE : 13 feuillets in-4 montés sur feuilles de japon, beau manuscrit portant des corrections et ayant servi pour l'impression. (*Voir la reproduction*).
> On a également joint une lettre de l'éditeur à P. Dauze relative à cette préface d'Anatole France.
> Très belle reliure, au décor sobre et harmonieux, signée de *Carayon*.

777. **France** (Anatole). Clio. Illustrations de Mucha. *Paris, Calmann-Lévy*, 1900; in-8, demi-veau marb., coins, dos à nerfs, orné, mosaïq. tête dor., non rog., couv. cons. (*Kauffmann.*)

> Édition originale. Bel exemplaire.

778. **France** (Anatole). Clio. Illustrations de Mucha. *Paris, Calmann-Lévy*, 1900; in-8, demi-chag. rouge, coins, dos à nerfs orné de fleurs mosaïq., tête dor., non rog., couv. cons.

> Édition originale.

779. **France** (Anatole). Le Crime de Sylvestre Bonnard. Nouvelle édition, revue et corrigée. *Paris, Calmann Lévy*, 1903; in-12, brad., demi-toile saumon, coins, tête dor., non rog., couv. et dos cons. (*Vermorel.*)

> Un des cinquante exemplaires sur hollande.
> Envoi autographe d'A. France, signé, à Mme Ernest Pellerin.

780. **France** (Anatole). Le Crime de Sylvestre Bonnard. Illustré par Siméon. *Paris, Mornay, « Les Beaux Livres »*, 1923; in-8, broché.

> Exemplaire sur papier de Rives.

781. **France** (Anatole). Histoire Comique. Pointes-sèches et eaux-fortes de Edgar Chahine. *Paris, Calmann-Lévy*, 1905; in-4, veau marb., larges dent. dor., dos à nerfs, orné, bord. int., tête dor., non rog., couv. cons.

> Belle édition recherchée, tirée à petit nombre.
> Exemplaire sur papier à la cuve.

782. **France** (Anatole). Sainte Euphrosine. Avec les illustrations et encadrements de L.-Ed. Fournier, les eaux-fortes de E. Pennequin et les gravures sur bois de L. Marie. *Paris, Ferroud*, 1906; in-4, veau marb., large compos. de dent. dor., dos à nerfs, orné, bord. int., tête dor., non rog., couv. cons.

> Un des 80 exemplaires sur japon, avec une suite à part des illustrations.

783. **France** (Anatole). Les Contes de Jacques Tournebroche. Illustrations de Léon Lebègue. *Paris, Calmann Lévy*, (1909); in-8, demi-chag. olive, coins, dos orné en long, mosaïq., tête dor., non rog., couv. cons.

Dos légèrement passé.

784. **France** (Anatole). Thaïs. Quinze compositions dont un frontispice en couleurs par Georges Rochegrosse, gravées à l'eau-forte, par E. Decisy. *Paris, Ferroud*, 1909; in-8, veau marb., large compos. de dent. dor., dos à nerfs, orné, bord. int., tête dor., non rog., couv. cons.

Exemplaire sur vélin d'Arches.

785. **France** (Anatole). Les Sept Femmes de la Barbe-Bleue, et autres contes merveilleux.... *Paris, Calmann Lévy*, (1909); in-12, demi-mar. bleu, dos à nerfs, orné de fil. à fr., tête dor., non rog., couv. et dos cons. (*Creuzevault.*)

Édition originale. Un des 75 exemplaires sur japon.
Bel exemplaire.

786. **France** (Anatole). Les Sept Femmes de la Barbe-bleue et autres contes merveilleux. Illustrations en couleurs de G. A. Mossa. *Paris, Ferroud*, 1921; in-8, mar. bleu, large encad. formé d'une bande de mar. laval., avec fil. dor. et au pointillé, motifs d'angle et fleurs mosaïq., dos orné en long, mosaïq., bord. int., doubl. et gardes de faille bleue, tête dor., non rog., couv. et dos cons., étui doublé.

Un des cent exemplaires sur japon, contenant deux états de toutes les illustrations dont un état en noir.

787. **France** (Anatole). Les sept femmes de la Barbe-bleue et autres contes merveilleux. Bois de S. Sauvage. *Paris, Mornay, « Les Beaux Livres »*, 1925; in-8, broché.

Exemplaire sur papier de Rives, avec une suite des illustrations sur japon.

788. **France** (Anatole). Marguerite. Trente-cinq [bois originaux de Siméon. *Paris, Coq*, 1920; in-8, broché.

Édition originale, tirée à 500 exemplaires. Celui-ci est sur hollande.

789. **France** (Anatole). La Rôtisserie de la Reine Pédauque. Bois gravés par Jou. *Paris, Mornay, « Les Beaux Livres »*, 1920; in-8, broché.

Exemplaire sur papier de Rives.

790. **France** (Anatole). La Révolte des Anges. Bois gravés par Siméon. *Paris, Mornay, « Les Beaux Livres »*, 1921; in-8, broché.

Exemplaire sur papier de Rives.

791. **France** (Anatole). L'Ile des Pingouins. Illustrations de Georges Villa. *Paris, La Connaissance*, 1922; in-4, broché.

Exemplaire sur Lafuma.

792. **France** (Anatole). L'Ile des Pingouins. Illustré par Louis Jou. *Paris, Lapina*, 1926; 2 vol. in-4, br., étuis.

> Édition tirée à cinq cents exemplaires numérotés. Celui-ci est sur hollande.

793. **France** (Anatole). Crainquebille, Putois, Riquet et plusieurs autres récits profitables. Bois de Falké. *Paris, Mornay, « Les Beaux Livres »*, 1922; in-8, broché.

> Exemplaire sur papier de Rives.

794. **France** (Anatole). Alfred de Vigny. Edition revue et corrigée par l'auteur, décorée d'un portrait d'A. France par Ant. Bourdelle et de compositions dessinées et gravées sur bois par J.-L. Perrichon. *Paris, Claude Aveline*, 1923; in-4, broché.

> Un des 25 exemplaires sur papier Whatman, avec une suite des bois tirée sur japon pelure.

795. **France** (Anatole). Les Opinions de Monsieur Jérôme Coignard. Avec des figures par Silvain Sauvage. *Paris, Mornay*, 1924; in-8, broché.

> De la collection *Les Beaux Livres*. Un des 67 exemplaires sur japon.

796. **France** (Anatole). Les Opinions de Monsieur Jérôme Coignard. Avec des figures du sieur S. Sauvage. *Paris, Mornay, « Les Beaux Livres »*, 1924; in-8, broché.

> Exemplaire sur papier de Rives.

797. **France** (Anatole). Le Puits de Sainte-Claire. Illustrations de Georges M. Rochegrosse. *Paris, Ferroud*, 1925; gr. in-8, broché, étui.

> Un des exemplaires sur vélin d'Arches de cette belle édition à tirage très limité.

798. **France** (Anatole). Le Lys Rouge. Trente-cinq vernis mous en couleurs hors-texte de Omer Bouchery. *Paris, Kra*, 1926; pet. in-4, broché.

> Exemplaire sur Rives.

Cinquième Vacation

799. Funck-Brentano. — André de **Lorde.** Rosette. Illustrations de Watteau. *Paris, Lafitte, s. d.*; in-4, broché.

Nombreuses repoductions hors texte.
Légères mouillures aux derniers feuillets.

800. Galtier-Boissière (J.) et **Dignimont** (A.). La Bonne Vie. Dessins d'André Dignimont. *Paris, Jonquières*, 1928; in-4, broché.

Exemplaire sur papier vélin.

801. Gasquet (Joachim). Il y a une volupté dans la douleur... *Paris, Grasset*, 1921; in-12, broché.

De la collection *Les Cahiers Verts*.

802. Gautier (Théophile). Emaux et Camées. Cent douze dessins de Gustave Fraipont. Préface par Maxime du Camp. *Paris, Conquet*, 1887; in-16, brad., demi-chag. bleu, coins, dos orné, tête dor., non rog., couv. et dos cons.

Exemplaire sur vélin du Marais.

803. Gautier (Théophile). Mademoiselle de Maupin. Illustrations de Serge de Solomko, gravées à l'eau-forte par Pennequin. *Paris, Ferroud*, 1914; 2 vol. in-12, br., étuis.

Édition tirée à petit nombre.
Exemplaire numéroté sur vélin teinté.

804. Gautier (Théophile). Le Roman de la Momie. Compositions de George Barbier, gravées sur bois par Gaspérini. *Paris, Mornay*, « *Les Beaux Livres* », 1929; in-8, broché.

Un des 67 exemplaires sur japon impérial avec une suite sur chine des illustrations.

805. Gautier (Judith). Le Livre de Jade, poésies traduites du chinois. Nouvelle édition considérablement augmentée et ornée de vignettes et de gravures hors-texte d'après les artistes chinois. *Paris, Juven, s. d.*; in-8, broché.

Petites taches d'encre au dos, coiffes fatiguées.

806. **Gazette du Bon Ton**, art, modes et frivolités. *Paris, Librairie Centrale des Beaux-Arts*, 1912-1913; 2 vol. pet. in-4, vélin blanc à recouv., large encad. dor. avec grecque noire, têtes dor., non rog., couv. cons., étuis doublés. (*Creuzevault.*); et 4 numéros de 1914, brochés.

Ouvrage recherché, tiré sur papier vergé, orné des 120 aquarelles hors texte par P. Brissaud, Carlègle, Brunelleschi, Drésa, Martin, G. Lepape, A.-E. Marty, A. Faivre, G. Barbier, B. Boutet de Monvel, etc.
Les articles sont signés par J. Besnard, A. Flament, J. Giraudoux, E. Henriot, H. de Régnier, etc.
On a ajouté les 4 premiers numéros de 1914; 4 volumes petit in-4 en ff.; avec 41 aquarelles hors texte.

807. **Gide** (André). Le Roi Candaule. *Paris, Revue Blanche*, 1901; in-8 carré, broché.

Édition originale.

808. **Gide** (André). Isabelle. *Paris, N. R. F.*, 1911; in-16, broché.

Édition originale, tirée à 500 exemplaires sur Arches.

809. **Gide** (André). Isabelle. Gravures au burin par Daragnès. *Paris, Jonquières, « Les Beaux Romans »*, 1924; in-12, broché.

Exemplaire sur papier d'Arches.

810. **Gide** (André). Charles-Louis Philippe. Conférence prononcée au Salon d'Automne, le 5 novembre 1910. *Paris, Figuière*, 1911; in-12, broché.

Édition originale.

811. **Gide** (André). Le Prométhée mal enchaîné. Illustré de 30 dessins par Pierre Bonnard. *Paris, Nouvelle Revue Francaise*, 1920; in-4, broché.

Exemplaire sur vélin blanc Lafuma.

812. **Gide** (André). La Tentative Amoureuse ou le Traité du vain désir. Avec les aquarelles de Marie Laurencin gravées sur bois par Jules Germain et L. Petitbarat. *Paris, N. R. F.*, 1921; in-4, br.

Édition à tirage très restreint sur Lafuma.

813. **Gide** (André). Incidences. *Paris, N. R. F.*, 1924; pet. in-4, broché.

Édition originale. Exemplaire sur Lafuma, tirage réimposé.

814. **Gide** (André). Si le grain ne meurt. Nouvelle édition. *Paris, Gallimard*, 1924; 3 vol. in-12, brochés.

Exemplaire sur papier Van Gelder ,sous couverture bleue.

815. **Gide** (André). L'Immoraliste. Illustrations de René Ben-Sussan. *Paris, Jonquières, « Les Beaux Romans »*, 1925; in-8, broché.

Exemplaire sur vélin de fil.

816. **Gide** (André). Les Faux-Monnayeurs. *Paris, N. R. F.*, 1925;
pet. in-4, broché.
> Édition originale. Exemplaire sur Lafuma, tirage réimposé.

817. **Gide** (André). Les Faux-Monnayeurs. *Paris, N. R. F.* 1925;
in-12, broché.
> Édition originale. Exemplaire sur Lafuma.

818. **Gide** (André). Amyntas. — Le Prométhée mal enchaîné. — Antoine
et Cléopâtre, traduit de l'anglais de Shakespeare. Nouvelles éditions.
Paris, N. R. F., 1926; in-16, brochés.
> Exemplaires sur papier Van Gelder.

819. **Gide** (André). Amyntas. Aquarelles de Lucien Mainssieux. Frontispice gravé en couleurs par E. Feltesse. *Paris, Crès, « Le Musée du
Livre »*, 1928; in-8, broché.
> Exemplaire sur vergé de Rives.

820. **Gide** (André). Journal des Faux-Monnayeurs. *Paris, N. R. F.*,
1927; pet. in-12, couv. bleue, broché.
> Édition tirée à petit nombre sur papier Van Gelder, sous couverture bleue.

821. **Gide** (André). Voyage au Congo, carnets de route. *Paris, N. R. F.*,
1927; pet. in-4, broché.
> Édition originale. Exemplaire sur Lafuma, tirage réimposé.

821 *bis*. **Gide** (André). Le Retour du Tchad, suite du Voyage au Congo.
Paris, N. R. F., 1928; pet. in-4, broché.
> Édition originale. Exemplaire sur Lafuma, tirage réimposé.

822. **Gide** (André). Voyage au Congo. Carnets de route. *Paris, N. R. F.*,
1927; in-12, broché.
> Édition originale.

823. **Gide** (André). Le Retour du Tchad. Suite du Voyage au Congo.
Carnets de route. *Paris, N. R. F.*, 1928; in-12, broché.
> Édition originale sur alfa.

824. **Gide** (André). L'Ecole des Femmes. *Paris, N. R. F.*, 1929; pet. in-4,
broché.
> Édition originale. Exemplaire sur Lafuma, tirage réimposé.

825. **Gide** (André). L'Ecole des Femmes. *Paris, Gallimard*, 1929;
pet. in-12, broché, couv. bleue.
> Un des exemplaires sur papier de Hollande, sous couverture bleue.

826. **Giraudoux** (Jean). Juliette au pays des hommes. *Paris, Emile-
Paul*, 1924; in-12, broché, couv. imp.
> Édition originale.
> Un des 15 exemplaires sur papier de Chine.
> Couverture légèrement défraîchie.

827. **Giraudoux** (Jean). Juliette au pays des hommes. Gravures de Chas Laborde. *Paris, Emile-Paul*, 1926; in-8 carré, broché.

Un des 50 exemplaires sur hollande avec une suite à part des gravures.

828. **Giraudoux** (Jean). Juliette au pays des hommes. Gravures de Chas Laborde. *Paris, Emile-Paul*, 1926; in-4, broché.

Édition tirée à trois cents dix-sept exemplaires. Celui-ci est sur Rives.

829. **Giraudoux** (Jean). Visite chez le Prince. Frontispice gravé par Daragnès. *Paris, Emile-Paul*, 1924; in-12, broché.

Exemplaire sur papier vergé.

830. **Giraudoux** (Jean). Provinciales. Aquarelles de G. Gallibert. *Paris, aux Aldes*, 1926; gr. in-4, broché, étui gainé.

Tiré à petit nombre. Exemplaire sur Rives.

831. **Giraudoux** (Jean). Amica America. Gravures de Jacques Mauny. *Paris, Emile-Paul*, 1928; gr. in-8, broché.

Exemplaire sur Hollande.

832. **Giraudoux** (J.), **Morand** (P.), **Mac Orlan**, **Salmon** (A.), **Jacob** (Max), **Lacretelle** (J. de), **Kessel**. Les Sept Péchés Capitaux. Eaux-fortes de Marc Chagall. *Paris, Kra*, 1926; in-4, broché.

Edition originale, tirée à petit nombre.
Exemplaire sur vélin.

833. **Goethe.** Faust. Traduction de J. Porchat, revue par B. Lévy. *Paris, Hachette*, 1878; gr. in-fol., veau brun, importante composition tirée du texte, repoussée à froid et ciselée sur le dos et les plats, dent. int., tête dor., non rog., étui. (*Dézé.*)

Compositions hors texte et dans le texte, gravées d'après Liezen Mayer.
Curieuse et originale reliure de cuir incisé.

834. **Goethe.** Faust. Mit Bildern und Beichnungen von A. v. Kreling. *Munchen et Berlin, Bruckmann, s. d.*; in-fol., rel. cuir repoussé, avec médailles de bronze ciselées et encastrées, tr. dor.

Nombreuses illustrations photographiques. Curieuse reliure.

835. **Goncourt** (Edmond et Jules de). Germinie Lacerteux. Compositions par Jeanniot. *Paris, Quantin*, 1886; in-8, demi-maroq. noir à longs grains, coins, dos orné, têt. dor., couv. cons. (*Durvand.*)

De la collection : *Chefs-d'œuvre du roman contemporain.*
Exemplaire sur vélin blanc.

836. **Gorki** (Maxime). Les Vagabonds. Bois gravés de Lébédeff. *Paris, Mornay*, 1921; in-8, broché.

De la collection *Les Beaux Livres.* Exemplaire sur Rives.

837. **Graux** (Lucien). Le Saint Homme de Huestra. Gravures sur bois originales de Hermann-Paul. *Paris, Brucker*, 1928; in-4, broché.

Édition originale, tirée à 305 exemplaires. Celui-ci est sur Arches.

838. Green (Julien). Adrienne Mesurat. *Paris*, *Plon*, 1927; in-12, broché.

De la collection *Le Roseau d'Or*. Édition originale. Exemplaire sur Lafuma.

839. Guérin (Maurice de). Le Centaure. — La Bacchante. Deux poèmes en prose, illustrés de seize lithographies originales de Raphael Drouart. *Paris*, *Boutitie*, 1921; in-4 en ff., dans un portefeuille cart.

Tiré à 320 exemplaires. Celui-ci est sur vergé d'Arches.

840. Guérin (Maurice de). Le Centaure. La Bacchante. Préface de Charles Maurras. Illustrations de Adolphe Giraldon. *Paris*, *Plon-Nourrit*, 1925; in-8, broché, avec suites sous carton.

Un des 30 exemplaires sur japon, avec une double suite d'états décomposés des bois, sur japon mince et sur chine.

841. Guérin (Charles). Douze Sonnets. Illustrations de William Fel, dont un frontispice gravé au vernis mou. *Paris*, *Ferroud*, 1922; in-8, mar. marine, sur le premier plat, médaillon ovale, mosaïq. mar. bleu, ciel, avec soleil dor. et nuages blancs, encad. de pet. fleurs mosaïq., dos à nerfs, large encad. mosaïq., doubl. et gardes de moire bleu clair, tr. dor. sur témoins, couv. et dos cons., étui. (*Lanoé.*)

Exemplaire sur japon, réservé à William Fel, contenant les états successifs du frontispice (en tout onze états différents).
On a ajouté un *dessin original* au crayon et une GOUACHE ORIGINALE.
Très bel exemplaire.

842. Halévy (Ludovic). Princesse. *Paris*, *Boussod*, *Valadon*, 1886; in-4, demi-chag. vert, coins, dos à nerfs, orné, tête dor., non rog.

Édition originale tirée à cinquante exemplaires; ornée de cinq belles planches hors texte par Cécile Chennevière et L. Morin. Dessins dans le texte.
On a joint le « Discours prononcé à l'Académie Française pour la réception de L. Halévy ». *Paris*, *Didot*, 1886. *Envois autographes*, signés.

843. Halévy (Ludovic). L'Abbé Constantin. Illustré par Madeleine Lemaire. *Paris*, *Boussod*, *Valadon*, 1887; in-4, demi-mar. rouge jans., coins, dos à nerfs, tête dor., non rog.

Belle édition, illustrée par Madeleine Lemaire.
Jolie AQUARELLE ORIGINALE, signée par Madeleine Lemaire, sur le premier feuillet blanc.

844. Halévy (Ludovic). La Famille Cardinal. Illustrations de Charles Léandre. *Bruxelles*, *Deman*, 1893; gr. in-8, brad., demi-mar. bleu, coins, dos orné de fleurs et fleur. mosaïq., non rog., couv. cons. (*Carayon.*)

Un des 75 exemplaires sur japon, avec quatre états des eaux-fortes.
Bel exemplaire.

845. Halévy (Ludovic). La Famille Cardinal. Illustrations de Charles Léandre. *Paris*, *Testard*, 1893; in-8, brad., demi-toile rouge, coins, non rog., couv. et dos cons., lég. salis.

Exemplaire sur vélin du Marais, contenant le frontispice en double état, dont l'avant-lettre.
Légères rousseurs.

846. **Hémon** (Louis). Maria Chapdelaine. *Paris, Grasset*, 1921; in-12, broché.

> Première édition française,
> De la collection *Les Cahiers Verts*.
> Nom manuscrit sur la couverture.

847. **Hermant** (Abel). Le Rat. *Paris, Iribe*, (1913); in-4, broché.

> Édition originale. Un des cent exemplaires sur japon.

848. **Hermant** (Abel). Le Rat. *Paris, Editions Paul Iribe*, 1913; in-4, broché.

> Exemplaire sur hollande.

849. **Hermant** (Abel). Entretiens sur la Grammaire française. Avec un frontispice et des vignettes gravés sur bois par Alfred Latour. *Paris, Le Livre*, 1923; in-8, broché.

> Un des 30 exemplaires sur papier du Japon.

850. **Hervieu** (Louise). Le Bon Vouloir. *Paris, Librairie de France*, 1927; in-4, broché, étui.

> Exemplaire sur Lafuma.
> Belles illustrations dans le texte et hors texte. Recherché.

851. **Horloge** (Collection de l'). *Paris, Cahiers Libres*, 1925-1928; Série complète des 12 vol. in-8, brochés.

> Tirage à 25 exemplaires sur papier Normandy teinté.

852. **Houville** (Gérard d'). Le Diadème de Flore. Avec quarante compositions en couleurs de A.-E. Marty, gravées sur bois par Georges Beltrand. *Paris, Le Livre*, 1928; in-12, en ff., broché, étui gainé.

> Édition originale.
> Exemplaire sur vélin du Marais.

853. **Hugo** (Victor). L'Année Terrible. *Paris, Calmann-Lévy*, 1872; in-8, broché.

> Véritable édition originale.
> Un des quelques exemplaires sur hollande.

854. **Hugo** (Victor). Quatre-vingt-treize. *Paris, Michel Lévy*, 1874; 3 vol. in-8, brochés.

> Édition originale.
> Quelques rousseurs.

855. **Hugo** (Victor). Quatre-vingt-treize, drame, mis à la scène par Paul Meurice. *Paris, Calmann-Lévy*, 1882; in-12, parchemin, aquarelle originale illustrant le dos et les plats, tête dor., non rog., couv. cons.

> Un des 50 exemplaires sur hollande.
> Les marges sont ornées de nombreuses aquarelles originales.

856. **Hugo** (Victor). La Légende des Siècles. Nouvelle série. *Paris, Calmann-Lévy*, 1877; 2 vol. in-8, brochés.

> Édition originale. Un des vingt exemplaires sur chine.

857. **Hugo** (Victor). La Légende des Siècles. Tome cinquième et dernier. *Paris, Calmann-Lévy*, 1883; in-8, broché.

> Édition originale de ce volume paru séparément.
> Un des quinze exemplaires sur chine.

858. **Huysmans** (J.-K.). En Rade. Eaux-fortes en couleurs et bois originaux de Paul Guignebault. *Paris, Blaizot et Kieffer*, 1911; in-4, mar. noir jans., dos lisse, encad. int., doubl. et gardes de tissu brodé de fils argent, bleu et rouge, tr. dor. sur témoins, couv. et dos cons., étui doublé. (*Franz.*)

> Tiré à 250 exemplaires. Celui-ci est l'un des vingt contenant trois états des eaux-fortes dont l'eau-forte pure, et la suite des bois, plus une *très belle aquarelle originale* à pleine page par Guignebault.
> Très bel exemplaire.

859. **Huysmans** (J.-K.). Là-bas. Portrait de l'auteur gravé sur bois par P.-E. Vibert. *Paris, Crès*, 1912; in-12, mar. violet, 3 fil. dor., dos orné en long, bande mosaïq. mar. bleu, large dent. int., doubl. et gardes de soie jasp., tête dor., non rog., couv. et dos cons.

> De la collection *Les Maîtres du Livre*.
> Bel exemplaire sur Rives.

860. **Huysmans** (J.-K.). Sac au Dos. Compositions et gravure originale de Barlangue. *Paris, Romagnol*, (1913); gr. in-8, brad., demi-mar. rouge, jans., coins, non rog., couv. et dos cons. (*Farez.*)

> Exemplaire sur japon, comprenant les trois états des gravures : 1º l'eau-forte pure; 2º l'état terminé avec remarques; 3º l'état terminé avec la lettre pour les gravures dans le texte et avant la lettre pour les hors texte.
> On a ajouté *deux beaux dessins originaux* à pleine page, de Barlangue, et une suite des eaux-fortes en épreuves signées d'artiste, dont quelques-unes en plusieurs états.

861. **Huysmans** (J.-K.). Marthe, histoire d'une fille. Illustrations de Dignimont. *Paris, Seheur*, 1926; in-4, broché.

> Exemplaire sur Arches.
> Sur le premier feuillet blanc, et à pleine page, *très beau dessin original à la plume, rehaussé de couleurs, par Dignimont*, signé et daté.

862. **Imitation de Jésus-Christ** (L'). Traduction de Michel de Marillac, publiée par les soins de D. Jouaust. Préface par E. Caro. Dessins hors texte par Henri Lévy, gravés à l'eau-forte par Waltner. Ornements par H. Giacomelli. *Paris, Librairie des Bibliophiles*, 1875; in-8, demi-mar. olive jans., dos à nerfs, tête dor., non rog., couv. cons.

> Exemplaire sur papier vergé.

863. **Imitation de Jésus-Christ** (L'), précédée d'une préface par Louis Veuillot. *Paris, Glady*, 1876; in-8, demi-mar. bleu, coins, dos à nerfs orné, tête dor., non rog., couv. et dos cons. (*Champs-Stroobants.*)

> Nombreuses compositions gravées à l'eau-forte.
> Un des 70 exemplaires sur chine.
> On a joint une lettre autographe signée de Louis Veuillot (1 p. in-12).
> Légères rousseurs.

864. **Iribe** (Paul). La Mort de Circé ou La Revanche du Cochon. Douze dessins de Paul Iribe. *Paris, Bernouard*, 1928; in-fol., broché.

Exemplaire hors commerce.

865. **Istrati** (Panaït). Kir Nicolas Codine. Bois en couleurs dessinés et gravés par Picart Ledoux. *Paris, Editions du Sablier*, 1926; gr. in-8 allongé, mar. tête de nègre, décoré d'une plaque de mar. écrasé soutenant le titre en lettres mosaïq. mar. vieux rouge, au-dessus de cinq bandes accollées de mar. blanc et rouge, soulignées de festons à fr.; filets ondulés et base du motif en platine, dos orné du même décor, ainsi que la large bordure intérieure d'encadrement, doublures et gardes de daim vieux rouge, doubles gardes, non rog., couv. et dos cons., étui gainé. (*Pierre Legrain.*)

Édition originale. Un des soixante-cinq exemplaires sur hollande Van Gelder, avec un ENVOI AUTOGRAPHE de l'auteur :
« souvenir affectueusement amical de notre séjour commun au Victoria.
Panaït ISTRATI,
Montana, 25 déc. 1926.
Très belle et originale reliure de Pierre Legrain, d'une heureuse harmonie de tons, rappelant les broderies hongroises.
(*Voir la reproduction.*)

866. **Istrati** (Panaït). Kir Nicolas, bois en couleurs, dessinés et gravés par Picart Ledoux. *Paris, Editions du Sablier*, 1926; in-8, broché.

Un des exemplaires sur vélin Montgolfier.

867. **Istrati** (Panaït). Mes Départs, pages autobiographiques. *Paris, N. R. F.*, 1928; pet. in-4, broché.

Edition originale. Exemplaire sur Lafuma, tirage réimposé.

868. **Joyce** (James). Ulysse. Traduit de l'anglais par Auguste Morel, assisté par M. Stuart Gilbert, traduction entièrement revue par Valéry Larbaud, avec la collaboration de l'auteur. *Paris, Adrienne Monnier*, 1929; fort vol. pet. in-4, broché.

Exemplaire sur alfa vergé.

869. **Juvénal.** Satire sur les Femmes, traduite par Louis Jarty, illustrée de trente eaux-fortes originales en couleurs de Maurice de Becque. *Paris, La Lampe d'Or*, 1923; pet. in-4, broché.

Exemplaire sur Rives à la forme.

870. **Kessel** (J.). La Steppe Rouge. *Paris, N. R. F.*, 1922; in-12, broché.

Édition originale. Envoi autographe, signé.
Exemplaire de presse.

871. **Kessel** (J.). Les Captifs. *Paris, N. R. F.*, 1926; pet. in-4, broché,

Edition originale.
Exemplaire sur Lafuma, tirage réimposé.

872. **Kessel** (J.). Les Captifs. Roman. *Paris, N. R. F.,* 1926; in-12, broché.

> Édition originale.
> Exemplaire sur vélin Lafuma.

873. **Kessel** (J.). Les Cœurs Purs. *Paris, N. R. F.,* 1927; pet. in-4, broché.

> Édition originale.
> Exemplaire sur Lafuma, tirage réimposé.

874. **Kessel (J.).** Les Cœurs purs. *Paris, N. R. F.,* 1927; in-12, broché.

> Édition originale, sur alfa.

875. **Kessel** (J.). Terre d'Amour. Illustrations de Feder. *Paris, Mornay, « La Collection originale »*; in-8, broché.

> Édition originale.
> Exemplaire sur papier d'Arches.

876. **Kessel** (J.). Belle de Jour. *Paris, N. R. F.,* 1929; pet. in-4, broché.

> Édition originale.
> Exemplaire sur Lafuma, tirage réimposé.

877. **Khayyam** (Omar). Rubaiyat. Translated by Ed. Fitzgerald. Introductions and notes by R. A. Nicholson. *London, Black,* 1909; pet. in-4, cart. toile de l'édit., tête dor.

> Seize planches en couleurs par Gilbert James.

878. **Kistemaeckers** (Henry). La Dame et le Demi-Monsieur. Illustrations de Foäche. *Paris, Flammarion, s. d.*; in-12, demi-mar. citron, coins, dos à nerfs, orné, tête dor., non rog., couv. et dos cons. (*Creuzevault.*)

> Édition originale.
> Un des dix exemplaires sur hollande.

879. **Kistemaeckers** (Henry). Volupté d'Aventure (La Femme Inconnue). Illustrations de Foäche. *Paris, Flammarion, s. d.*; in-8, demi-mar. citron, coins, dos à nerfs, orné, tête dor., non rog., couv. cons. (*Creuzevault.*)

> Édition originale.
> Un des dix exemplaires sur japon.

880. **Kouprine** (Alexandre). La Fosse aux filles. Traduction de Mongault et Desormonts. Bois de Lébédeff. *Paris, Mornay,* 1926; in-8 carré, broché.

> Jolie édition illustrée en couleurs, tirée à petit nombre.
> Exemplaire sur papier de Rives.

881. **Laborde** (Guy). Les Pendus au réverbère. Préface de Pierre Mac Orlan. Illustrations de Chas Laborde. *Paris, H. Parville*; 1926; in-4, broché.

> Un des cinq exemplaires sur japon impérial, avec une suite à part des aquarelles de Chas Laborde.

882. **Laborde** (Guy). Les Pendus au réverbère. Préface de Pierre Mac Orlan. Illustrations de Chas Laborde. *Paris, Ed. Henry Parville*, 1926; in-8 carré, broché.

Un des 100 exemplaires sur papier d'Arches.

883. **Laboureur** (J.-E.). — **Parny.** Chansons Madécasses. Avec trente vignettes gravées sur bois, en couleurs, par J.-E. Laboureur. *Paris, N. R. F.*, 1920; in-12, broché.

Charmante édition, illustrée en couleurs. Rare.

884. **La Bruyère.** Les Caractères. Deux burins originaux de Pierre Gandon. *Paris, Crès, « Musée du Livre »*, 1928; 2 vol. in-8, brochés.

Exemplaire sur Rives.

885. **Lacretelle** (Jacques de). La Vie inquiète de Jean Hermelin. *Paris, Grasset*, 1920; in-12, broché.

Édition originale.

886. **Lacretelle** (Jacques de). La Vie inquiète de Jean Hermelin. Gravures de Pierre Falké. *Paris, Emile-Paul*, 1926; pet. in-4, broché.

Exemplaire sur Rives.

887. **Lacretelle** (Jacques de). La Bonifas. *Paris, N. R. F.*, 1925; pet. in-4, broché.

Édition originale.
Exemplaire sur vélin Lafuma, tirage réimposé.

888. **Lacretelle** (Jacques de). La Bonifas. *Paris, N. R. F.*, 1925; in-12, broché.

Édition originale sur alfa.

889. **Lacretelle** (Jacques de). Le Christ aux bras étroits. *Paris, Eos*, 1927; in-4, broché.

Édition originale.
Un des 25 exemplaires sur Madagascar, signé par Lacrételle.

890. **Lacretelle** (Jacques de). Aparté. *Paris, N. R. F.*, 1927; pet. in-4, broché.

Édition originale.
Exemplaire sur Lafuma, tirage réimposé.

891. **Laffitte** (Pierre). Le Faust de Goethe. Illustrations de Bellery-Desfontaines et H. Vogel, gravées par Froment fils. *Paris, Pelletan*, 1899; in-8, brad., demi-chag. rouge, coins, dos orné, tête dor., non rog., couv. et dos cons.

892. **La Fontaine.** Suite de un portrait et quarante eaux-fortes pour illustrer les Contes, gravées par Monziès, Greux, Lemaire, etc., d'après Fragonard, Lancret, Pater, Le Mesle, Vleughels, Eisen, Boucher, Leclerc et Lorrain. (*Paris, Lemerre*, 1876).

893. **Laforgue** (Jules). Les Complaintes. Cent vingt-huit lithographies de Géo A. Drains. *Paris, Kra,* 1923; in-4, broché.

> Exemplaire sur vélin teinté.

894. **Lamartine** (Alphonse de). Raphaël. Pages de la vingtième année. Compositions par Sandoz. *Paris, Quantin, s. d.;* in-8, demi-maroq. noir à longs grains, dos orné, coins, têt. dor., couv. cons. (*Durvand.*)

> De la collection : *Chefs-d'œuvre du roman contemporain.*
> Exemplaire sur vélin blanc.

895. **Larbaud** (Valéry). Beauté, mon beau souci... Illustré de trente-sept gravures par J.-E. Laboureur. *Paris, Nouvelle Revue Francaise,* 1920; in-8, broché.

> ÉDITION ORIGINALE, tirée à petit nombre sur Lafuma.

896. **Larbaud** (Valery). Amants, heureux amants... *Paris, N. R. F.,* 1923; in-12, broché.

> Édition originale, sur Lafuma.

897. **Larbaud** (Valery). Fermina Marquez. Gravures sur cuivre de Chas Laborde. *Paris, Emile-Paul,* 1925; pet. in-4, broché.

> Exemplaire sur Rives, hors commerce.

898. **Larbaud** (Valery). Ce vice impuni, la lecture... domaine anglais. *Paris, Messein,* 1925; in-12, broché.

> Édition originale. Un des 90 exemplaires sur vergé d'Arches.

899. **Larbaud** (Valery). Enfantines. *Paris, N. R. F.,* 1926; 4 vol. in-12, cart. d'édit., étui.

> Édition tirée à trois cent cinquante-sept exemplaires numérotés. Exemplaire sur hollande. Illustrations par Jeanne Rosoy, Germaine Labaye, Halicka et Hermine David.

900. **Larbaud** (Valery). Caderno. Huit pointes-sèches hors texte, gravées par Mily Possoz. *Paris, Sans Pareil,* 1927; in-12, broché.

> Un des 80 exemplaires sur hollande.

901. **Larguier** (Léo). La Poupée. Dessins de Chas Laborde. *Paris, Briffaut,* 1925; in-8, broché.

> Exemplaire sur vélin.

902. **La Sale** (Antoine de). Le Petit Jehan de Saintré. Texte établi par P. Champion et F. Desonay. Vingt-sept illustrations du xvᵉ siècle, titres et lettrines, dessinés par Maurice L'Hoir. *Paris, Editions du Trianon,* 1926; pet. in-4, broché.

> Exemplaire sur Rives, h. c. (nom du destinataire rayé à l'encre).

903. **Lautréamont** (Comte de). Les Chants de Maldoror. Chants I à VI et une Table. *Paris, Ed. de la Sirène,* 1920; in-12, cart. brad. pap. marbré, non rog., couv. et dos cons.

> Exemplaire sur papier vergé d'Angleterre.

904. Le Braz (Anatole). Le Gardien du Feu. Bois de Méheut. *Paris, Mornay, « Les Beaux Livres »*, 1923; in-8, broché.

Exemplaire sur papier de Rives.

905. Leclerc (Marc). La Passion de Notre Frère le Poilu. Illustrations en couleurs de Léon Lebègue. *Paris, Ferroud*, 1917; in-8, broché.

Un des 55 exemplaires sur Japon, avec 3 états des gravures.

906. Leclère (Paul). Venise, seuil des Eaux. Aquarelles de Van Dongen. *Paris, Cité des Livres*, 1925; gr. in-4, mar. bleu, décor mosaïq. sur le premier plat de pylones qui se reflètent ainsi que les hautes lettres du titre dans l'eau figurée par des pointillés ondulés d'argent, bord. int. de mar. orné d'un pointillé d'or et d'argent en festons, gardes et contre-gardes de peau de daim olive, non rog., couv. cons. (*Pierre Legrain.*)

Un des exemplaires sur vélin de Hollande dans une superbe reliure de Legrain, synthétisant les reflets des lumières de Venise dans l'eau qui borde les maisons.
(*Voir la reproduction.*)

907. Leconte de Lisle. Poèmes Antiques. — Poèmes Barbares. *Paris, Lemerre, s. d.*; 2 vol. in-8, brochés.

Portrait à l'eau-forte par Rajon.

908. Leconte de Lisle. Eschyle. — Euripide. — Sophocle. Traduction nouvelle. *Paris, Lemerre, s. d.*; 5 vol. in-8, brochés.

909. Leconte de Lisle. Contes en Prose. (Impressions de Jeunesse). Préface de Jean Dornis. *Paris, aux dépens de la Soc. Normande du Livre illustré*, 1910; in-8, en feuilles, sous couverture, étui gainé.

Édition originale, tirée seulement à 135 exemplaires sur papier vélin. Portrait gravé au burin par J. A. Corabœuf, d'après un dessin de Jobbé-Duval. Ornements typographiques de Malatesta.

910. Leloir (Maurice). Une Femme de qualité au siècle passé. *Paris, Jean Boussod, Manzi et Cie, s. d.*; 10 livraisons brochées, réparties sous deux étuis, in-fol. max., mar. blanc, encadr. de dent. dor. et fil. dor., gardes int. de moire blanche. (*Riche rel. de l'éditeur.*)

Ouvrage entièrement gravé.
Tirage unique à 200 exemplaires.
Superbes illustrations *en couleurs* dans le goût du xviiie siècle.
Chaque livraison a conservé ses couvertures.

911. Lemonnier (C.). Au cœur frais de la forêt. Bois gravés de H. Barthélemy. *Paris, Mornay, « Les Beaux Livres »*, 1922; in-8, broché.

Exemplaire sur papier de Rives.

912. Lenôtre (G.). Vieilles maisons, vieux papiers. Séries I-II-III. *Paris, Perrin*, 1900-1906; 3 vol. in-8, demi-chag. bleu, coins, dos à nerfs ornés, têtes dor., non rog., couv. cons.

Tirage à très petit nombre sur hollande.
Orné de planches hors texte.

913. Le Roy (Eugène). Jacquou le Croquant. Bois gravés par **L.-J.** Soulas. *Paris, Mornay, « Les Beaux Livres »*, 1925 ; in-8, broché.

> Exemplaire sur papier de Rives, avec une suite à part sur japon, des illustrations.

914. Le Roy (Eugène). Le Moulin du Frau. Bois de L.-J. Soulas. *Paris, Mornay, « Les Beaux Livres »*, 1927 ; in-8, broché.

> Exemplaire sur Rives.

915. Le Sage et ses Amis (Collection). Les 15 premiers volumes ; in-16, brochés, sur papier Roma jaune paille.

915bis. Livrets du Bibliophile (Collection Les). *Editions Stols et Aveline*, 1926. Les dix premiers numéros (in-16 brochés), sur vélin ·

> *Duhamel* (G.). Lettres sur les Bibliophiles.
> *Asselineau* (Ch.). L'Enfer du Bibliophile.
> *Larbaud* (V.). Ce vice impuni, la lecture...
> *Flaubert* (G.). Bibliomanie.
> *Valéry* (P.). Notes sur le livre et le manuscrit.
> *Mallarmé* (S.). Quant au livre.
> *Aveline* (Cl.). Les Désirs ou le livre égaré.
> *France* (A.). Le Livre du Bibliophile.
> *Claudel* (P.). La Philosophie du Livre.
> *Nodier* (Ch.). Le Bibliomane.

916. Longus. Daphnis et Chloé, gravures de Scott, notices par A. Pons. *Paris, Quantin*, 1878 ; in-16, demi-chag. bleu jans., dos à nerfs, tête dor., non rog.

917. Longus. Les Pastorales ou Daphnis et Chloé, traduction de J. Amyot, revue, corrigée, complétée de nouveau, refaite en grande partie par Paul-Louis Courier. Lithographies originales de **P. Bonnard.** *Paris, Vollard*, 1902 ; in-4, broché, en feuilles.

> Édition très recherchée et devenue rare, tirée à 250 exemplaires.
> Un des quelques exemplaires sur hollande, numérotés. Sur le premier feuillet, charmant *dessin original* au fusain de Bonnard, signé, tête de jeune femme.
> Rarissime avec un dessin original.

918. Lorrain (Jean). Les Griseries. *Paris, Tresse et Stock*, 1887 ; in-12, broché.

> Édition originale.
> Sur le faux-titre, ces lignes autographes :
>
> > *A Madame Sarah Bernhardt,*
> > Jean LORRAIN,
> > *Paris, 1887, Mars,*
> > *Fécamp, 1887, Août.*
> >
> > *L'étoile d'or, qui brille au sommet du coteau,*
> > *ne connaît pas celui, dont l'œil bleu la regarde,*
> > *mais le pâtre qui veille attentif à la garde*
> > *de ses moutons, les bras croisés sous son manteau,*
> > *connaît l'Etoile d'or.*
> >
> > J. L.

919. Lorrain (Jean). La Princesse sous verre. *Paris, Taillandier,* 1896; in-4 en ff., portefeuille cart., plaque de verre au premier plat.

Édition originale, tirée à 220 exemplaires. Celui-ci est l'un des rares sur japon. Illustrations de André Céhard.
Sur le titre, *pièce autographe,* signée par l'auteur.

920. Lorrain (Jean). La Princesse des Chemins. — La Princesse aux lys rouges. — Les Trois Duchesses. *Paris, Baschet,* 1897; in-4 en ff., portefeuille cart.

Édition originale collective, tirée à 25 exemplaires, signés par J. Lorrain.
Illustrations en couleurs.

921. Lorrain (Jean). Neighilde, conte de Noel. *S. l. n. d.*; broch. in-4 en ff., portefeuille cart.

Jolie édition illustrée.
Bel envoi autographe signé.

922. Lorrain (Jean). M. de Phocas. Astarté. Bois gravés par Chapront. *Paris, Mornay, « Les Beaux Livres »,* 1922; in-8, broché.

Exemplaire sur papier de Rives.

923. Lorrain (Jean). — **Delphi-Fabrice.** Clair de Lune. Drame en 1 acte et 2 tableaux. Représenté pour la première fois à Paris, sous la direction d'Aristide Bruant. *Paris, Ondet,* 1904.

Édition originale comprenant 4 DESSINS ORIGINAUX rehaussés aux crayons de couleurs sur papier japon, plus une silhouette de Bruant en frontispice. Note manuscrite autographe. Tiré seulement à quelques exemplaires pour les répétitions.

924. Loti (Pierre). Ramuntcho. Gravures sur bois en camaïeu et en noir, par J.-B. Vettiner. *Lyon, Cercle Lyonnais du Livre,* 1922; in-4, broché.

Belle édition tirée seulement à 149 exemplaires, dont 120 réservés aux Sociétaires.
Celui-ci est un des vingt exemplaires mis dans le commerce.

925. Loti (Pierre). Pêcheur d'Islande. Illustré par H. Barthélemy. *Paris, Mornay, « Les Beaux Livres »,* 1926; in-12, broché.

Exemplaire sur papier de Rives.

926. Loti (Pierre). La Maison des Aïeules, suivie de Mademoiselle Anna, très humble poupée. Illustrations d'André Hellé. *Paris, Floury,* 1927; pet. in-4, broché.

Exemplaire sur vélin d'Arches.

927. Loti (Pierre). Mon frère Yves. Illustré par Méheut. *Paris, Mornay, « Les Beaux Livres »,* 1928; in-8, broché.

Un des 36 exemplaires sur hollande, avec une suite à part sur japon des illustrations.

928. Louys (Pierre). La Conque. *Paris*, 1891; 11 livraisons reliées en 1 vol. in-8, bois laqué, encadr. de bandes de mar. citron mosaïq., sur les plats et le dos, couv. des livraisons cons. (*Pierson.*)

Collection bien complète de cette revue très rare, fondée par Pierre Louys en 1891, et qui n'eut que onze numéros (le douzième annoncé n'ayant jamais paru).
Un des 20 exemplaires sur japon impérial, numérotés à la main (n° 16) par Pierre Louys. Il est bien complet de toutes les couvertures de livraisons.
Exemplaire d'Henri Monod, comprenant le n° 1 en double exemplaire, celui sur japon et un numéro specimen sur vergé dans lequel on a joint trois LETTRES AUTOGRAPHES de Pierre Louys à Henri Monod, l'une lui promettant de réunir pour lui cette collection de *La Conque*, l'autre le félicitant d'un recueil de poèmes, enfin une très intéressante note de Pierre Louys (1 page 1 /2 in-8) jointe par lui à cet exemplaire en l'envoyant à Henri Monod et lui donnant tous les renseignements sur *la Conque* : tirage, raison pour laquelle le n° 12 n'a jamais paru, et pourquoi cette revue est devenue si rare, etc.
Curieuse et jolie reliure en bois précieux décoré, au chiffre d'Henri Monod.

929. Louys (Pierre). Les Chansons de Bilitis, traduites du grec pour la première fois, par P. L. *Paris, l'Art Indépendant*, 1895; in-8, demi-mar. orange, coins, dos à nerfs, orné de fleurs mosaïq., tête mouch., non rog., couv. cons.

Édition originale, tirée à 500 exemplaires. Celui-ci est sur vélin. Rare.

930. Louys (Pierre). Les Chansons de Bilitis, ornées d'un portrait de Bilitis, dessiné par P. Albert Laurens, d'après le buste polychrôme du Musée du Louvre. *Paris, Mercure de France*, 1898; in-8, veau marb., large dent. dor., dos à nerfs, orné, dent. int., tête dor., non rog.

Édition en partie originale. Exemplaire sur vélin.
Légères rousseurs.

931. Louys (Pierre). Aphrodite. Illustrations de A. Calbet. *Paris, Borel*, 1896; in-8 étroit, brad., demi-mar. olive, dos orné en long, tête dor., non rog. (*Kauffmann.*)

932. Louys (Pierre). La Femme et le Pantin. Illustrations de A. Calbet et J. Dedina. *Paris, Borel*, 1899; in-8 étroit, brad., demi-mar. olive, coins, dos orné, tête dor., non rog., couv. cons. (*Kauffmann.*)

Suite à part des hors-textes, en sanguine. Bel exemplaire.

933. Louys (Pierre). La Femme et le Pantin. Illustrations de A. Calbet et J. Dedina. *Paris, Borel*, 1899; in-8 étroit, broché.

934. Louys (Pierre). Mimes des Courtisanes de Lucien. Traduction littérale. *Paris, Mercure de France*, 1899; in-12, demi-bas. brune, dos orné en long, non rog., couv. cons.

Édition originale in -12, rare.

935. Louys (Pierre). Scènes de Courtisanes de Lucien. Traduction littérale. Illustrations de Jean Helt. *Paris, Borel*, 1902; in-8 étroit, broché.

Première édition illustrée.
Un des vingt exemplaires sur chine.

936. **Louys** (Pierre). Le Crépuscule des Nymphes. Avec 10 lithographies de Bosshard. *Paris, Briant-Robert*, 1926; gr. in-4, broché.

Exemplaire sur japon, h. c.

937. **Lucien.** Dialogues des Courtisanes. Traduction et notices par A.-J. Pons. Illustrations par H. Scott et F. Méaulle. *Paris, Quantin*, 1881; in-16, mar. bleu jans., dos à nerfs, doubl. de mar. orange, large et fine dent. dor., tr. dor. (*Reymann.*)

Un des quelques exemplaires sur japon.
Très bel exemplaire dans une ravissante reliure doublée.

938. **Mac Orlan** (Pierre). La Vénus Internationale. *Paris, N. R. F.*, 1923; pet. in-4, broché.

Édition originale. Exemplaire sur Lafuma, tirage réimposé.

939. **Mac Orlan** (Pierre). Marguerite de la Nuit. Gravures de Daragnès. *Paris, Émile-Paul*, 1925; in-4, broché.

Edition originale tirée à petit nombre. Exemplaire sur vergé de Rives, non numéroté.

940. **Mac Orlan** (Pierre). Aux lumières de Paris. Illustrations de Pascin. *Paris, Crès*, 1925; in-8, broché.

Exemplaire sur vélin blanc.
Envoi autographe (nom du destinataire rayé à l'encre).

941. **Mac Orlan** (Pierre). Prochainement ouverture de 62 boutiques. Henri Guilac architecte. *Paris, Kra*, 1925; in-12, br.

Edition originale. Tirage restreint. Un des exemplaires numérotés sur Lafuma.

942. **Mac Orlan** (Pierre). Le Chant de l'Equipage. Eaux-fortes de Dignimont. *Paris, Les Arts et le Livre*, 1926; in-4, broché.

Édition tirée à 321 exemplaires sur vélin de Rives.

943. **Mac Orlan** (Pierre). Chronique des Jours désespérés. Lithographies de H. Mirande. *Paris, Émile-Paul frères*, 1927; gr. in-8, broché.

Édition à tirage restreint. Exemplaire sur vélin d'Arches, non numéroté.

944. **Mac Orlan** (Pierre). La Danse Macabre. Vingt dessins de Yan B. Dyl. *Paris, Kra*, 1927; in-4, broché.

Édition tirée à petit nombre, remarquablement illustrée par Yan B. Dyl.
Exemplaire sur vélin.

945. **Mac Orlan** (Pierre). A l'Hôpital Marie-Madeleine. Gravures de Gus Bofa. *Paris, Les Amis de Nanette*, 1928; pet. in-4, broché.

Tiré à 110 exemplaires. Celui-ci est sur Rives.

946. **Mac Orlan** (Pierre). Nuits aux Bouges. Eaux-fortes de Dignimont. *Paris, Flammarion*, (1929); pet. in-4, broché.

Exemplaire sur Rives, hors commerce.

947. **Maeterlinck** (Maurice). Serres chaudes, suivies de Quinze chansons. *Bruxelles, Lacomblez,* 1912; in-12, broché.

> Édition originale collective.

948. **Magre** (Maurice). La Montée aux enfers. Poésies. Édition illustrée par Edouard Chimot, comprenant douze eaux-fortes originales gravées par l'artiste et vingt-trois dessins au crayon tirés en typographie. *Paris, l'Edition,* 1920; gr. in-8, broché.

> Un des quelques exemplaires sur vergé d'Arches.
> Envoi et poème autographes (*La Descente au Paradis*), sur le premier feuillet blanc.
> Coiffe inférieure fatiguée.

949. **Magre** (Maurice). Les Soirs d'opium, poèmes. Édition illustrée par Edouard Chimot. comprenant douze eaux-fortes originales gravées par l'artiste et vingt et un ornements gravés sur bois d'après ses dessins par J.-P. Sauget. *Paris, l'Edition,* 1921; gr. in-8, broché.

> Exemplaire sur Arches
> Envoi et poésie autographes (*L'Opium*), signés sur le premier feuillet blanc.

950. **Mallarmé** (St.). Madrigaux. Images (en couleurs) de Raoul Dufy. *Paris, La Sirène,* 1920; in-4, broché.

> Un des 90 exemplaires sur vélin de Rives de cette édition spirituellement illustrée en couleurs par Raoul Dufy.

951. **Mallarmé** (Stéphane). Madrigaux. Images de Raoul Dufy. *Paris, La Sirène,* 1920; in-4, broché.

> Exemplaire sur Lafuma.

952. **Mallarmé** (Stéphane). Poésies. Portrait de Stéphane Mallarmé d'après Renoir. Gravures sur cuivre et sur bois par Achille Ouvré. *Paris, Les Marges,* 1926; gr. in-4, broché.

> Exemplaire sur Arches.

953. **Mallarmé** (Stéphane). Contes Indiens. Edition originale, avec un avant-propos du D^e Ed. Bonniot. Décoration en couleurs de Maurice Ray. *Paris, Carteret,* 1927; gr. in-8, broché.

> Édition originale.
> Exemplaire sur vélin.

954. **Mallarmé** (Stéphane). Contes Indiens. Edition originale, avec un avant-propos du D^e Ed. Bonniot. Décoration en couleurs de Maurice Ray. *Paris, Carteret,* 1927; gr. in-8, broché.

> Édition originale.
> Exemplaire de présent sur vélin Lafuma.

955. **Malraux** (André). Les Conquérants. *Paris, Grasset,* 1928; in-8 en ff., étui gainé.

> Edition originale.
> Tirage pour les « XX » à vingt exemplaires réimposés sur Arches.

956. **Maran** (René). Batouala. Illustré de dessins par Iacovleff. *Paris, Mornay*, 1928; in-4, broché.

Exemplaire sur papier de Rives.

957. **Mardrus** (Dr J.-C.). Histoire charmante de l'adolescente Sucre d'Amour. *Paris, F. L. Schmied*, 1927; gr. in-4, mar. marron jans., dos orné des lettres d'or du titre, bord. int. de mar. ornée d'un réseau de fil. dor., gardes et contre-gardes de soie à ramages; tr. dor. sur témoins, couv. cons., étui gainé. (*Crellé*.)

Édition originale, ornementée par Schmied, et tirée seulement à 150 exemplaires, signés par L. F. Schmied.
Celui-ci est un des douze qui sont augmentés d'une double suite des compositions de l'artiste, l'une en couleurs, l'autre en noir.

958. **Margueritte** (Victor). La Garçonne, avec 28 hors-texte de Van Dongen . *Paris, Flammarion*, 1925; in-4, broché.

Édition de luxe à tirage limité.
Exemplaire sur vélin d'Arches.

959. **Martin** (Charles). Sous les Pots de Fleurs, recueil de dessins à la plume, accompagnés de prose rythmée, composés au Front, 1914-1917. Préface de Mac Orlan. *Paris, Meynial*, 1917; gr. in-8, en ff.' dans le portefeuille cart. toile verte de l'édit.

Tiré sur papier vergé.

960. **Martin du Gard** (Roger). Les Thibault. — Le Pénitencier. — La Consultation. — La Sorellina. *Paris, N. R. F.*, 1922-1928; 3 vol. in-12, brochés.

Éditions originales. Exemplaires sur Lafuma.

961. **Mauclair** (Camille). Le Poison des Pierreries. Compositions de Georges Rochegrosse, gravées à l'eau forte en couleurs par E. Decisy. Lettre-préface de l'auteur. *Paris, Ferroud*, 1903; in-4, broché (manque le prem. plat de la couv.)

Exemplaire sur Arches.

962. **Maughan** (Somerset). L'Envoûte. Texte français de Mme E.-R Blanchet. *Paris, Editions de France*, 1928; in-12, broché.

Édition originale de la traduction.
Un des douze exemplaires sur hollande.

963. **Maupassant** (Guy de). Clair de Lune. Illustrations de Arcos, Boutet de Monvel, Myrbach, Rochegrosse, etc. *Paris, Monnier*, 1884; gr. in-8, broché.

Première édition illustrée.
Couverture légèrement salie.

964. **Maupassant** (Guy de). Sur l'Eau. *Paris, Conard*, 1908; in-8, demi-mar. violet, coins, dos orné en long, tête dor., non rog., couv., cons. (*Creuzevault.*)

Un des soixante exemplaires sur japon ancien.

965. Maupassant (Guy de). Ce Cochon de Morin. Aquarelles originales par Henriot, gravées en couleurs typographiques. *Paris, Carteret,* 1909; in-8 en ff., portefeuille cart. de l'édit.

Exemplaire sur japon.

966. Maupassant (Guy de). Contes Normands. Eau-forte par G. Le Meilleur. *Paris, Crès,* 1920; in-12, broché.

De la collection *Les Maîtres du Livre.*
Exemplaire sur Rives.

967. Mauriac (François). Le Baiser au Lépreux. *Paris, Grasset,* 1922; in-12, broché.

De la collection *Les Cahiers Verts.*
Édition originale.

968. Mauriac (François). Le Désert de l'Amour. *Paris, Grasset, « Les Cahiers Verts »,* 1925; in-12, broché.

Édition originale. Un des quelques exemplaires sur japon.
Envoi autographe, signé.

969. Mauriac (François). Genitrix. Eaux-fortes de Gernez. *Paris, Cité des Livres,* 1926; in-4, broché, étui.

Édition tirée à quatre cent cinquante exemplaires. Celui-ci est sur hollande.

970. Mauriac (François). Supplément au Traité de la Concupiscence de Bossuet. Cuivres et bois originaux d'Edouard Wiralt. *Paris, Éditions du Trianon,* 1928; in-16, broché.

Édition originale.
Exemplaire sur hollande, h. c.

971. Mauriac (François). La Chair et le Sang. *Paris, Flammarion,* (1928); in-12, broché.

Édition sur alfa.

972. Maurois (André). Les Discours du Docteur O'Grady. *Paris, Grasset,* 1922; in-12, broché, couv. imp.

Édition originale. Un des 100 exemplaires sur papier Lafuma.

973. Maurois (André). Les Discours du Docteur O'Grady. Avec quinze gravures au burin de J.-E. Laboureur. *Paris, Le Livre,* 1929; in-8, broché.

Exemplaire sur Arches.

974. Maurois (André). Ariel ou la Vie de Shelley. *Paris, Grasset, « Les Cahiers verts »,* 1923; in-12, broché.

Édition originale.

975. Maurois (André). Ariel ou la Vie de Shelley. Vignettes de Hermine David. *Paris, Emile-Paul,* 1924; in-8, broché.

Un des 25 exemplaires sur japon impérial.

976. **Maurois** (André). Ariel ou la Vie de Shelley. Vignettes de Hermine David. *Paris, Emile-Paul*, 1924; in-8, broché.

> Édition à tirage limité. Un des exemplaires sur vergé de Rives.

977. **Maurois** (André). Ariel ou la Vie de Shelley. Vignettes de Hermine David. *Paris, Emile-Paul*, 1924; in-8, broché.

> Exemplaire sur Rives, non numéroté.

978. **Maurois** (André). Dialogues sur le commandement. *Paris, Grasset,* « *Les Cahiers verts* », 1924; in-12, broché.

> Édition originale. Un des 50 exemplaires sur Arches, avec un autographe de l'auteur.

979. **Maurois** (André). Les Silences du Colonel Bramble. Avec quinze gravures au burin de J.-E. Laboureur. *Paris, Le Livre*, 1926; in-8, broché.

> Exemplaire sur vélin d'Arches.

980. **Maurois** (André). La vie de Disraëli. *Paris, N. R. F.*, 1927; in-12, broché.

> Édition originale.
> De la collection *Vie des hommes illustres*. Exemplaire sur Lafuma.

981. **Maurois** (André). Un Essai sur Dickens. *Paris, Grasset*, 1927; pet. in-4, broché, double couv. blanche et verte, étui gainé.

> De la collection *Les Cahiers Verts*.
> Édition originale.
> Exemplaire sur Arches du tirage réimposé.

982. **Maurois** (André). Voyage au pays des Articoles. Eaux-fortes et bois en couleurs par Alexandre Alexeïeff. *Paris, Schiffrin*, (1927); pet. in-4, broché, étui.

> Édition originale.
> Un des dix exemplaires sur vélin, contenant une suite en noir, avec la décomposition des couleurs sur japon mince.

983. **Maurois** (André). Voyage au pays des Articoles. — **Lacretelle** (J. de). Lettres espagnoles. *Paris, N. R. F.*, 1927-28; ens. 2 vol. in-16, brochés.

> Exemplaires sur papier de Hollande.

984. **Maurois** (André). Climats. *Paris, Grasset*, 1928; pet. in-4, broché, étui gainé.

> Édition originale.
> Exemplaire sur Lafuma, du tirage réimposé .

985. **Maurois** (André). Climats. *Paris, Grasset*, 1928; in-12, broché.

> Édition originale. Exemplaire sur alfa.

986. Maurois (André). Bernard Quesnay. *Paris, N. R. F.,* 1928; pet. in-4, broché.

Première édition complète.
Exemplaire sur Lafuma, tirage réimposé.

987. Maurois (André). Les Mondes Imaginaires. *Paris, Grasset,* 1929; pet. in-4, broché, étui gainé.

Édition originale.
Un des 81 exemplaires sur Lafuma, tirage réimposé.

988. Maurras (Charles). L'Etang de Berre. *Paris, Champion,* 1915; in-8, broché.

Édition originale, tirée à 110 exemplaires.
Un des 60 exemplaires sur hollande.

989. Maurras (Charles). Le Chemin de Paradis. Aquarelles de Gernez. *Paris, Cité des Livres,* 1927; gr. in-4, broché, étui.

Très belle édition tirée seulement à 295 exemplaires. Celui-ci est sur vélin d'Arches.

990. Maurras (Charles). Le Mauvais Traité. De la victoire à Locarno, chronique d'une décadence. *Paris, Le Capitole,* 1928; 2 vol. in-8, brochés.

Édition originale sur alfa.

991. Meilhac (Henri). Contes Parisiens du Second Empire (1866). Eaux-fortes de Pierre Vidal. *Paris, imprimé pour les Amis des Livres,* 1904; gr. in-8, broché.

Tiré seulement à 125 exemplaires sur vergé d'Arches.

992. Mendès (Catulle). Philoméla. Livre lyrique. Avec une eau-forte par Bracquemond. *Paris, Hetzel,* 1863; in-12, demi-mar. ocre, tête dor., ébarbé. (*Burnier.*)

Édition originale d'un des tout premiers ouvrages de Catulle Mendès.
Envoi autographe :

à *José Maria de Heredia,*
son ami,
Catulle MENDÈS.

L'exemplaire est, de plus, enrichi d'un SONNET AUTOGRAPHE de Catulle Mendès (relié en tête), signé, daté d'avril 1866, dédié à José-Maria de Heredia : *L'Absente.*

993. Mendès (Catulle). Hespérus. Illustrations en couleurs de Carloz Schwabe. *Paris, Société des Livres d'Art,* 1904; gr. in-8 en ff.

Un des 25 exemplaires sur Rives, avec une suite à part sur Chine.
Bel *envoi autographe,* signé.

994. Mérimée (Prosper). Lettres Libres à Stendhal. Avec neuf lithographies par G. Roux. *Paris, Editions de la Grenade,* 1927; in-4, broché, étui.

Tiré à 150 exemplaires. Celui-ci est sur Rives.

995. **Mérimée** (Prosper). Carmen. Bois en couleurs d'Hermann-Paul. *Paris, Cité des Livres*, 1927; in-4, broché, étui gainé.

> Exemplaire sur hollande.

996. **Miomandre** (Francis de). Le Veau d'Or et la Vache enragée. *Paris, Emile-Paul*, 1917; in-12, demi-mar. jade, coins, dos lisse, mosaïq., tête dor., non rog., couv. et dos cons. (*Lanoé.*)

> Édition originale. Un des dix exemplaires sur japon.
> Bel exemplaire.

997. **Mirbeau** (Oct.). L'Abbé Jules. Illustrations de Siméon. *Paris, Mornay, « Les Beaux Livres »*, 1925; in-8, broché.

> Exemplaire sur papier de Rives, avec une suite à part des illustrations sur Japon.

998. **Mirbeau** (Octave). Sébastien Roch. Illustré par Fernand Siméon. *Paris, Mornay, « Les Beaux Livres »*, 1926; in-8, broché.

> Exemplaire sur papier de Rives, avec une suite des illustrations sur japon.

999. **Molière.** Œuvres. Illustrées par J. Leman et Maurice Leloir. *Paris, Lemonnyer et Testard*, 1882-1896; 32 vol. in-4, brochés.

> Cette belle édition est ornée d'eaux-fortes hors texte.
> Exemplaire snr papier vergé.

1000. **Molière.** Le Tartuffe, texte conforme à celui de l'édition originale. Illustré de lithographies par Lucien Jonas. *Paris, les Cent Centraux Bibliophiles*, 1929; in-4, broché.

> Superbe édition limitée à 130 exemplaires sur Rives à la cuve, réservés aux membres de la Société.

1001. **Montfort** (Eug.). Un Cœur vierge. Illustré par Edelmann. *Paris, Mornay, « Les Beaux Livres »*, 1926; in-8, broché.

> Exemplaire sur papier de Rives avec une suite sur japon des illustrations.

1002. **Montherlant** (H. de). Les Bestiaires. Illustré par Hermann-Paul. *Paris, Mornay, « Collection originale »*, 1926; in-8, broché, étui gainé.

> Édition originale.
> Un des 30 exemplaires sur hollande.

1003. **Montherlant** (Henry de). Earinus, troisième olympique. *Paris, Hazan*, 1929; pet. in-4, broché.

> Un des trente exemplaires sur hollande.

1004. **Montherlant** (Henry de). Le Génie et les Fumisteries du Divin. Frontispice de Hermann-Paul. *Paris, Nouvelle Société d'Edition*, (1929); pet. in-4, broché.

> Édition originale. Exemplaire sur papier d'Annam.

1005. **Montherlant** (Henry de). La Petite Infante de Castille, histo-riette. *Paris, Grasset*, 1929; pet. in-4, broché, étui gainé.

> *Edition originale.*
> Un des exemplaires sur vélin, du tirage réimposé.

Sixième Vacation

1006. **Morand** (Paul). Fermé la Nuit. *Paris, N. R. F.,* 1923; pet. in-4, broché.

> Édition originale.
> Exemplaire sur Lafuma, tirage réimposé.

1007. **Morand** (Paul). Poèmes, 1914-1924. Lampes à arc, feuilles de températures, miroirs suivis de 25 poèmes sans oiseaux. *Paris, Au Sans Pareil,* 1924; in-12, broché, couv. imp.

> Un des quarante exemplaires sur hollande blanc.

1008. **Morand** (Paul). La Fleur Double. Frontispice par Daragnès. *Paris, Emile-Paul,* 1924; in-4, broché.

> *Edition originale.* Exemplaire sur Rives.

1009. **Morand** (Paul). Tendres Stocks. Avec une préface de Marcel Proust et des vignettes en couleurs de Chas Laborde. *Paris, Emile-Paul,* 1924; in-8, broché.

> Exemplaire sur Rives.

1010. **Morand** (Paul). Tendres Stocks. Avec une préface de Marcel Proust, et des gravures de Chas Laborde. *Paris, Emile-Paul,* 1924; in-8, broché.

> Exemplaire sur Rives, h. c.

1011. **Morand** (Paul). Lewis et Irène. *Paris, Grasset,* 1924; in-12, broché, couv. imp.

> Édition originale.
> Exemplaire sur papier Lafuma.

1012. **Morand** (Paul). Rien que la Terre. Voyage. *Paris, B. Grasset,* « *Les Cahiers Verts* », 1926; réimposé in-4 tellière; mar. bleu nuit, décoré sur le premier plat de cercles cosmiques, les uns dorés figurant le soleil, les autres opaques : la terre, le titre, éclairé ou dans l'ombre, passé dans le cercle inférieur, s'inscrit au bas du premier plat; un semis d'étoiles de différentes grandeurs, décore le reste de la reliure et la large bordure intérieure d'encadrement, doublures et gardes de daim vert mousse, doubles gardes, non rog., couv. cons., étui gainé. (*Pierre Legrain.*)

Édition originale. Un des 27 exemplaires réimposés sur papier Madagascar. Très belle et originale reliure, synthétisant à l'aide de lignes très simples et très élégantes, et par l'harmonieuse opposition de la lumière et de l'ombre, le système solaire et le passage du voyageur sous des latitudes diverses.

1013. **Morand** (Paul). Rien que la Terre. Cuivres de Galanis. *Paris, A la Sphère*, (1926); in-4 obl., broché, étui.

Exemplaire sur Arches.

1014. **Morand** (Paul). Pluie, Vapeur et Vitesse. *Paris, Champion*, 1926; in-4 en ff., étui.

Phototypie du manuscrit, tirée à 130 exemplaires, signés par Paul Morand.

1015. **Morand** (Paul). L'Europe galante. Orné de quinze lithographies originales par Vertès. *Paris, Les Arts et le Livre*, 1927; in-8, broché.

Exemplaire sur papier de Rives.

1016. **Morand** (Paul). Bouddha vivant. *Paris, Grasset*, 1927; pet. in-4, broché, double couv. blanche et verte, étui gainé.

De la collection *Les Cahiers Verts*.
Édition originale.
Exemplaire sur Arches du tirage réimposé.

1017. **Morand** (Paul). Bouddha vivant. Eaux-fortes d'Alexeieff gravées au repérage. *Paris, Grasset*, 1928; in-4, broché, étui gainé.

Un des cinq exemplaires sur japon avec deux suites en couleurs, une suite en noir, une suite des planches sélectionnées et QUATRE DESSINS ORIGINAUX d'Alexeieff.

1018. **Moréas** (Jean). Contes de la vieille France. *Paris, Mercure de France*, 1904; in-12, broché.

Édition originale.
Envoi autographe à Ch. Maurras.
Couverture légèrement fatiguée. Petites taches sur le second plat.
On a joint l'épreuve d'un des contes.

1019. **Moréas** (Jean). Trois contes d'amour. Orné de 54 bois de Fil gravés par Louis Bouquet. *Paris, Jonquières*, 1924; in-8, broché.

Exemplaire sur papier de Madagascar.

1020. **Mun** (Cte Albert de). Pour la Patrie. *Paris, Emile-Paul*, 1912; in-8, broché.

Édition originale.
Un des 20 exemplaires sur papier de Hollande.

1021. **Musset** (Alfred de). Comédies et Proverbes. — Nouvelles et Contes (4 vol.). — Premières Poésies. — Poésies Nouvelles (2 vol.). *Paris, Charpentier*, 1879-1894; ens. 6 vol. in-8. (Les 4 prem. en demi-chag. rouge, les 2 autres en demi-veau ocre), dos ornés, têtes dor., non rog.

Orné de six portraits et huit eaux-fortes de Lalauze.

1022. **Musset** (Alfred de). Les Deux Maîtresses. Illustrations de V. Choukhaeff. *Paris, La Pléiade*, 1928; in-8, broché.

> Exemplaire sur vélin à la cuve.

1023. **Nerval** (Gérard de). Aurélia. *Paris, Payot*, 1913; in-16, bas. marb., dent., dos lisse, orné, dent. int., tête dor., non rog., couv. et dos cons.

> Un des 25 exemplaires sur vélin contenant une épreuve en trois couleurs sur chine, du portrait gravé sur bois par Camille Beltrand, d'après une miniature inédite.
> Exemplaire très frais.

1024. **Noailles** (Ctesse de). — **David** (André). Douze Ballades et Chansons d'Ecosse. Préface de Madame la Comtesse de Noailles. *Paris, Grès*, 1920; in-8, mar. grenat jans., dos à nerfs, dent. int., tête dor., non rog., couv. cons.

> Exemplaire sur Rives, dans une belle reliure.

1025. **Nolesve** (Jean). Plus est en vous, précédé de l'Eloge du Voyageur, par Kikou Yamata. *Paris, Champion*, « *Les Amis d'Edouard* », 1926; in-16, carré, broché.

> Édition originale. Exemplaire sur Arches.

1026 à 1030. **Nouvelle Revue Française** (Editions de la). Collection *Une Œuvre, un Portrait*, 1921-1929; 40 vol. in-12, brochés, comprenant des ouvrages de R. Boylesve, P. Claudel, Kessel, Ch.-L. Philippe, Mac Orlan, A. Salmon, etc., ornés de portraits par Foujita, G. Aubert, Galanis, Chagall, R. Dufy, Chas Laborde, Pascin, Marie Laurencin, Man Ray, etc.

> La plupart de ces volumes portent un envoi autographe (nom du destinataire gratté).
> *Ce numéro sera divisé au gré des acquéreurs.*

Nouvelle Revue Française (Editions de la). La plupart en originales, vol. pet. in-4 brochés, du tirage réimposé :

1031. 10 vol. Daudet, Princesse Bibesco, Durtain, L.-P. Fargue, etc.

1032. 10 vol. Durtain, Drieu La Rochelle, L. Fabre, L. Daudet, etc.

1033. 10 vol. Poe, Chadourne, Sandre, Bloch, etc.

1034. 10 vol. Valéry, Martin du Gard, Larbaud, Humbourg, etc.

1035. 10 vol. Supervielle, Humbourg, J. Prévost, Chauffier, etc.

1036. 10 vol. Tagore, Zavie, Schlumberger, Vitrac, etc.

1037. 10 vol. L. Fabre, Bedel, Jouhandeau, Reverdy, etc.

1038. 10 vol. Benda, Martin Maurice, Bloch, etc.

1039. 10 vol. Apollinaire, Aragon, Maurice, Franck, etc.

1040. 10 vol. Variot, Passeur, Conrad, J. Prévost, etc.

1041. 10 vol. Sandre, Hamp, Boutet, Bost, Boulenger.

1042. 10 vol. Conrad, Meredith, Pourrat, Lunel, etc.

1043. 10 vol. Claudel, Cocteau, Codet, Conrad.

1044. 8 vol. Alain, Conrad, Hamp, Achard.

1045. 10 vol. Meredith, Deloney, Drieu la Rochelle, Supervielle, etc.

1046. 10 vol. Hamp, Rivière, Zavie, Gobineau, Meredith, etc.

1047. 11 vol. Chadourne, Jouhandeau, Jouve, Romains, Beucler, etc.

1048. 9 vol. Reverdy, Zavie, Humbourg, Pourrat, etc.

1049. **Noverre** (J.-G.). Lettres sur la Danse et sur les Ballets, précédées d'une vie de l'auteur, par André Levinson, avec un portrait gravé par Georges Gorvel, et 24 planches hors-texte. *Paris, Edition de la Tourelle*, (1927); in-4, broché.

   Exemplaire sur Lafuma.
   Envoi autographe de A. Levinson (nom du destinataire rayé à l'encre).

1050. **Ovide.** L'Art d'aimer. Traduction nouvelle de Pierre Lièvre. Un titre, quatre frontispices, dix-huit compositions en couleurs gravés à l'eau-forte et quelques lettrines et ornements typographiques gravés sur bois par André Lambert. *Paris, Briffaut,* 1922; in-4, broché.

   Exemplaire sur Arches.

1051. **Péguy** (Charles). La Tapisserie de Notre-Dame. *Paris, Cahiers de la Quinzaine*, 1913; in-12, broché.

   Édition originale.

1052. **Péladan** (Joséphin). La Décadence Latine. — A Cœur perdu. *Paris, Edinger*, 1888; in-12, broché.

   Édition originale.
   Exemplaire sur hollande.
   Nom manuscrit sur la couverture et le faux-titre.

1053. **Pergaud** (Louis). De Goupil à Margot. Bois de Barthélemy. *Paris, Mornay, « Les Beaux Livres »*; in-8, broché.

   Exemplaire sur papier de Rives, avec une suite à part des illustrations sur japon.

1054. **Pergaud** (Louis). La Guerre des boutons. Illustrations de Joseph Hémard. *Paris, Mornay, « Les Beaux Livres »*, 1927; in-8, broché.

   Exemplaire sur papier de Rives, avec une suite à part des illustrations sur japon.

1055. **Perrault.** Contes. Edition du Centenaire, illustrée de onze gravures sur cuivre par Daragnès, H. David, Chas Laborde, Laboureur, Marie Laurencin, etc., onze lithographies par Alexeieff, Dignimont, Drouart, Touchagues, etc., et onze bois en deux tons, par A. Béloff, Falké,

Galanis, Louis Jou, A. Latour, etc. *Paris, Sans Pareil, Édition des 33 graveurs,* 1928; in-4, broché.

Belle édition, remarquablement illustrée, tirée à 340 exemplaires. Celui-ci est sur vélin.

1056. Pétrone. Le Satyricon. Illustré de 26 décorations en couleurs, adaptées de l'antique. *Paris, Glomeau,* 1912; in-8, broché.

Exemplaire sur hollande.

1057. Philippe (Ch. Louis). Marie Donadieu. Bois gravés par Daragnès. *Paris, Mornay, « Les Beaux Livres »,* 1921; in-12, broché.

Exemplaire sur papier de Rives, avec une suite des bois sur japon impérial.

1058. Pirandello (Luigi) . Théâtre. Version française de B. Crémieux. *Paris, N. R. F.,* 1925-1928; 2 vol. pet. in-4, brochés.

Exemplaire sur Lafuma, tirage réimposé.
Ces deux volumes contiennent : *Six personnages en quête d'auteur. Chacun sa vérité. Henri IV. Vêtir ceux qui sont nus.*

1059. Poincaré (Raymond). L'Invasion, 1914. — L'Union Sacrée, 1914. Avec 38 gravures hors texte. *Paris, Plon,* 1927-1928; ens. 2 vol. in-8, brochés.

Tirés à cent exemplaires sur Lafuma.

1060. Porto-Riche (G. de). Tout n'est pas rose, poésies. *Paris, Calmann Lévy,* 1877; in-12 broché, couv. imp.

Édition originale.

1061 à 1065. Portraits de la France (Collection). *Paris, Emile-Paul,* 1927-1929. Réunion de 11 vol. in-8, brochés, sur Lafuma; frontispices, gravés, comprenant les ouvrages suivants :

Elder (Marc). Pays de Retz.

Hallays (A.). Strasbourg.

Thibaudet (A.). Cluny.

Jammes (F.). Basses-Pyrénées.

Jouglet (R.). Lille.

Schwab (R.). Nancy.

Mac Orlan (P.). Brest.

Marchon (A.). Le Vercors.

Delteil (J.).Perpignan.

Camo (P.). Peinture de Madagascar.

Supervielle (J.). Uruguay. (Ces deux derniers ouvrages de la collection « Ceinture du Monde »).

Exemplaires sur Lafuma, non numérotés.
La plupart de ces volumes portent un envoi autographe de l'auteur (nom du destinataire gratté).

1066. Pouchkine (A.). Boris Godounov. Illustrations de V. Choukhaeff. Traduction de J. Schiffrin. *Paris, Schiffrin*, 1925; in-4, broché, étui.

Exemplaire sur vergé.

1067. Prévost (Abbé). Histoire de Manon Lescaut et du Chevalier Des Grieux. *Paris*, 1860; 2 vol. gr. in-8 étroits, brochés.

Jolie reproduction de l'édition de Didot, 1797. Elle est ornée de huit figures de Lefèvre, gravées par J. Coiny.
On a ajouté une figure de Marillier, gravée par Dambrun.
Exemplaire sur grand papier vergé.

1068. Prévost (Abbé). Manon Lescaut. — **Maistre** (X. de). Voyage autour de ma chambre. *Paris, Lemerre*, 1878; ens., 2 vol. in-12, demi-mar. brun, coins, dos à nerfs, ornés, têtes dor., non rog., couv. cons. (*Creuzevault.*)

Beaux exemplaires, tirés sur vergé.
Préfaces d'Anatole France en édition originale.
Jolies eaux-fortes par Dupont.

1069. Prévost (Abbé). Histoire du Chevalier Des Grieux, publiée avec une introduction par Pierre Varillon. *Paris, Cité des Livres*, 1929; in-12, broché.

1070. Proust (Marcel). Du côté de chez Swann. *Paris, N. R. F.*, 1919; in-12, demi-mar. rouge à coins, dos à nerfs, tête dor., non rog., couv. et dos cons. (*Canape.*)

Premier tirage de la N. R. F., du même format que le reste de la collection.

1071. Proust (Marcel). A l'Ombre des jeunes filles en fleurs. *Paris, N. R. F.*, 1918; in-12, demi-mar. rouge à coins, dos à nerfs, tête dor., non rog., couv. et dos cons. (*Canape.*)

Édition originale.

1072. Proust (Marcel). Le côté de Guermantes. I. *Paris, N. R. F.*, 1920; in-12, broché.

Edition originale, sur Lafuma.

1073. Proust (Marcel). Le Côté de Guermantes. II. Sodome et Gomorrhe. I. *Paris, N. R. F.*, 1921; in-12, broché.

Edition originale sur papier Lafuma.

1074. Proust (Marcel). Albertine disparue. *Paris, N. R. F.*, 1925; 2 vol. pet. in-4, brochés.

Edition originale, sur Lafuma, tirage réimposé (Nom du souscripteur gratté).

1075. Proust (Marcel). Le Temps retrouvé. *Paris, N. R. F.*, 1927; 2 vol. pet. in-4, brochés.

Edition originale, sur Lafuma, tirage réimposé.

1076. **Proust** (Marcel). Le Temps retrouvé. *Paris, N. R. F.*, 1927;
2 vol. in-12, brochés.

Édition originale.

1077. **Proust** (Marcel). Pastiches et Mélanges. *Paris, N. R. F.*, 1919;
réimposé in-4 tellière, demi-mar. rouge à coins, dos à nerfs, tête dor.,
non rog., couv. et dos cons. (*Canape.*)

Édition originale.
Un des 64 exemplaires réimposés sur papier Lafuma.

1078. **Proust** (Marcel). Chroniques. *Paris, N. R. F.*, 1927; pet. in-4,
broché.

Edition originale. Exemplaire sur Lafuma, tirage réimposé.

1079. **Proust** (Marcel). Chroniques. *Paris, N. R. F.*, 1927; in-12, broché.

Edition originale.

1080. **Proust** (Marcel). Les Plaisirs et les Jours, précédé d'une préface
par A. France. — Hommage à Marcel Proust, avec un portrait et des
textes inédits de Marcel Proust. *Paris, N. R. F.*, 1924-1927; ens.
2 vol. pet. in-4, brochés.

Tirage réimposé sur Lafuma.

1081. **Proust** (Marcel). Lettres et vers à Mmes Laure Hayman et
Louisa de Mornand, recueillis et annotés par Georges Andrieux,
avec des préfaces du Docteur Robert Proust et de Fernand Nozière.
Paris, Georges Andrieux, 1928; pet. in-4, broché.

Edition originale, tirée à très petit nombre, de ce joli volume orné de portraits
de Laure Hayman et Louisa de Mornand. Exemplaire numéroté sur Lafuma.
On a ajouté le catalogue de la vente publique de ces Lettres, en double
exemplaire dont l'un, numéroté sur Arches, l'autre augmenté de fac-simile de
plusieurs curieuses dédicaces de Proust et d'Anatole France.

1082. **Proust** (Marcel). Morceaux Choisis. *Paris, N. R. F.*, 1928; pet.
in-4, broché.

Exemplaire sur Lafuma, tirage réimposé.

1083. **Rabelais** et l'Œuvre de Jules Garnier. *Paris, Bernard*, 1897;
2 vol. in-4, texte et planches, demi-chag. rouge, dos ornés en long,
têtes dor., non rog., couv. cons.

Les planches, au nombre de 160, sont tirées sur japon. Frontispice gravé sur
bois, d'après *Gustave Doré.*

1084. **Rabelais** (François). Gargantua et Pantagruel. Texte transcrit
et annoté, par Henri Clouzot et illustré de 525 vignettes par Joseph
Hémard. *Paris, Crès*, 1922; in-4, broché.

Exemplaire sur vélin.

1085. **Rabelais** (François). Œuvres, colligées et présentées par Pierre d'Espezel. *Paris, Cité des Livres*, 1927 ; 4 vol. in-12, demi-mar. rouge, coins, dos plats, encad. de bandes de mar. vert, têtes dor., non rog., couv. et dos cons. (*Kieffer.*)

> Un des dix exemplaires sur japon ancien.
> Bel exemplaire.

1086. **Radiguet** (Raymond). Les Pélican. Illustré d'eaux-fortes par Henri Laurens. *Paris, Galerie Simon*, 1921 ; pet. in-fol., broché.

> Tiré à cent exemplaires.
> Un des dix exemplaires « de Chapelle », sur hollande, signés par l'auteur et l'illustrateur.

1087. **Radiguet** (Raymond). Le Diable au corps. *Paris, Grasset*, 1923 ; in-12, broché.

> Édition originale.
> Envoi autographe signé.

1088. **Radiguet** (Raymond). Le Diable au corps. Lithographies originales de Maurice de Vlaminck. *Paris, M. Seheur*, 1926 ; gr. in-4, mar. marron, bandes parallèles de mar. citron mosaïq. se continuant sur les deux plats et le dos, décorées d'un semis de fleurs mosaïq. aux tons vifs et variés, titre en lettre d'or, bande int. de mar., gardes et contre-gardes d'un ravissant tissu brodé de fil. d'argent, doubles gardes, tr. dor. sur témoins, couv. et dos cons., étui gainé. (*Franz.*)

> Un des 25 exemplaires sur japon, avec une suite à part, sur chine, des illustrations, dans une riche reliure mosaïquée, d'une décoration originale et gaie.

1089. **Radiguet** (Raymond). Le Diable au corps. Lithographies originales de Maurice de Vlaminck. *Paris, M. Seheur*, 1926 ; in-4, broché.

> Exemplaire sur vélin d'Arches, avec une suite à part sur japon.

1090. **Radiguet** (Raymond). Le Bal du Comte d'Orgel. Portrait de l'auteur par J.-E. Blanche. *Paris, Crès, « Maîtres et Jeunes d'aujourd'hui »*, 1925 ; in-8, broché.

> Exemplaire sur vélin du Marais.

1091. **Rebell** (Hugues). Les Nuits chaudes du Cap français. Pointes-sèches en couleurs de Hermine David. *Paris, Jonquières, « Les Beaux Romans »*, 1927 ; in-8, broché.

> Exemplaire sur vélin de Rives.

1092. **Reboux** (Paul). Le Phare. Aquarelles de Paul de Pidoll. *Paris, l'Intermédiaire du Bibliophile*, 1926 ; in-8, broché.

> Exemplaire sur Arches à la forme.

1093. **Redonnel** (Paul). Les Chansons Eternelles. Nouvelle édition illustrée. *Paris, Bibliothèque Artistique et Littéraire*, 1898 ; in-4, demi-

chag. lavall., coins, dos à nerfs, orné de fil. dor., tête dor., non rog.,
premier plat de la couv. cons.

> Orné de 44 compostions hors texte, d'après H. Boutet, F.-A. Cazals,
> P.-E. Vibert, Rassenfosse, L. Lebègue, etc.
> Un des vingt exemplaires sur japon, avec une double suite des hors-textes.
> Légères éraflures à la reliure.

1094. **Régnier** (Henri de). Histoires incertaines. *Paris, Mercure de France*, 1919; in-12, broché.

> Édition originale. Exemplaire sur Lafuma.

1095. **Régnier** (Henri de). Les Rencontres de M. de Bréot. Roman. Illustrations de Robert Bonfils. *Paris, Kieffer*, 1919; gr. in-8, broché.

> Très belle édition, illustrée en couleurs, tirée à petit nombre.
> Un des 40 exemplaires sur vélin de cuve, avec une suite en noir.

1096. **Régnier** (Henri de). Les Rencontres de Monsieur de Bréot, ornées par Félicien Cacan. *Paris, Société Littéraire de France*, 1922; in-8, broché.

> Édition à tirage limité. Un des exemplaires sur vélin Lafuma. L'illustration est en bistre.

1097. **Régnier** (H. de). La Pécheresse. Illustrations de Georges Barbier. *Paris, Mornay, « Les Beaux Livres »*, 1924; in-8, broché.

> Exemplaire sur papier de Rives.

1098. **Régnier** (Henri de). Les Amants singuliers. Bois en couleurs de Rouffé, gravés par Dauvergne. *Paris, Rouffé* (1926);.in-4, broché, étui cart.

> Un des exemplaires sur hollande, avec suite et neuf états d'erreurs.

1099. **Régnier** (H. de). La double Maîtresse. Illustrations par Georges Barbier. *Paris, Mornay, « Les Beaux Livres »*, 1928; in-8, broché.

> Un des 65 exemplaires sur japon impérial, avec une suite à part sur chine des illustrations.

1100. **Renard** (Jules). L'Ecornifleur. Nouvelle édition. Dessins de Ch. Huard, gravure sur bois de G. Lemoine. *Paris, Ollendorff*, 1904; in-8, broché.

> Un des dix exemplaires sur chine.

1101. **Renard** (Jules). Mots d'Ecrit. *Nevers, Cahiers Nivernais*, 1908; in-12 carré, brad., demi-mar. citron jans., tête dor., non rog., couv. et dos cons. (*Kauffmann.*)

> Édition originale. Un des rares exemplaires sur hollande.

1102. **Renard** (Jules). Causeries. Avec des Lettres Inédites, un portrait par P.-E. Colin et un autographe. *Nevers, les Cahiers Nivernais*, 1910; in-12 carré, brad., demi-mar. citron jans., tête dor., non rog., couv. et dos cons. (*Stroobants.*)

> Édition originale. Exemplaire sur hollande.

1103. **Renard** (Jules). Histoires naturelles. Lithographies en couleurs de A. Roubille. *Paris, Bruker*, 1928; in-4, br., étui.

Un des quatre exemplaires sur japon impérial contenant une suite des gravures complète sur japon à la forme et sur vélin, une suite des couleurs décomposées et l'épreuve des cinq planches refusées.

1104. **Retz** (Cardinal de). Mémoires, publiés avec une introduction de André Maurois. *Paris, Cité des Livres*, 1928; 4 vol. in-12, brochés.

Exemplaire sur Arches.

1105. **Richepin** (Jean). La Chanson des Gueux. Edition intégrale, décorée de 252 compositions originales de Steinlen. *Paris, Pelletan*, 1910; in-4, veau marb., large dent., avec fil. au pointillé et fleur. d'angles, dos à nerfs, orné, dent. int., tête dor., non rog., couv. cons.

Exemplaire sur vélin de cuve.

1106. **Rictus** (Jehan). [Gabriel Randon]. Doléances. Nouveaux Soliloques. Frontispice d'Alfred Jungbluth. *Paris, Mercure de France*, 1900; in-12, broché.

Édition originale.
Envoi antographe :

> *Exemplaire*
> *de Paul Brulat*
> *Son ami,*
> Jehan Rictus
> Avril 1900
> *La Vie il n'y a que ça !*
> J. R.

1107. **Robert** (Louis de). Comment débuta Marcel Proust. Lettres inédites. Portrait de M. Proust, gravé sur bois par G. Aubert. *Paris, N. R. F.*, 1925; in-12, broché.

Édition originale.
Un des 21 exemplaires sur vieux japon.

1108. **Rolland** (Romain). Colas Breugnon, ornementé de cent vingt, sept dessins en camaïeu, de deux hors-texte et de lettres ornées, dessinés et gravés sur bois par le peintre-graveur Gabriel Belot. *Paris, Ollendorff*, 1924; in-8, broché.

Édition de luxe à tirage limité. Un des exemplaires sur vélin Lafuma.

1109. **Rolland** (Romain). Colas Breugnon. Bois gravés par Deslignères. *Paris, Mornay, « Les Beaux Livres »*, 1927; in-8, broché.

Un des 70 exemplaires sur japon impérial, avec une suite sur japon des gravures.

1110. **Rolland** (Romain). Jean-Christophe. Illustré de bois dessinés et gravés par Franz Masereel. *Paris, Albin Michel*, 1925; 5 vol. in-4, brochés, sous étuis gainés et doubles à dos de mar. gris.

Un des 100 exemplaires sur papier de Hollande.

1111. **Romains** (Jules). Un Etre en marche. *Paris, Mercure de France,* 1910; in-12, broché.

Édition originale.

1112. **Romains** (Jules). L'Armée dans la Ville. *Paris, Mercure de France,* 1911; in-12, broché.

Édition originale.

1113. **Romains** (Jules). Puissance de Paris. *Paris, Figuière,* 1911; in-12, broché.

Édition originale.
Envoi autographe signé (nom du destinataire gratté).
Déchirures au dos de la couverture.

1114. **Romains** (Jules). Sur les Quais de la Villette. *Paris, Figuière,* (1914); in-12, broché.

Édition originale. Un des vingt exemplaires sur hollande.

1115. **Romains** (Jules). Cromedeyre-le-Viel. *Paris, N. R. F.,* 1920; in-12, broché.

Édition originale sur Lafuma.

1116. **Romains** (Jules). Théâtre. *Paris, N. R. F.,* 1924-1929; 5 vol. pet. in-4, brochés.

Éditions originales. Exemplaires sur Lafuma, tirage réimposé.

1117. **Romains** (Jules). Mort de quelqu'un. Illustré de 24 eaux-fortes de Maurice Asselin. *Paris, Crès,* 1927; in-4, broché.

Exemplaire sur Rives.

1118. **Roman de Renart** le Contrefait (Le), publié par Gaston Raynaud et Henri Lemaître. *Paris, Champion,* 1914; 2 vol. gr. in-8, brochés.

Édition recherchée.

1119. **Roman de Tristan et Iseult** (Le), renouvelé par Joseph Bédier. *Paris, Piazza, s. d.*; in-12, veau marb., 3 fil. dor., dos lisse, orné, tête jasp., non rog., couv. cons.

Bel exemplaire.
On a ajouté *Roubâyyat de Hâfiz,* traduction de J. Carpentier. *Paris, L'Art du Livre,* 1921; gr. in-12, broché.

1120. **Ronsard** (Pierre de). Livret de Folastries, suivi de deux sonnets. *Paris, Au Jardin des Muses,* 1925; in-4, broché.

Édition tirée à 350 exemplaires sur hollande.

1121. **Rostand** (Edmond). Cyrano de Bergerac, drame en cinq actes, illustré par Besnard, Flameng, Albert Laurens, Léandre, Adrien Moreau, Thévenot, gravé par Romagnol. *Paris, Magnier,* 1899; in-4, mar. violet; sur le premier plat, importante compos. en mosaïque de plusieurs couleurs, représentant le balcon de Roxane, sur le second plat, sujet mosaïq. : épée traversant plusieurs chapeaux; dos à nerfs, prolongés, orné d'une rose mosaïq., doubl. et gardes de crêpe de chine, tr. dor. sur témoins, couv. et dos cons., étui gainé, à dos de mar. violet. (*Franz.*)

> Un des quarante exemplaires sur chine, avec trois états des bois.
> Riche reliure mosaïquée exécutée par Franz.
> Petite tache d'humidité à un coin de la couverture.

1122. **Rostand** (Edmond). L'Aiglon. *Paris, Fasquelle*, 1900; in-8, mar. blanc, 3 fil. dor., dos lisse, orné, dent. int., tête dor., non rog., couv. cons., étui. (*Kauffmann.*)

> Édition originale.
> Bel exemplaire, malgré le dos légèrement passé.

1123. **Rostand** (Edmond). Un soir à Hernani, 26 février 1902. *Paris, Fasquelle*, 1902; in-12, broché, couv. imp.

> Édition originale.

1124. **Rostand** (Edmond). Chantecler, pièce en 4 actes en vers. *Paris, Charpentier*, 1910; in-8, couv. peau de chamois, avec dessin en relief par Lalique, non rog.

> Édition originale.
> Exemplaire sur japon, avec fac-similé d'un dessin de Rostand.

1125. **Rouquette** (L.-F.). Le Grand Silence blanc. (Roman vécu d'Alaska). Illustré par Clarence Gagnon. *Paris, Mornay*, 1928; in-4, broché.

> Exemplaire sur papier de Rives.
> Très belle édition illustrée — de paysages surtout, avec, au premier plan, les hommes et les chiens — en ces tons purs et d'une fraîcheur veloutée que donne la neige aux paysages qui se fondent en elle. Tout y semble, avec une grande force évocatrice, imprégné, enfoui, dans le *grand silence blanc*, et l'impression de calme un peu étrange et rêveur qui s'en dégage s'accorde avec le texte du grand « voyageur-errant » que fut l'auteur.
> Cette édition est d'ailleurs aussi remarquable pour sa beauté typographique et pour le procédé parfait de gravure.

1126. **Rouveyre** (André). Le Gynécée, dessins inédits, 1907 à 1909. Recueil précédé d'une glose par Remy de Gourmont. *Paris, Mercure de France*, 1909; in-4, broché.

> Édition originale. Exemplaire sur simili-japon.

1127. **Sainte-Beuve.** Livre d'Amour. Préface par Jules Troubat. *Paris, Durel*, 1904; gr. in-8, broché.

> Exemplaire sur japon, non numéroté.
> Envoi autographe de Jules Troubat.

1128. **Sainte-Beuve.** Mes Poisons. Cahiers intimes inédits, publiés avec une introduction et des notes par Victor Giraud. *Paris, Plon*, 1926; in-12, demi-mar. rouge à coins, dos à nerfs, tête dor., non rog., couv. et dos cons. (*Canape.*)

> Édition originale. Un des quelques exemplaires sur Lafuma.

1129. Samain (Albert). Au Jardin de l'Infante. *Paris, Edition du « Mercure de France »*, 1893; pet. in-8 de 2 ff. (faux titre et titre), 252 pp., 3 ff. n. ch. de table et 1 f. pour la marque de l'imprimeur, broché, couv. imp.

> Édition originale de ce premier recueil de Samain. — Tiré seulement à 235 exemplaires.
> Dos endommagé.

1130. Samain (Albert). Œuvres. *Paris, Mercure de France*, (1913); 3 vol. pet. in-8, mar. beige, chiffre M. L. au centre des prem. plats, encad. bande mar. vert avec dent. dor., fleur. d'angles, mosaïq., dos ornés en long, mosaïq., large dent. int., têtes rouges, non rog., couv. et dos cons., étui gainé. (*Magnier.*)

> Belle reliure. Légères taches d'encre sur deux plats.

1131. Samain (Albert). Polyphème. Cuivres de Galanis. *Paris, La Sphère*, (1926); gr. in-4 en ff., portefeuille parchemin.

> Tiré à 181 exemplaires. Celui-ci est sur Arches.

1132. Sand (George). Mauprat. Compositions par le Blant. *Paris, Quantin*, 1886; in-8, demi-mar. noir, dos orné, coins, tête dor., couv, cons. (*Durvand.*)

> De la collection *Chefs-d'œuvre du roman contemporain.*
> Exemplaire sur vélin blanc.

1133. Sand (George). La Mare au Diable. Illustrations par Edmond Rudaux. *Paris, Quantin*, 1889; in-8, demi-mar. noir à longs grains, coins, dos orné, tête dor., couv. cons. (*Durvand.*)

> De la collection *Chefs-d'œuvre du roman contemporain.*
> Exemplaire sur vélin blanc (non numéroté).

1134. Satie (Erik). Le Piège de Méduse, comédie lyrique, avec musique de danse, ornée de gravures sur bois par Georges Braque. *Paris, Galerie Simon*, 1921; pet. in-fol., broché.

> Tiré à cent exemplaires. Celui-ci un des des dix exemplaires « de Chapelle », signé des artistes.

1135. Schwob (Marcel). Vies Imaginaires. *Paris, Charpentier*, 1896; in-12, broché.

> Édition originale.

1136. Schwob (Marcel). La Porte des Rêves. Illustrations et ornementations de Georges de Feure. *Paris, Floury*, 1899; in-4, mar. rouge, large encad. de dent. dor., dos à nerfs, orné de fil. dor., dent. int. dor., tête dor., non rog., couv. cons.

> Très belle édition, tirée seulement à 200 exemplaires. Celui-ci est un des vingt exemplaires de collaborateurs sur JAPON, signé par l'auteur; il est enrichi de DOUZE DESSINS ORIGINAUX et de nombreuses épreuves d'essai des illustrations.
> A la fin sont reliés des essais de couvertures, de couleurs différentes, et de titres avec corrections.

1137. Scott (Walter). Walter Scott illustré. Ivanhoé. Traduction de M. P. Louisy. Dessins de MM. Lix, Adrien Marie, Riou et H. Scott. *Paris, Firmin-Didot*, 1880; gr. in-8, mar. bleu jans., dos à nerfs, décoré de l'ex-libris d'Arthur Meyer frappé en or, bord. int. ornée de fil. et fleur. dor., gardes et contre-gardes de faille marine, couv. cons., tr. dor. sur témoins, étui gainé. (*Canape.*)

> Exemplaire d'Arthur Meyer, portant son ex-libris, enrichi d'un grand et beau *dessin original* au lavis, rehaussé de gouache, d'André Brouillet, signé à gauche, et d'une peinture rehaussée d'or.
> Arthur Meyer a joint en outre une grande et très intéressante *lettre autographe* de Walter Scott, datée de 1820; 1 page in-4, signée, cachet de cire.
> Très belle et riche reliure.

1138. Segalen (Victor). Stèles. (Pei-King, des presses du Peii-Fang). *Paris, Crès*, 1914; in-4 en ff. pliés en accordéon entre deux ais, rubans fermoirs.

> Exemplaire sur vergé feutré.
> Légères rousseurs à la couverture.

1139. Sem. Les excentricités de la Mode par Zizi. Préface de Sem. *Paris, Devambez, s. d.*; in-4, en feuilles, sous carton illustré.

> Quinze spirituelles planches en couleurs.

1140. Soulages (Gabriel). Des riens... Illustrations de Carlègle. *Paris, Mornay, « La Collection originale »*, 1926; in-12, broché.

> Édition originale.
> Exemplaire sur papier de Hollande.

1141. Steinlen et **Morel** (Emile). Les Gueules Noires. Préface de Paul Adam. Illustrations de Steinlen. Quatrième édition. *Paris, Sansot*, 1907; in-4, broché.

1142. Steinlen. Dans la vie. Cent dessins en couleurs. Avant-propos de C. de Sainte-Croix. Quatrième édition. *Paris, Sevin et Rey*, 1901; in-8, brad., demi-toile, coins, non rog., couv. grise et dos cons.

1143. Stendhal. Armance, ou quelques scènes d'un salon de Paris en 1827. *Paris, Emile-Paul*, 1919; in-8, broché.

> Exemplaire sur vélin.

1144. Suarès (André). Présences. Orné par Ouvré et Siméon. *Paris, Mornay, « Collection originale »*, 1925; in-8 carré, broché.

> Édition originale.
> Un des 40 exemplaires sur papier du japon.

1145. Suarès (André). Cressida. Avec de nombreuses gravures sur cuivre de Hermine David. *Paris, Emile-Paul*, 1926; in-4, broché.

> Tiré à 225 exemplaires. Celui-ci est sur Rives, h. c.

1146. Sudermann (H.). Le Chemin des Chats. Bois gravés par Paul de Pidoll. *Paris, Mornay, « Les Beaux Livres »*, 1924; in-8, broché.

> Exemplaire sur papier de Rives, avec une suite à part des bois sur japon.

1147. **Sudermann** (H.). Le Chemin des Chats. Traduction de Mmes Valentin et Charles Laurent. Bois gravés par Paul de Pidoll. *Paris, Mornay, « Les Beaux Livres »*; in-8, broché.

Exemplaire sur papier de Rives.

1148. **Tasse.** Aminte. Traduction du sieur de La Brosse, avec une préface par H. Reynald. Compositions de Victor Rasurer, gravées à l'eau-forte par Champollion. Dessins de H. Giacomelli, gravés sur bois par Méaulle. *Paris, Jouaust,* 1882; in-16, veau havane, compositions ciselées et repoussées ornant le dos et les plats, dent. int., tête dor., non rog., couv. cons., étui gainé. (*Dézé.*)

Jolie édition tirée à petit nombre.
On a ajouté huit vignettes du xviiie siècle.
Originale reliure de Dézé.

1149. **Tharaud** (Jérôme et Jean). Dingley, l'illustre écrivain. *Paris, Cahiers de la Quinzaine*, 1902; in-12, broché.

Edition originale. Prix Goncourt.

1150. **Tharaud** (Jérôme et Jean). Dingley, l'illustre écrivain. Nouvelle édition. *Paris, Emile-Paul*, 1911; in-12, broché, couv. imp.

Un des 50 exemplaires sur HOLLANDE.
Édition dont le texte a été profondément modifié par les auteurs, ce qui en fait presque une originale.
Rare.

1151. **Tharaud** (Jérôme et Jean). Dingley, l'illustre écrivain. Dessins de Maxime Dethomas, gravés par G. Aubert. *Paris, Mornay, « Les Beaux Livres »*, 1920; in-8, broché.

Exemplaire sur Rives.

1152. **Tharaud** (J. et J.). Les hobereaux. Histoire vraie. *Paris, Cahiers de la Quinzaine*, 1904; in-12, broché.

Édition originale.

1153. **Tharaud** (J. et J.). Bar-Cochebas. *Paris, Cahiers de la Quinzaine*, 1907, in-12, broché.

Édition originale.

1154. **Tharaud** (J. et J.). Les frères ennemis. *Paris, Cahiers de la Quinzaine*, 1906; in-12, broché.

Édition originale.

1155. **Tharaud** (Jérôme et Jean). La Randonnée de Samba Diouf. *Paris, Plon-Nourrit*, 1922; in-12, broché, couv. imp.

Édition originale. Envoi autographe, signé (nom du dédicacé, gratté).

1156. **Tharaud** (J. et J.). La Maîtresse servante. Portrait gravé sur bois par Paul Baudier. *Paris, Crès, Maîtres et Jeunes d'aujourd'hui*, 1922; in-8, cart. brad. pap. batik, tête dor., non rog., couv. cons.

Exemplaire sur vélin du Marais.

1157. **Tharaud** (J. et J.). Le Chemin de Damas. *Paris, Plon*, 1923; in-12, broché.

> Édition originale.
> Un des quelques exemplaires sur papier du Japon.

1158. **Tharaud** (Jérôme et Jean). La Semaine Sainte à Séville. Eaux-fortes originales de Polat, lettrines et culs-de-lampe de Raynolt. *Paris, Lapina*, 1927; in-12, broché, étui.

> Édition originale.
> Un des 19 exemplaires sur vieux japon, contenant deux états des eaux-fortes, une épreuve des cuivres barrés, et une suite des bois sur japon.

1159. **Tharaud** (Jérôme et Jean). Petite histoire des Juifs. *Paris, Plon*, 1927; in-12, broché.

> *Edition originale.*
> Un des 53 exemplaires sur chine.
> Bel envoi autographe, signé.

1160. **Theuriet** (André). Nos oiseaux. Aquarelles de Hector Giacomelli. *Paris, Launette*, 1886; in-fol., demi-mar. rouge, coins, dos à nerfs orné, tête dor.

> Édition originale tirée à petit nombre. Exemplaire numéroté sur papier teinté.
> Illustrations en couleurs.

1161. **Tillier** (Claude). Bèlle-Plante et Cornélius. Bois gravés par Deslignères. *Paris, Mornay, « Les Beaux Livres »*, 1921; in-8, broché.

> Exemplaire sur papier de Rives, avec une suite des illustrations sur japon.

1162. **Tinan** (Jean de). Un document sur l'impuissance d'aimer. *Paris, Librairie de l'Art Indépendant*, 1894; in-16, broché.

> Édition originale, ornée d'un frontispice de F. Rops, et tirée à 310 exemplaires.
> Celui-ci est sur hollande.

1163. **Tinan** (Jean de). Erythrée. Orné par Maurice Delcourt. *Paris, Mercure de France*, 1896; in-12 broché.

> Édition originale, rare.

1164. **Tinan** (Jean de). La petite Jeanne Pâle, suivi de la Petite Sirène du Pont des Arts. Illustré de huit eaux-fortes originales d'Edouard Chimot. *Paris, Delteil*, 1922; in-4, broché.

> Exemplaire sur vélin de Hollande. Très recherché.
> La première planche est en double état, dont l'un en couleurs.

1165. **Toulet** (P.-J.) (sous le pseudonyme de Perdiccas). — Le Bréviaire des Courtisanes. *Paris, Simonis Empis*, 1899; in-12, demi-chag. olive, coins, dos à nerfs, orné, tête dor., non rog., couv. et dos cons.

> Édition originale.

1166. Toulet (P.-J.) (sous le pseudonyme de Perdiccas). — Le Métier d'Amant. *Paris, Simonis Empis*, 1900; in-12, demi-chag. olive, coins, dos à nerfs, orné, tête dor., non rog., couv. et dos cons.

> Édition originale.

1167. Toulet (P.-J.). Les Contrerimes. *Paris, Le Divan et Emile-Paul*, 1921; in-8 en ff., étui gainé.

> Édition originale. Tirage spécial pour les « XX », à vingt exemplaires réimposés sur Arches.

1168. Toulet (P.-J.). Le Mariage de Don Quichotte. Illustrations de Charles Martin. *Paris, Renaissance du Livre*, 1922; pet. in-4, broché.

> Nombreuses illustrations hors texte en couleurs.
> Exemplaire sur Lafuma.

1169. Toussaint (Franz). Le Cantique des Cantiques, traduit par Franz Toussaint et orné de gravures sur bois de Marcel Roux. *Paris, La Sirène*, 1919; in-4, mar. olive, 3 fil. dor., dos à nerfs, orné, large bord. int., tr. dor. sur témoins, couv. cons. (*David.*)

> Un des 47 exemplaires sur japon ancien.
> Très belle reliure de David, au décor sobre et finement exécutée.

1170. Toussaint (Franz). La Sultane Daoulah. Illustrations de A. H. Thomas. *Paris, Mornay, « Collection originale »*, 1923; in-8, broché.

> Édition originale. Un des 100 exemplaires sur hollande, avec une suite à part des illustrations.

1171. T'serstevens (A.). Le Carton aux estampes. Illustrations de Louis Jou. *Paris, Mornay, « La Collection originale »*, 1922; in-8, broché.

> Un des cent exemplaires sur hollande, avec suite à part sur japon, des illustrations.

1172. Une Œuvre, un Portrait (Collection). Réunion de 5 vol. in-12, brochés, comprenant les ouvrages suivants :

Vitrac (R.). Humoristiques.

Michaux (H.). Qui je fus.

Minet (P.). L'Homme Mithridate.

Gangotena (A.). Orogénie.

Braga (D.). Drapeau.

1173. Uzanne (Octave). La Chronique scandaleuse. Anecdotes sur la Comtesse du Barry. Avec préface, notes et annexes. *Paris, Quantin*, 1879-1880; 2 vol. grand in-8, brochés.

> Tirés à petit nombre.
> Deux frontispices, par Lalauze et en-têtes gravés.
> Dos fatigués.

1174. Valéry (Paul). Eupalinos ou l'Architecte, précédé de l'Ame et la Danse. *Paris, N. R. F.*, 1923; gr. in-4, broché.

Edition originale.
Un des soixante exemplaires sur hollande, du tirage réimposé.

1175. Valéry (Paul). Situation de Baudelaire. *Monaco*, 1924; in-8, allongé, broché.

Tiré à cent exemplaires.

1176. Valéry (Paul). Cahier B. 1910. *Paris, N. R. F.*, 1926; in-4, broché.

Première édition en librairie tirée à petit nombre.
Un des trente exemplaires sur hollande teinté, avec un autographe signé, de P. Valéry.

1177. Vallès (Jules). L'Enfant. Bois gravés de Henri Barthelemy. *Paris, Mornay, « Les Beaux Livres »*, 1920; réimposé in-4, broché.

Un des quatre exemplaires réimposés sur japon impérial.

1178. Vallès (Jules). L'Enfant. Bois gravés de Henri Barthélemy. *Paris, Mornay, « Les Beaux Livres »*, 1920; in-8, broché.

Exemplaire sur papier de Rives.

1179. Vallès (Jules). L'Insurgé. Bois gravés de Barthélemy. *Paris, Mornay, « Les Beaux Livres »*, 1923; in-8, broché.

Exemplaire sur papier de Rives.

1180. Van Dongen. Hassan — Badreddine El-Bass Raoui, contes des 1001 Nuits. Traduction du Dr Mardrus. Aquarelles et dessins de Van Dongen. *Paris, La Sirène, s. d.*; in-4 en ff.

Exemplaire sur vélin de Hollande.

1181. Veber (Pierre). Amour, amour... Illustrations de Jean Oberlé. *Paris, Les Arts et le Livre*, 1928; in-8, broché.

Exemplaire sur papier de Rives.
Illustrations en couleurs.

1182. Verhaeren (Emile). Les Moines. *Paris, Lemerre*, 1886; in-12, brad., cart. pap. jaspé, tête dor., non rog., couv. cons.

Édition originale.

1183. Verhaeren (Emile). Toute la Flandre. Les Héros. *Bruxelles, Deman*, 1908; in-8, broché.

Édition originale.

1184. Verhaeren (Emile). Le Cloître. Sept hors texte et sept bandeaux de Constant Montald. *Paris, La Connaissance*, 1920; in-4, broché.

Édition tirée à 125 exemplaires. Celui-ci est sur vergé d'Arches.

1185. Verlaine (Paul). Les Mémoires d'un veuf. *Paris, Léon Vanier*, 1886; in-12, broché.

Édition originale.

1186. **Verlaine** (Paul). Mes Hôpitaux. *Paris, Léon Vanier*, 1891; in-12, broché.

> Édition originale.
> Portrait de Verlaine par F.-A. Cazals, en frontispice.

1187. **Verlaine** (Paul). Liturgies Intimes. *Paris, Bibliothèque du Saint-Graal*, 1892; in-12, brad. cart. pap. blanc, non rog., couv. cons.

> Édition originale, ornée d'un beau portrait de Verlaine. Rare.

1188. **Verlaine** (Paul). Odes en Son Honneur. *Paris, Vanier*, 1893; in-12, broché.

> Édition originale.

1189. **Verlaine** (Paul). Dédicaces. Nouvelle édition augmentée. *Paris, Vanier*, 1894; in-12, brad., cart. pap. décoré, tête rouge, non rog., couv. cons.

> Édition en partie originale, augmentée de 71 pièces nouvelles.
> Un des 55 exemplaires sur hollande.

1190. **Verlaine** (Paul). Epigrammes. Frontispice de F.-A. Cazals. *Paris, Bibliothèque Artistique et Littéraire*, 1894; gr. in-12, broché.

> Édition originale.

1191. **Verlaine** (Paul). Chair (dernières poésies). Frontispice inédit de Félicien Rops. *Paris, Bibliothèque Artistique et Littéraire*, 1896; gr. in-12, broché.

> Édition originale.

1191bis. **Verlaine** (Paul). Invectives. *Paris, Vanier*, 1896; in-12, brad., demi-toile verte, non rog., couv. et dos cons.|

> Édition originale.
> On a joint une photographie de Verlaine, et une lettre autographe, signée, à son éditeur (1 p. in-12).

1192. **Verlaine** (Paul). Sagesse. Portrait d'après Eugène Carrière. *Paris, Messein, « Les Manuscrits des Maîtres »*, 1913; in-8, broché.

> Un des 25 exemplaires sur chine.

1193. **Verlaine** (Paul). Parallèlement. Lithographies originales de Pierre Bonnard. *Paris, Imprimerie Nationale, Amb. Vollard*, 1900; in-4, veau fauve, plats et dos ornés de décors à froid et rehaussés de couleurs incisés; composition tirée du texte, portrait de Verlaine, frises de plumes de paons, gardes et contre-gardes de soie batlk, non rog., premier plat de la couv. cons.

> Un des illustrés modernes les plus recherchés.
> Cette belle édition fut tirée à 200 exemplaires seulement et est devenue extrèmement rare.
> Un des quelques exemplaires sur hollande, numéroté.
> Sur le faux-titre, CROQUIS ORIGINAL de Bonnard, signé représentant une délicieuse tête d'enfant.
> Le relieur a légèrement bruni les marges du dernier feuillet (achevé d'imprimer) et du feuillet de garde.
> Rarissime avec un dessin original.

1194. **Verlaine** (Paul). Parallèlement. Avec un frontispice gravé sur bois par P. E. Vibert. *Paris, Crès*, 1914; in-12, broché.

> De la collection *Les Maîtres du Livre.*
> Exemplaire sur Rives.
> Petite tache d'encre au bas de la couverture.

1195. **Verlaine** (Paul). Œuvres complètes. Avertissement par Charles Morice. 5 vol. — Œuvres posthumes, 2 vol. *Paris, Messein*, 1911-1920; ens., 7 vol. in-12, brochés.

> Tiré sur papier vergé.

1196. **Verlaine** (Paul). Fêtes galantes. Illustrations de Georges Barbier. *Paris, Piazza*, 1928; gr. in-4, broché, couv. ill., étui.

> Superbe édition ornée des charmantes planches en couleurs de G. Barbier, tirée à petit nombre. Exemplaire sur papier de Rives.

1197. **Verlaine** dessinateur, par Félix Régamey. *Paris, Floury*, 1896 in-4, broché.

> Exemplaire offert à M. Pierre Dauze.

1198. **Verlaine** (P.). — **Cazals** (F.-A.). Paul Verlaine. Ses portraits Préface de J.-K. Huysmans. Lettres de F. Rops, E. Delahaye, H.-A. Cornuty. Autographes de Verlaine. *Paris, Bibliothèque de l'Association*, 1895; in-4, broché.

> Exemplaire sur hollande.
> Reproductions dont certaines en deux états.
> Couverture abîmée.

1199. **Vicaire** (Gabriel). Rosette en Paradis. Quinze eaux-fortes en couleurs par Louis Morin. *Gravé et imprimé pour les Amis des Livres*, 1904; in-8, broché, étui gainé.

> Tiré à 115 exemplaires sur Rives.
> Exemplaire de Paul Lacombe, avec son ex-libris.

1200. **Vierge** (Daniel). Au Pays de Don Quichotte, souvenirs rapportés par A.-F. Jaccaci, illustrés par Daniel Vierge. Préface d'Arsène Alexandre. *Paris, Hachette*, 1901; gr. in-8, broché, étui cart.

> Exemplaire très frais de cet ouvrage rare.

1201. **Vigny** (Alfred de). Cinq-Mars ou une Conjuration sous Louis XIII, Avec deux dessins de Jeanniot. *Paris, Charpentier et Calmann-Lévy*, 1882; 2 vol. in-18, demi-chag. rouge jans., dos ornés, têtes dor., non rog.

1202. **Vildrac** (Charles). Poèmes, 1905. *Lille, Editions du Beffroi*, 1906; in-12, brad., cart. pap. marb., tête dor., non rog., couv. et dos cons. (*Cavaux.*)

> Édition originale.
> Envoi autographe signé.

1203. **Vildrac** (Charles). Livre d'Amour. *Paris, Figuière*, 1919; in-12, broché.

> Édition originale.

1204. **Vildrac** (Charles). L'Ile Rose. Illustré par Edy Legrand. *Paris,
Tolmer*, 1924; pet. in-4 carré, broché.

> Exemplaire sur Lafuma, non numéroté.

1205. **Villiers de l'Isle-Adam.** Axel, suivi de fragments inédits, portrait
de l'auteur gravé sur bois par P.-E. Vibert. *Paris, Crès*, 1912; in-12,
broché.

> De la collection *Les Maîtres du Livre.*
> Exemplaire sur Arches.

1206. **Villiers de l'Isle-Adam** (A.). Elën, drame en trois actes. Edition
décorée de compositions originales, dessinées et gravées sur bois par
Louis Jou. *Paris, Crès, « Le Théâtre d'Art »*, 1918; in-8, broché.

> Exemplaire sur papier de Rives.

1207. **Viollis** (Jean). Bonne-fille. Illustrations de Dignimont. *Paris,
Mornay, « Collection originale »*, 1926; in-8, broché.

> Un des 30 exemplaires sur japon impérial.

1208. **Viollis** (Jean). Bonne-fille. Illustrations de Dignimont. *Paris,
Mornay, « Collection originale »*, 1926; in-8, broché.

> Édition originale, illustrée en couleurs, tirée à petit nombre.
> Un des 90 exemplaires sur hollande, avec une suite à part, sur Chine, des
> illustrations.

1209. **Vivien** (Renée). La Dame à la Louve. *Paris, Lemerre*, 1904; in-12,
broché.

> Édition originale.
> On a ajouté une carte de visite de Renée Vivien, avec *envoi autographe.*

1210. **Vivien** (Renée). Evocations. Deuxième édition. *Paris, Lemerre,*
1905; in-12, parchemin marb., à recouv., avec aquarelle et fleurs
peintes au dos et sur les plats, tête dor., non rog., couv. **cons.**, étui.
(*Michon.*)

> Originale reliure de Michon.

1211. **Vivien** (Renée). A l'Heure des Mains Jointes. *Paris, Lemerre,*
1906; in-12, parchemin marb., avec aquarelle peinte au dos et sur le
prem. plat, tête dor., non rog., couv. cons., étui. (*Michon.*)

> Édition originale.
> Jolie et originale reliure peinte à la main.

1212. **Vivien** (Renée). Sapho et huit poétesses grecques. Texte et
traduction. *Paris, Lemerre*, 1909; in-12, broché.

> Édition orignale.
> Dos coupé.

1213. **Vivien** (Renée). Vagabondages, poèmes en prose. *Paris, Sansot,*
in-16, brad., cart. pap. fantaisie, couv. cons.

> Édition originale. Exemplaire sur vergé.

1214. **Vivien** (Renée). Dans un coin de violettes. Avertissement des éditeurs et préface par Paul Flat. *Paris, Sansot*, 1910; in-12, brad., cart. pap. fantaisie, non rog., couv. cons.

> Édition originale.

1215. **Vlaminck.** Communications. Poèmes et bois gravés. *Paris, Galeries Simon*, 1921; pet. in-fol., broché.

> Un des dix exemplaires de « Chapelle », sur hollande, signés par l'artiste.

1216. **Vlaminck. — Radiguet** (Raymond). Le Diable au Corps.

> Suite sur japon de dix lithographies originales par Maurice de Vlaminck, avec un frontispice sur cuivre (Édit. Séheur).

1217. **Vloberg** (Maurice). De la Cour des Miracles, au Gibet de Montfaucon. *Paris, Naert*, 1928; in-4, broché.

> Tiré à 300 exemplaires sur Rives teinté. Orné de belles et nombreuses reproductions, hors et dans le texte.

1218. **Warnod** (André). Trois petites filles dans la rue. Texte par André Warnod. Dessins en couleurs de Pascin. *Ed. de la Fanfare de Montparnasse,* 1925; gr. in-8, broché.

> Exemplaire sur vélin blanc.

1219. **Welter** (G.). Eloge de la danse. Illustrations de Ch.-Aug. Edelmann. *Paris, Mornay*, 1925; in-12, couv. ill.

> Édition originale à tirage limité.
> Exemplaire sur vergé de Rives.

1220. **White** (St. Ed.). Terres de Silence. Traduction de J.-G. Delamain. Bois gravés par Lébédeff. *Paris, Mornay, « Les Beaux Livres »*, 1922; in-8, broché.

> Exemplaire sur papier de Rives, avec une suite des illustrations sur japon.

1221. **White** (St. Ed.). Terres de Silence. Traduction de J.-G. Delamain. Bois gravés par Lébédeff. *Paris, Mornay, « Les Beaux Livres »*, 1922; in-8, broché.

> Exemplaire sur Rives.

1222. **Wilde** (Oscar). Salomé, drame en un acte, précédé de notes sur l'auteur par E. La Jeunesse. Frontispice et illustrations dessinés et gravés sur bois par Louis Jou. *Paris, Crès*, 1917; in-8, broché.

> De la collection le *Théâtre d'Art*.
> Exemplaire sur vélin de Rives.

1223. **Wilde** (Oscar). Ballade de la Geôle de Reading, traduite et préfacée par Henry D. Davray et ornée de bois originaux de Daragnès. *Paris, Pichon*, 1918; in-8, broché.

> Exemplaire sur vergé.
> Légères taches sur le premier plat.

1224. **Wilde** (Oscar). Le Portrait de Dorian Gray. Bois de Siméon.
Paris, Mornay, 1920; in-8, broché.
De la collection *Les Beaux Livres*. Exemplaire sur Rives.

1225. **Wilde** (Oscar). La Maison des Grenades. Traduction de G. Khnopff.
Préface de Henri de Régnier. Bois coloriés de C. Le Breton. *Paris,
Jonquières*, 1924; in-8, broché.
Un des 25 exemplaires sur vélin du Marais.

1226. **Willette** (Adolphe). Œuvres choisies, contenant 100 dessins
choisis dans le *Courrier Français* de 1884 à 1901. Préface illustrée de
l'auteur. *Paris, Simonis Empis*, 1901; pet. in-8, demi-chag. bleu
jans., coins, dos à nerfs, tête dor., non rog., couv. cons.
On a ajouté plusieurs dessins de Willette, découpés dans des publications.

1228. **Ychyve** (Yves d'). Légendes des pays slaves. Illustrations hors
texte de Gorski. Vignettes de E. Lefebvre. *Lyon, Lardanchet, s. d.*;
in-4, broché.
Légère mouillure au dernier feuillet.

1229. **Zola** (Emile). Ed. Manet. Etude biographique et critique accompagnée d'un portrait d'Ed. Manet par Bracquemond et d'une eau-
forte d'Ed. Manet, d'après Olympia. *Paris, Dentu*, 1867; in-8, broché.
Édition originale de toute rareté.

1230. **Zola** (Emile). Une Page d'Amour, précédée d'une lettre-préface,
avec dessins d'Edouard Dantan, gravés à l'eau-forte, par A. Duvivier.
Paris, Jouaust, 1884; 2 vol. in-8, demi-chag. vert, dos à nerfs, ornés,
non rog.
Les dos sont un peu passés.

1231. **Zola** (Emile). L'Assommoir. Edition illustrée. *Paris, Marpon et
Flammarion, s. d.*; gr. in-4, mar. vert, sur chaque plat est encastrée
une plaque de cuir incisé et repoussé à froid, représentant une des
scènes du texte, dans un encadrement de pampres et raisins, sur fond
au pointillé; dos à gros nerfs orné d'une grappe de raisin mosaïquée,
band. int. de mar. vert, chardons mosaïq. aux angles, gardes et contre-
gardes de moire brique, tr. dor. sur témoins, couv. cons., étui gainé.
(Charles Meunier.)
Édition illustrée par A. Gill, M. Leloir, Norbert Goeneutte.
Précieux exemplaire sur papier de Hollande, contenant un double état des
illustrations, dont l'un tiré à part sur chine. Il est enrichi : 1º de SIX SUPERBES
DESSINS ORIGINAUX DE NORBERT GOENEUTTE, à pleine page, rehaussés de
gouache ou couleurs, présentant quelques variantes avec les dessins adoptés dans
cette illustration; 2º d'un portrait et deux eaux-fortes supplémentaires, tirés
sur hollande. Riche et originale reliure de Charles Meunier.

1232. **Zola** (Emile). Nana. *Paris, Fasquelle*, 1906; gr. in-8, brad., demi-
toile rouge, coins, non rog., couv. cons.
Première édition illustrée, rare.

1233. **Zola** (Emile). La Bête humaine. Bois de Géo Dupuis. *Paris,
Mornay*, « *Les Beaux Livres* », 1924; in-8, broché.
Exemplaire sur Rives, avec une suite à part, sur japon, des illustrations.

AQUARELLES
ET DESSINS ORIGINAUX

1234. **Beaumont** (Ed. de). Aquarelle originale relative à la représentation Les « Huguenots », signée en bas, à gauche, 27 cm-20 cm. Sous verre, cadre doré.

> Très amusante aquarelle, avec une spirituelle légende sur les *Huguenots*.

1235. **Beauvoir** (Roger de). Deux spirituelles caricatures originales à la plume, l'une rehaussée d'aquarelle.

> 1° Portrait à la plume de Léon Deschamps avec envoi autographe de l'artiste.
> 2° Lettre de commande à un tailleur de R. de Beauvoir, animée de deux dessins explicatifs aquarellés, fort amusants.

1236. **Berne-Bellecour** (J.). Les Ravitailleurs. Beau dessin original au fusain rehaussé de gouache, daté de 1916 (sujet de guerre); format in-4 album.

1237. **Carlègle.** Aquarelle originale, signée en bas, à gauche. Sous verre, cadre passe-partout. 29 cm × 21 cm.

> Gracieuse aquarelle, pour l'illustration des *Aventures du Roi Pausole*.

1238. **Chas Laborde.** Aquarelle originale, signée à droite. 41 cm-31 cm. Sous verre, cadre bois doré.

> Charmante aquarelle, très spirituelle et pleine de mouvement. Elle représente la promenade au bois le matin; quelques couples à pied, d'autres à cheval.

1239. **Dessins originaux. Aquarelles.** Trois pièces : Frontispice pour *Madame Bovary* par Jean Béraud; Marine; Paysans, etc.

1240. **Devambez** (André). Dessin original au lavis, rehaussé de fusain, signé et portant une *dédicace autographe* de l'artiste à Arthur Meyer. Format in-8.

1241. **Doré** (Gustave). Peinture originale sur bois. Haut. : 25 cm-Larg. : 12 cm.

> Peinture originale d'une des plus charmantes illustrations de Gustave Doré pour les Œuvres de Rabelais. C'est celle du chapitre XXI (page 315 de l'édition Garnier, tome I) intitulé « *Comment Panurge fut amoureux d'une haulte dame de Paris* ». Elle représente la jeune dame montant lentement l'escalier en vrille de la tour, le visage gracieusement penché vers les petits pages qui soutiennent sa traîne.
> Les jeux d'ombre et de lumière sont admirables dans ce petit tableau.
> Le soleil qui entre à mi-hauteur éclaire le mur de l'escalier et le visage de la jeune femme, il semble qu'elle s'élève dans une apothéose lumineuse tandis que les dernières marches où sont les petits pages restent obscures.

1242. **Dunoyer de Segonzac** (André). Aquarelle originale signée en bas, à droite, datée de 1916. 50 cm×37 cm. Sous-verre, cadre passe-partout.

> Superbe et émouvante aquarelle représentant deux poilus, chargés de leurs musettes, cheminant dans le champ désolé, d'où émergent quelques croix de bois et quelques moignons d'arbre. L'un des soldats a la tête bandée et une plaie au front.

1243. **Dunoyer de Segonzac** (André). Aquarelle originale,signée en bas, à gauche (1916). 50 cm×37 cm. Sous-verre, cadre passe-partout.

> Au cantonnement : Les soldats écossais se réunissent en groupe dans le pauvre petit village bombardé dont on voit la ligne de toits, le clocher et quelques arbres dénudés. Un camion surchargé de soldats s'éloigne dans les rues démolies du village.
> Très belle aquarelle.

1244. **Grun et O. Guillonnet.** Huit dessins originaux rehaussés de couleurs, très amusants : caricatures d'Arthur Meyer, cartes de jour de l'an, etc....

1245. **Helleu.** Dessin original à la sanguine rehaussée de fusain, représentant un visage de jeune femme aux cheveux roux, coiffée d'un chapeau à plumes. Signé en bas à droite. 55 cm × 40 cm.

1246. **Hugo** (Victor). Dessin original au lavis, très beau croquis, probablement du Mont Saint-Michel, signé à gauche et daté (1843). 21 cm. × 9 cm.

1247. **Lami** (Eugène). — **Ed. Zier**, etc... Réunion de trois pièces originales, dont deux dessins au crayon et une aquarelle.

> Lami (Eug.). Croquis original au crayon pour l'illustration des œuvres de Musset (et un autre gracieux et charmant croquis au verso), avec une *dédicace autographe d'Arthur Meyer*, signée.
> Zier (Ed.). Joueuse de tennis. Aquarelle originale avec *dédicace autographe*, signée, à Arthur Meyer.

1248. **Laurens** (Jean-Paul). Six dessins originaux, au crayon, format in-8 carré.

> Projet d'illustration pour *La Chartreuse de Parme*.

1249. **Lebègue** (Léon). Aquarelle originale, signée, exécutée sur feuille de Japon (in-8).

> Ravissante aquarelle, pour illustrer *les Fêtes galantes*, de Verlaine (frontispice avec portrait de l'auteur en médaillon).

1250. **Leloir** (Maurice). « Les Bains ». Réunion de huit dessins originaux à la gouache rehaussée de sépia, dont six signés du monogramme, un de la signature autographe et un non signé; format in-8 et in-12.

> Charmants dessins de reconstitution représentant les sources célèbres aux différentes époques : *Vichy*, ou des personnages vêtus de costumes du « grand siècle » que M. Leloir reconstitue avec tant de précision, causent tout en buvant à la source thermale; *Joséphine à Aix-les-Bains*, vêtue par ses servantes; *La Duchesse de Berry à Dieppe, Montaigne à Bagnères-de-Bigorre*, des scènes antiques, etc....

1251. Lynch (Albert). Deux dessins originaux au crayon bistre, signés, avec dédicaces autographes. Format in-8 et in-12.

1252. Moreau-Vauthier (Ch.). Tête d'homme. Dessin original à la plume, signé. Format in-12.

1253. Raffet. Portrait de Gensonni. Dessin original au crayon. Format in-12. Cachet de la vente Raffet (1911).

> Ce dessin fait partie de l'illustration de Raffet pour l'*Histoire des Girondins* de Lamartine.

1254. Rassenfosse (Armand). Dessin original au pastel représentant une femme nue avec cette dédicace autographe de l'artiste : *Lulu, à Félicien Champsaur, Rassenfosse*. 31 cm. × 14 cm.

1255. Veber (Jean). Gravure rehaussée de couleurs, signée à droite, donnant une vision originale du paradis terrestre et de la tentation d'Eve. 50 cm. × 36 cm.

1256. Edelmann (Ch.-A.). Dessin original à la plume, rehaussé d'aquarelle, signé en bas, à droite, sous-verre, cadre passe-partout : 18 cm. × 14 cm.

> Dessin fort spirituel représentant la présentation d'un homme « mûr » à une « jeune fille à marier ».

1257. Dignimont. Aquarelle originale rehaussée à la plume, signée en bas à droite. Sous-verre, cadre passe-partout : 30 cm. × 23 cm.

> Très belle et truculente aquarelle, représentant des soldats et des filles dans un bar. Les expressions des visages sont fort saisissantes.

1258. Falké (Pierre). Dessin original, à la plume, signé, en bas, à gauche. Sous-verre, cadre passe-partout. 27 cm. × 22 cm.

> Évocation saisissante des misères de la dernière guerre et de la zone meurtrie.

1259. Soulas (L.-J.). Aquarelle originale, signée, datée de 1924. Sous-verre, cadre bois marron. 30 cm-24 cm.

> Très belle aquarelle, représentant une cour de ferme l'hiver. L'herbe verte fait contraste avec les branches des arbres, dénudées et sombres.

TABLE DES MATIÈRES

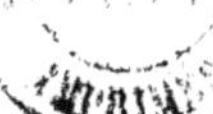

SOMMAIRE DU CATALOGUE :

Livres anciens. — Incunables. — Précieux Livres d'Heures à miniatures des XIV⁰ et XV⁰ Siècles, manuscrits et imprimés. — Manuscrits et miniatures persans et grecs. — Précieux manuscrit de l'Arbre des Batailles daté de Nantes, 1428. — Éditions originales de Gœthe. — Auteurs classiques français. — Livres à figures des XVI⁰, XVII⁰ et XVIII⁰ Siècles. — Americana. Médecine ancienne. — Voyages. — Ouvrages techniques sur les Métiers. — Almanachs. — Impressions Bodoni. — Très belles Reliures ornées ou aux armes.

Nombreux Recueils de Planches en couleurs anciens et romantiques : (Fleurs, Oiseaux, Costumes). — Liber amicorum. — Gravures anciennes. — Ex-libris. Recueils de caricatures romantiques. — Gravures de Modes.

Beaux-Arts. — Documentation. Bibliographie.

Livres et Almanachs Romantiques. — Fraîches reliures et cartonnages. — Éditions originales. — Figures en couleurs. — Gravures de Modes.

Lettres et Manuscrits autographes anciens et modernes : La Fayette, B. Constant, V. Hugo, Sainte-Beuve, Barbey d'Aurevilly, Colette, Verlaine, Madame de Noailles, A. France, P. Louys, etc...

Les Beaux Livres Modernes. — Éditions originales et Illustrées. — Toulouse-Lautrec : Au Pied du Sinaï. — Bonnard : Parallèlement de Verlaine et Daphnis et Chloé, avec dessins originaux. — Gus Bofa : Synthèses Littéraires, sur Japon.

Somptueuses Reliures de Pierre Legrain, Canape, Ch. Meunier, Lanoë, Frantz, Creuzevault, etc...

Aquarelles et Dessins originaux de Gustave Doré, Dunoyer de Segonzac, Carlègle, Chas Laborde, Dignimont, Edelmann, Soulas, Falké, etc...

Exposition à la Librairie G. Andrieux,
du Mercredi 19 au Mercredi 26 Février 1930.